高等学校"十三五"规划教材
市政与环境工程系列丛书

环境工程土建概论

(第4版)

闫 波 主编

哈尔滨工业大学出版社

内容提要

本书是作者根据土建工程概论课程教学体会和环境工程项目中土建设计、施工的经验而编写的。本书将环境工程与土建工程有机结合,理论联系实际,内容丰富,叙述简单扼要。

本书共分七章:绪论;环境土建工程基础理论知识;土木工程建筑材料;土建制图基本知识;土建设计概论;环境工程土建设计;环境工程土建构造等内容。

本书可作为高等学校非土建类尤其是环境科学、环境工程、给水排水等专业本科生的教材,并可供这些领域的教师和工程技术人员参考。

图书在版编目(CIP)数据

环境工程土建概论/闫波主编. —4 版. —哈尔滨:哈尔滨工业大学出版社,2009.8(2025.1 重印)

(市政与环境工程系列丛书)

ISBN 978-7-5603-1771-7

Ⅰ.环… Ⅱ.闫… Ⅲ.环境工程-土木工程-高等学校-教材 Ⅳ.TU29

中国版本图书馆 CIP 数据核字(2009)第 131773 号

责任编辑	贾学斌
封面设计	卞秉利
出版发行	哈尔滨工业大学出版社
社　　址	哈尔滨市南岗区教化街 21 号　邮编 150006
传　　真	0451-86414749
印　　刷	哈尔滨久利印刷有限公司
开　　本	787mm×1092mm　1/16　印张 15.25　字数 350 千字
版　　次	2002 年 8 月第 1 版　2009 年 8 月第 4 版 2025 年 1 月第 13 次印刷
书　　号	ISBN 978-7-5603-1771-7
定　　价	46.00 元

(如因印装质量问题影响阅读,我社负责调换)

第4版前言

随着我国对环境问题日益重视,环境工程类建设项目已逐步开展到各县、各地区,环境人才的紧缺日益显现,尤其是基层人才的紧缺,使各高校更加重视工程实践类方向课程的建设。《环境工程土建概论》经过7年3版的使用,得到越来越多的认可和使用者的欢迎;很多毕业从事设计及施工的学生们也给我们很多良好的反馈,觉得通过本教材的学习,能使他们在施工设计中得心应手,很多学生毕业后仍能从这本教材中查到需要的内容,正因为如此,本教材是他们一直保留、贮藏的原因。

本书此次印刷是第4次校改修订,在前3次出版的基础上,根据近几年的教学和科研实践及有关读者的意见和建议,对本书做了进一步的修改,以满足广大读者和高校环境科学与工程等领域师生的需求。但遗憾的是,由于教学学时和篇幅所限,仍还有很多我们想要加的内容无法与读者见面,我们仍就希望在今后的版次中逐步添加更多的与实际工程现场有关的知识和内容,希望广大读者能继续给予我们支持。

参加本次修改的人员有闫波、姜蔚、徐桂琴、贾学斌、姜安玺。全书由闫波主编并负责全书再版修订,由王幼青教授主审。

编 者
2009年5月于哈尔滨工业大学

前　　言

本书是作者根据环境科学和环境工程专业的教学过程中的体会和近几年在环境工程领域的土建设计和施工的实践基础上编写的,是环境工程和土建工程的有机结合。书中全面阐述了环境工程类的土建工程设计、构造及所用建筑材料,内容丰富,叙述扼要,有一定的理论价值,且与工程实践密切结合。

全书共七章。概述了环境问题的沿革、现状,环境工程与土建工程的关系及环境工程土建的任务;扼要地介绍环境工程土建所需的基础知识和相关理论,包括化学的、物理的、力学的知识和理论;简介环境工程土建常用的建筑材料种类和性质,其中包括无机建筑材料砂、石、水泥、钢筋及砂浆、混凝土及钢筋混凝土等,以及有机建筑材料木材、塑料、沥青等;环境工程土建制图的基本知识,包括制图规格和表示方法;土建设计概论,包括影响建筑设计的主要因素;环境工程土建设计,包括污水厂、泵房、贮水池、管道沟、烟囱、垃圾填埋场等的土建设计;环境工程土建构造,包括基础、墙、楼梯、屋顶、门窗及水塔、烟囱等的土建构造。

参加本书编写的人员有:姜安玺(第1章)、石玉明(2.2,6.8节)、闫波(第3,4,5,7章及2.1,6.1,6.5节)、徐桂琴(6.2,6.3节)、姜蔚(6.4,6.6,6.7节)。全书由闫波主编并负责全书统稿。本书由王幼青教授主审。

在本书的形成和编写工作中,始终得到哈尔滨工业大学市政环境工程学院领导、教师与同志们的支持和帮助,在此一并表示谢意。

由于作者水平有限,疏漏之处在所难免,敬请读者批评指正。

编者
2002年8月

目 录

第1章 绪论 (1)
  1.1 环境问题的沿革与现状 (1)
    1.1.1 环境 (1)
    1.1.2 环境问题的演变过程 (1)
    1.1.3 环境污染的现状 (2)
  1.2 环境污染治理工程 (4)
    1.2.1 环境工程的形成 (4)
    1.2.2 环境工程的内容 (5)
  1.3 环境工程土建与环境工程 (8)
  1.4 环境工程土建概论的任务和内容 (8)
    1.4.1 环境工程土建概论的任务 (8)
    1.4.2 环境工程土建的发展过程 (8)
    1.4.3 环境工程土建的内容 (9)

第2章 环境土建工程基础理论知识 (10)
  2.1 建筑力学基础知识 (10)
    2.1.1 结构与构件 (10)
    2.1.2 刚体、变形固体及其基本假设 (11)
    2.1.3 杆件变形的基本形式 (11)
    2.1.4 结构计算简图 (13)
    2.1.5 荷载的分类 (19)
    2.1.6 建筑力学的任务和内容 (20)
  2.2 物理化学基础知识 (21)
    2.2.1 混凝土 (21)
    2.2.2 混凝土在环境中的物理化学变化 (23)

第3章 土木工程建筑材料 (28)
  3.1 常用建筑材料的基本性质 (28)
    3.1.1 建筑材料的物理性质 (28)
    3.1.2 建筑材料的力学性质 (32)
    3.1.3 建筑材料的耐久性 (34)
    3.1.4 建筑材料的组成与结构 (35)

3.2 粘土砖瓦 …………………………………………………………… (36)
  3.2.1 普通粘土实心砖 ……………………………………………… (36)
  3.2.2 粘土空心砖与粘土多孔砖 …………………………………… (37)
  3.2.3 其他砌墙材料 ………………………………………………… (38)
  3.2.4 瓦 ……………………………………………………………… (40)
3.3 胶凝材料 …………………………………………………………… (41)
  3.3.1 石膏 …………………………………………………………… (41)
  3.3.2 石灰 …………………………………………………………… (41)
  3.3.3 水玻璃 ………………………………………………………… (42)
  3.3.4 水泥 …………………………………………………………… (43)
3.4 混凝土与砂浆 ……………………………………………………… (44)
  3.4.1 普通混凝土 …………………………………………………… (44)
  3.4.2 其他品种的混凝土 …………………………………………… (44)
  3.4.3 建筑砂浆 ……………………………………………………… (45)
3.5 建筑钢材与钢筋混凝土 …………………………………………… (45)
  3.5.1 建筑钢材 ……………………………………………………… (45)
  3.5.2 钢筋混凝土与预应力混凝土 ………………………………… (46)
3.6 木材 ………………………………………………………………… (48)
3.7 建筑塑料 …………………………………………………………… (48)
3.8 沥青防水材料 ……………………………………………………… (49)
  3.8.1 石油沥青 ……………………………………………………… (49)
  3.8.2 煤沥青 ………………………………………………………… (49)
  3.8.3 沥青玛䗛脂 …………………………………………………… (50)
  3.8.4 改性沥青 ……………………………………………………… (50)
  3.8.5 油纸和油毡 …………………………………………………… (50)
3.9 保温材料 …………………………………………………………… (50)
  3.9.1 纤维状保温材料 ……………………………………………… (50)
  3.9.2 粒状保温材料 ………………………………………………… (50)
  3.9.3 多孔状保温材料 ……………………………………………… (51)
3.10 建筑材料图例 ……………………………………………………… (51)

第4章 土建制图基本知识 ………………………………………………… (55)
4.1 制图基本规格 ……………………………………………………… (55)
  4.1.1 图纸幅面 ……………………………………………………… (55)
  4.1.2 图纸标题栏与会签栏 ………………………………………… (56)
  4.1.3 比例 …………………………………………………………… (56)
  4.1.4 定位轴线 ……………………………………………………… (57)

4.1.5 尺寸注法 …………………………………………………………………… (57)
　　4.1.6 标高 ………………………………………………………………………… (58)
　　4.1.7 索引标志与详图标志 ………………………………………………………… (58)
4.2 建筑图的基本表示方法 …………………………………………………………… (59)
　　4.2.1 建筑平面图 …………………………………………………………………… (59)
　　4.2.2 建筑立面图 …………………………………………………………………… (62)
　　4.2.3 建筑剖面图 …………………………………………………………………… (62)
　　4.2.4 建筑总平面图 ………………………………………………………………… (63)
4.3 工艺构筑物的图纸表示方法 ……………………………………………………… (64)
　　4.3.1 池体 …………………………………………………………………………… (64)
　　4.3.2 管廊 …………………………………………………………………………… (69)
　　4.3.3 工艺构筑物的尺寸标注 ……………………………………………………… (70)
　　4.3.4 附属设备 ……………………………………………………………………… (71)
　　4.3.5 绘图步骤 ……………………………………………………………………… (71)
4.4 施工图的基本表示方法 …………………………………………………………… (71)
　　4.4.1 施工图的分类 ………………………………………………………………… (71)
　　4.4.2 施工图的编排顺序 …………………………………………………………… (71)
　　4.4.3 建筑施工图的组成与图纸内容 ……………………………………………… (72)

第 5 章 土建设计概论 …………………………………………………………………… (82)
5.1 土建设计概述 ……………………………………………………………………… (82)
　　5.1.1 影响建筑设计的主要因素 …………………………………………………… (82)
　　5.1.2 基本建设程序、房屋设计阶段和施工过程 ………………………………… (83)
5.2 民用建筑设计 ……………………………………………………………………… (84)
　　5.2.1 平面设计 ……………………………………………………………………… (85)
　　5.2.2 剖面设计 ……………………………………………………………………… (94)
　　5.2.3 立面设计 ……………………………………………………………………… (99)
5.3 工业建筑设计 ……………………………………………………………………… (100)
　　5.3.1 概述 …………………………………………………………………………… (100)
　　5.3.2 单层厂房设计 ………………………………………………………………… (103)
　　5.3.3 多层厂房设计 ………………………………………………………………… (112)

第 6 章 环境工程土建设计 ……………………………………………………………… (119)
6.1 概述 ………………………………………………………………………………… (119)
　　6.1.1 环境工程土建的特点 ………………………………………………………… (119)
　　6.1.2 环境工程土建的类型 ………………………………………………………… (119)
　　6.1.3 环境工程土建设计要求 ……………………………………………………… (120)
6.2 污水厂土建设计 …………………………………………………………………… (120)

  6.2.1 污水厂平面设计 …………………………………………… (120)
  6.2.2 污水厂剖面设计 …………………………………………… (133)
 6.3 生活辅助用房土建设计 ………………………………………… (137)
  6.3.1 生活间的组成 ……………………………………………… (137)
  6.3.2 生活间的布置 ……………………………………………… (137)
 6.4 泵房土建设计 …………………………………………………… (138)
  6.4.1 泵房的作用与类型 ………………………………………… (138)
  6.4.2 泵房的设计原则与要求 …………………………………… (138)
  6.4.3 给水泵房的设计 …………………………………………… (149)
  6.4.4 消防水泵房的设计 ………………………………………… (151)
  6.4.5 排水泵房的设计 …………………………………………… (151)
  6.4.6 污水泵房的设计 …………………………………………… (153)
 6.5 贮水池土建设计 ………………………………………………… (155)
  6.5.1 贮水池的土建设计原则 …………………………………… (155)
  6.5.2 贮水池的类型 ……………………………………………… (155)
  6.5.3 贮水池的尺寸设计 ………………………………………… (156)
  6.5.4 贮水池设计的其他要求 …………………………………… (156)
 6.6 管道沟土建设计 ………………………………………………… (157)
  6.6.1 管道沟的作用与类型 ……………………………………… (158)
  6.6.2 通行管道沟 ………………………………………………… (158)
  6.6.3 半通行管道沟 ……………………………………………… (159)
  6.6.4 不通行管道沟 ……………………………………………… (160)
  6.6.5 预制钢筋混凝土椭圆拱形管道沟 ………………………… (160)
  6.6.6 室内管道沟的尺寸要求 …………………………………… (160)
  6.6.7 检查井的设置要求 ………………………………………… (161)
 6.7 烟囱土建设计 …………………………………………………… (162)
  6.7.1 烟囱的作用与工作原理 …………………………………… (163)
  6.7.2 烟囱的类型及优缺点 ……………………………………… (163)
  6.7.3 烟囱的设计原则 …………………………………………… (164)
  6.7.4 烟囱位置的选择 …………………………………………… (166)
  6.7.5 烟囱阻力的确定 …………………………………………… (166)
  6.7.6 烟囱高度的确定 …………………………………………… (167)
  6.7.7 烟囱尺寸的确定 …………………………………………… (170)
 6.8 垃圾土地填埋场设计 …………………………………………… (171)
  6.8.1 土地填埋法的设计原则与分类 …………………………… (171)
  6.8.2 土地填埋场的设计 ………………………………………… (172)

第7章 环境工程土建构造 (177)
7.1 基础 (177)
7.1.1 地基与基础概念 (177)
7.1.2 基础的类型和材料 (178)
7.1.3 基础的埋深 (181)
7.1.4 基础与管道的关系 (181)
7.2 墙 (182)
7.2.1 承重墙的布置方式 (183)
7.2.2 砖墙的尺寸和构造 (184)
7.2.3 墙面处理 (191)
7.2.4 砖墙与管道的关系 (191)
7.2.5 隔墙 (192)
7.3 楼板层和首层地面 (197)
7.3.1 楼板层 (197)
7.3.2 首层地面 (201)
7.3.3 楼板层与管道的关系 (201)
7.4 楼梯 (203)
7.4.1 楼梯的一般尺寸 (204)
7.4.2 钢筋混凝土楼梯的构造 (205)
7.4.3 楼梯间与管道的关系 (207)
7.5 屋顶 (208)
7.5.1 平屋顶 (209)
7.5.2 坡屋顶 (211)
7.6 门窗 (215)
7.6.1 木窗 (216)
7.6.2 钢窗 (218)
7.6.3 平开木门 (219)
7.6.4 推拉式门 (220)
7.7 工艺构筑物 (220)
7.7.1 泵房 (221)
7.7.2 水塔 (221)
7.7.3 烟囱 (223)
7.7.4 贮液池 (225)
7.7.5 管道沟 (228)
7.7.6 垃圾场 (229)

参考文献 (230)

第1章 绪　　论

1.1　环境问题的沿革与现状

1.1.1　环境

环境是人类生存和发展的基础,是极其复杂的辩证综合体。环境可分为社会环境和自然环境。社会环境是指人类生活的社会制度和上层建筑的环境条件,也就是人类在物质资料生产过程中,为共同进行生产而组织起来的生产关系的总和。所谓自然环境是人类赖以生存和发展的物质条件,是人类周围各种自然因素的总和,即客观物质世界。目前,人类活动的范围限于生物圈,即包括地壳表面和围绕它的大气层的对流层,而我们所研究的环境主要指自然环境的生物圈部分。关于环境的定义,《中华人民共和国环境保护法》明确指出:"本法所称环境是指:大气、水、土壤、矿藏、森林、草原、野生动物、野生植物、水生生物、名胜古迹、风景游览区、温泉、疗养区、自然保护区、生活居住区等。"它们与人类生存密切相关,因此,必须加以保护。

1.1.2　环境问题的演变过程

环境问题随人类生活和生产的发展而出现,并逐渐加剧。人类毁坏自己赖以生存的自然环境的历史与人类文明史本身一样古老。古代文明的发达地区,如今多被列为世界上比较贫困或贫困地区,其根源在于其祖先滥用和浪费了其后代赖以生存的自然资源。环境污染问题大体与人类文明发展的四阶段相一致(表1.1)。

表1.1　人类发展的阶段和特征

特征分类＼人类发展阶段	采猎文明	农业文明	工业文明	后工业文明
	公元前200万年~公元前1万年	公元前1万年~公元1700年	公元1700年~现在	现在~将来
社会结构	个体/部落	乡村/民族	城市/国家	宇宙/全球
活动范围	孤立	区域	洲际/大区	全球
经济形式	个体延续	自给型	商品型	持续型
能源特征	火、人力	畜力	化石燃料	信息
人地关系	依附自然	靠天吃饭	改天换地	人地和谐

第一阶段,采猎文明时期。在有人类的初期,生产水平低下,人类生活完全依靠自然环境,聚居在气候适宜、水资源丰富的地方,过着采集野果、猎取禽兽的生活。这阶段人类主要是依赖和利用自然环境,而无意识地去改造环境。

第二阶段,农业文明时期。在土地肥沃、雨水充足的地方,如埃及的尼罗河流域,中国的黄河流域,人类能稳定定居生活,种植作物,饲养牲畜,繁衍后代,于是出现了农业文明,其特征是人类能利用自身力量去影响和改变局部自然环境。而人类一旦对自然环境施加影响,便必然产生一定的环境问题,如砍伐森林、开垦草原,引起水土流失,造成土地沙漠化。由于定居,便使村落出现,于是便产生粪便、垃圾和生活污水等的污染环境问题。但整体看来,这阶段人类对自然的作用还远未达到在全球范围内造成环境污染的问题。

第三阶段,工业文明时期。工业革命的出现,机器延伸了人的"器官",化石能源取代了畜力,社会化大生产取代了手工业,人类足迹遍布全球。

这个阶段的特点是随着生产力的高速、空前发展,环境资源被大量开发利用,在此过程中产生了大量的废水、废气、废渣,危害之大前所未有。为改善自己的生活,无限制地向大自然索取,却未意识到潜在的巨大危害,未意识到人类与环境之间存在着一个协同发展的规律。直到威胁人类存在和发展的环境问题在全球范围内出现,才使人们惊醒,这已经是 20 世纪中叶以后的事情。世界有名的八大公害教育了人们,迫使人们设法解决环境污染问题。

第四阶段,后工业文明时期。人们无限制地向大自然索取资源造成的环境污染危害,使人们认识到工农业生产的发展,需要考虑环境的生态规律,即国民经济发展与环境保护要协调进行。人类与大自然最终和谐统一的后工业时期是我们的期望,并且最终也一定能实现。例如,为向大自然索取建筑木材而大量砍伐森林,同时,大量的植树造林,使之最终取走的林木量与植树造林而生长的生物量相等,达到了生态的平衡,使国民经济发展,但并不破坏生态。目前我们正处在后工业文明时期。

1.1.3 环境污染的现状

工业革命尤其是第二次世界大战以后,工农业生产高速发展,带来的环境污染非常严重,归纳起来有下述几方面。

1.1.3.1 大气污染

大气污染主要是由燃烧煤、石油、天然气所致,近年来随着汽车工业的高速发展,城市大气污染成分中汽车尾气成分占了很大比重。具体的污染物为:颗粒物、二氧化硫、氮氧化物和碳氢化物等。由于这些污染物存在,引起一系列大气污染问题,其中主要内容如下。

(1) 酸雨

大气中由于 CO_2 的存在,降雨一般呈微酸性,其 pH$\approx$6.0,而当降雨的 pH<5.6 时,即为酸雨。酸雨是由于大气污染的一个结果,由于燃料中含有大量的硫化物,在燃烧时形成 SO_2,在空气中被氧化成 SO_3,在水中即形成硫酸,而构成酸雨的主要成分。另外,在燃烧过程中产生的氮氧化物在大气中形成的硝酸也是酸雨的重要组分。我国许多地区,尤其是西南地区,由于燃煤含硫量高,酸雨很严重。

(2) 臭氧层破坏

臭氧层是指大气平流层中臭氧集中的一个层次,由于人类大量使用氟氯烃而释放出的活性氯原子与臭氧反应造成臭氧的减少而破坏了臭氧层,每年九十月份南极上空时常会出现臭氧空洞,现在北极上空及其他地区上空有时也出现。

(3) 温室效应

由于燃料燃烧向大气中排放的 CO_2 的增加,使地面反射出的红外线被 CO_2 吸收,使近地面温度升高,形成如玻璃暖棚样的效应,称为温室效应。大气中的CO_2浓度,每年均以0.2%的速度增加,使全球温度发生变异。

(4)汽车尾气污染

近年来随着交通事业的飞速发展,汽车尾气对城市的污染日益严重,其污染贡献率有的高达40%~60%,汽车尾气主要含有CO、NO_x、碳氢等氧化还原物质,对人体危害很大。

近年来,各种恶臭等工业废气的污染也越来越严重,对人类的健康乃至生命都构成严重威胁。

1.1.3.2 水污染

水资源是发展国民经济的重要物质基础,水是人类的生命、生产、生活的必需物质。

一方面,人类对水的用量在迅速增加,另一方面,水资源在遭受人为的严重污染。据资料介绍,废弃的污水能使超过其体积8~10倍的干净水遭受污染。在20世纪70年代,工业发达国家的水污染已很严重,美国52条大河,其总长的1/3遭受严重污染;原苏联有60%~70%未经处理的工业废水和50%的生活污水直接排放到各水域,其总量每天约$1\times10^8 \text{ m}^3$;日本几乎没有一条干净的河流,在46个都、道、府、县中,水域污染面积占35%。

我国工业和公用事业用水量目前估计为$11.67\times10^{10} \text{ m}^3/\text{a}$,污水排入江河,每年可使$93.36\times10^{10} \text{ m}^3$的干净水遭受污染,这个数字占全国河川径流量的35.5%,仅长江上游每年就接纳数十亿吨的生活污水和工业废水。重庆环境监测站对19条长江的支流进行水质监测,属重度污染和严重污染的占49%。全国许多城市的地下水受到不同程度的污染。目前,水体污染主要是有机污染物、重金属和有机有毒污染物等污染,其中许多有机污染物本身并无毒性,但进入水体后,使微生物大量繁殖而消耗溶解氧,使水中溶解氧含量大大降低,水生动植物死亡,水体变臭,严重破坏水资源,恶化环境。重金属进入水体,通过迁移转化、富集,而由食物链进入人体,对人体健康产生危害。有机有毒污染物如多环芳烃等,对人体可产生致癌、致畸和致突变作用。

我国是缺水国家,且水源分布极不均匀,保护水环境和治理水污染是21世纪的重大课题。

1.1.3.3 噪声污染

噪声是另一种重要环境污染。研究表明,噪声在45 dB时会影响人的睡眠,65 dB时对工作和学习有影响,噪声达到165 dB时,动物就会死亡,达到175 dB时,人就会丧命。噪声会引起一系列心理和生理反应,造成多种疾病。如噪声使呼吸频率增快,从而引起神经系统的反作用,使吸入氧量减少;噪声使心脏活动受到影响,引起冠心病、大脑血管阻塞、动脉硬化等;噪声也影响神经系统,使大脑神经错乱,甚至引起神经病;噪声可使胃酸分泌过多,使消化道弹性受到影响,会引起胃溃疡。但最直接受到噪声损害的是听觉系统,近年来耳聋症上升为难以治愈的第四号疾病。

国外把噪声作为三大公害之一。城市噪声直接危害居民,它主要来源于交通噪声,即车辆行驶摩擦、震动和喇叭声等。我国城市交通噪声普遍高于国外。

1.1.3.4 土地污染及固体废物危害

固体废物随国民经济发展,其量越来越大,其质越来越复杂。固体废物主要包括城市垃圾及工矿企业的废渣,如炼钢废渣和电厂等的粉煤灰,以及煤矿开采的煤矸石。这些物质的随意堆放,不仅占地,而且造成二次污染,污染了水、空气乃至土壤。

土壤资源是人类赖以生存的物质基础。土地资源的利用涉及的环境问题甚多。如人口增长与扩大耕地面积、植被破坏与水土流失、草原退化与土地沙漠化、盐碱化以及土壤污染等。

在人类生产和生活过程中不断产生"三废",直接或间接地通过大气、水体和生物向土壤中排放,当排入的"三废"数量超过土壤系统的自净能力,破坏了原来的平衡时,就发生了土壤污染。

农业中的肥料、农药,用污水灌溉,用污水厂的污泥在农田中施肥,城市垃圾和工业废渣的堆置等,都是土壤污染的重要途径。目前最重要的土壤污染物是重金属和难降解的有机毒物(如有机氯农药)、病原微生物(致病菌、病毒和寄生虫卵)。

我国一些地区曾用未经消毒的医院废水灌溉农田,使蔬菜中含有大量致病菌和病毒,从而导致痢疾、伤寒和肝炎等传染病在这个地区爆发。

此外,大气中一些污染物随大气沉降和降水进入土壤,造成污染。如SO_2、NO_x沉降于土壤使土壤酸化,放射性和重金属尘埃沉降于土壤中使土壤和作物污染。

可见,由于人类社会的发展,资源的不合理开发利用,造成严重的环境污染。如我国在20世纪的最后几年有三件震撼国人的大事:①1997年创纪录(全年226天)的黄河断流;②1998年的长江大水灾;③2000年波及北京等地的频繁沙尘暴。这三件事标志着中国环境史上的一个新时期的来临,它标志着长期环境污染和生态破坏所积累的后果终于以一种危机降临全国。大规模的污染反弹报复提示人们:环境与经济是一个整体,保护和治理环境已成为首要任务,环境保护是我国的基本国策,必须落到实处。

1.2 环境污染治理工程

1.2.1 环境工程的形成

后工业文明时期的特点就在于国民经济的发展与环境保护协调一致,这就要求环境污染一方面靠自净得以部分消除,更主要的是要靠治理工程恢复原来的生态。环境污染治理工程,即环境工程,就是在环境污染不断加剧、控制污染日益迫切的形势下发展起来的。20世纪以来,尤其第二次世界大战以后,随着工农业、交通运输业和城市建设的迅速发展,排入环境的废水、废气、废渣越来越多,对环境造成日益广泛和严重的污染,在一些地区出现了公害病,严重威胁人体健康乃至生命安全,从而促进了运用工程措施治理环境污染,并逐渐以单项治理技术发展到区域性的综合污染防治措施。可以说,环境工程是环境科学的一个分支,它的任务就是通过工程技术措施控制环境污染,改善环境质量,保护和合理利用自然资源,保持良好的生态平衡,以保障人类的生存。《环境工程师手册》(Environmental Engineers' Handbook Volume I)对"环境工程"的目的做了明确的描述:"环境工程作为一门新兴学科,已处于一个受重视与受挑战的地位,它们的工具是人类的全部科学知识,而它们最重要的目标是使人类与大自然和平共处。"我国1978年全国科学大会在制定科学技术长远发展规划纲要时,把环境工程正式纳入技术科学领域,距今仅20余年的历史。因此,所谓环境工程就是环境污染防治工程,亦即对污染物监测、控制和处理的工程。

1.2.2 环境工程的内容

环境工程从广义来说,就是综合运用环境科学的基础理论和有关的工程技术,控制和改善环境质量。环境污染包括了水污染、空气污染、固体废物污染、噪声污染、电磁辐射污染、放射性污染和热污染等,而与之相适应的工程也应包括这些方面的治理工程。

1.2.2.1 水污染控制工程

近年来由于环境污染的日益严重,许多地面水体和地下水都在不同程度上受到污染,因此,给水处理和废水处理之间,在许多情况下已无太大差别,处理机理和设备及构筑物有许多相似之处,所以可把它们统称为水污染控制工程,只是在工艺流程中的各单元操作选择上有所不同。水污染控制工程所使用的处理手段主要是池、槽、罐、塔等,所使用的材料主要为钢材和混凝土等。无论是饮用水、工业用水,还是生活污水、工业废水,处理方法有多种,概括起来分为物理处理法、化学和物理化学处理法、生物处理法。现举两个处理流程的例子。以江、河、湖泊、水库为水源的居民饮用水常用处理流程如图 1.1 所示。

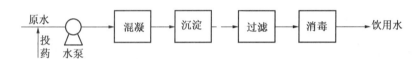

图 1.1 地面水源的饮用水处理流程

生活污水主要为城市居民生活中的排水,常用的处理流程如图 1.2 所示。

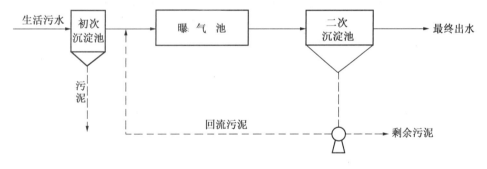

图 1.2 城市生活污水一般处理流程

1.2.2.2 空气污染控制工程

环境污染较早引起人们重视的是空气污染,1930 年的比利时马斯河谷烟雾事件,1952 年的英国伦敦烟雾事件等都是由燃煤放出的烟尘和 SO_2 引起的。空气的主要污染物是颗粒物,其次为 SO_2 和 NO_x 等。因此,对空气污染处理工程主要分为除尘(颗粒物)和气态污染物的净化。

(1)除尘设备

分离或捕集气流中粉尘粒子的装置为除尘装置,它包括工业除尘器和空气过滤器。工业除尘器是净化工业生产气体设备的总称。单纯进行固体和气体分离的装置有下述几种:

①依靠重力分离气固流体的重力沉降室。
②依靠惯性力分离气固流体的惯性除尘器。
③依靠离心力分离气固流体的旋风除尘器。
④依靠尘粒与液滴、液膜的惯性碰撞和扩散而使气固流体分离的湿式除尘器,其中除尘效率高、应用较普遍的湿式除尘器为文丘里除尘器,如图1.3所示。

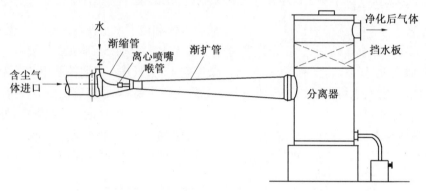

图1.3 文丘里除尘器

⑤依靠滤料与气流通过时产生的所含尘粒的截留、惯性碰撞、扩散和静电作用,使其气固分离的过滤除尘器,包括袋式除尘器和以金刚砂等为过滤介质的过滤式除尘器。
⑥依靠电场力实现粉尘与气流分离的高效静电除尘器。

(2)气体污染物的净化设备

降低或控制气态污染物所造成污染的基本方法和装置有：
①利用液体(吸收剂)将污染物(吸收质)从气体中吸收下来而达到空气污染净化的目的,所用的装置为吸收装置。当前应用较多的为石灰法或石灰石法烟气脱硫系统,如图1.4所示。

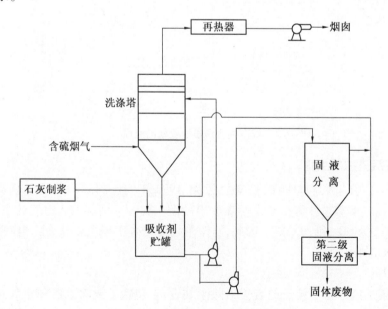

图1.4 石灰/石灰石烟气脱硫流程图

②利用吸附剂(如活性炭)将气体中污染物(吸附质)吸附下来的装置为吸附器,吸附装置是吸附填料的容器,用以盛装活性炭、活性氧化铝、分子筛和硅胶等吸附剂。

③利用催化剂的催化作用将废气中的有害物质转化成无害物质,称为催化转化法净化气态污染物,所用的装置为单层或多层绝热反应器。

④利用微生物的代谢活动将污染物(主要是有机污染物)转化为 CO_2 和水等简单无机物和细胞质的过程,称为生物净化气态污染物,所用的设备主要有生物洗涤塔等装置。

(3)固体废物处理和处置工程

固体废物处理主要有下述四种方法,并需采取相应的工程措施。

①对含有多种可生物降解物质的固体废物,尤其是城市垃圾,经过适当的预处理后(如分选等),可采取好氧或厌氧堆肥处理;也可采用露天堆肥和工厂化机械堆肥处理,如图1.5 所示。

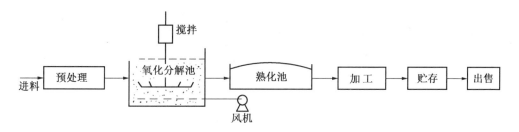

图 1.5　工厂化机械堆肥工艺流程

②利用固体中大量的可燃成分进行焚烧处理,不仅可取得大量热能,同时灰渣稳定,还可为最终处置创造条件。焚烧炉有多种形式,根据条件进行选建。

③在缺氧条件下,将可燃固体废物在高温下燃烧、分解、缩合转化为气态、液态和固态物质的过程称为固体废物热解。我国在这方面正在进行研究利用,因为这种方法既可产生可利用的气体、液体,也可产生稳定易处理的固体。热解所使用的装置为热解炉。

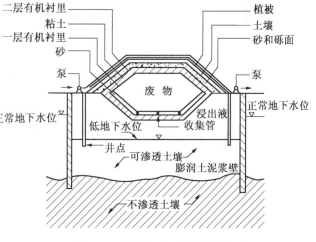

图 1.6　安全填埋场结构示意图

④固体废物的陆地填埋处置可分为卫生填埋和安全填埋,而安全填埋是固体废物最终处置中最经济的方法,已成为大多数国家处理固体废物的一种主要方法。安全填埋场结构如图1.6所示,这种填埋技术要注意防渗处理,注意设置垃圾渗滤液及产气的收集系统等。

此外,环境工程尚有控制噪声污染的隔声墙、隔声屏及隔声间等处理工程。

1.3　环境工程土建与环境工程

环境工程实际上是遵照有关环境污染物控制标准,根据某污染物的处理原理而进行设计的单元操作及相应的工艺流程,使该污染物通过该工艺流程处理后达到排放标准。

环境工程土建则是根据环境工程设计的单元操作及相应工艺流程中对土建工程的要求而进行的具体土建设计、施工。可以说,环境工程是为保证某污染物处理达标而进行的工艺设计,而环境工程土建是保证环境工程工艺设计具体实施的手段,即处理构筑物(如池、塔、槽、炉等)的结构设计及施工,以保证环境工程所设计的要处理的污染物达标排放。所以,环境工程和环境工程土建既是一个统一的整体,又有明确的分工,环境工程的最终完成离不开环境工程土建,反之,环境工程土建又是在环境工程前期工艺设计基础上而进行的土建设计和具体施工。

因此,环境工程和环境工程土建是相辅相成的关系,严格说来,环境工程土建是环境工程的后续,或者说是一部分。

1.4　环境工程土建概论的任务和内容

1.4.1　环境工程土建概论的任务

环境工程土建是用土建工程原理和工程措施,实现环境工程建设的土建任务,为环境工程治理达标提供构筑物和装置保证。因此,环境工程土建随环境工程的出现而诞生,随环境工程的发展而发展,是一门与环境整治密不可分的新兴学科。而环境工程土建概论则是用简略的篇幅,深入浅出地介绍和讲述环境工程土建的全貌。

1.4.2　环境工程土建的发展过程

环境工程土建是在土建工程的基础上发展起来的。土建工程具有着悠久的发展史,可以说,有了人类便有了土建工程,也可以说,土建工程的结果是人类文明史的展示。秦始皇为了抵御北方匈奴的入侵,进行了声势浩大的土木工程,修筑了伟大的万里长城;隋炀帝为了享乐,开凿了南北大运河;战国时期的秦蜀守李冰为了农业的发展,率民修筑了著名的四川都江堰。但过去讲述的土建工程,基本是与房屋建筑相关的土建工程。自人类居住稳定以来,便有房屋建筑,远至古代的西安半坡村遗址,以及以后历代皇帝建筑的城墙、宫殿,都是劳动人民用血汗换来的土建工程的结晶,并积累了丰富的土建经验,具有高超的技艺。工业革命以后,随着科技的高速发展,在西方,与之相应的建筑业也得到高速发展,街道整齐、高楼林立的现代化建筑组成的现代化都市到处可见。相形之下,我国解放前的建筑业是落后的,建筑设计水平不高,施工技术长期停滞在手工业状态,建筑材料一直沿袭两千年前的秦砖汉瓦一类的老产品。解放后,政府提出"向建筑工业化过渡",并把建筑工业化的内容概括为"三化"——设计标准化、构件生产工厂化和施工机械化。不断大力发展建筑材料,利用工业废料和地方资源,研究开发新兴材料,为我国建筑工业化创造了有利条件。

近年建筑业获得高速发展,各种新兴建筑材料不断涌现,用新的施工工艺进行着越来越文明的施工、设计不断创新,新建高楼大厦、工厂、住宅随处可见,到处一片兴旺的景象。"适用、安全、经济、美观"的建筑方针得到了很好的贯彻执行,现在可以说,世界建筑业的热点在中国。

1.4.3 环境工程土建的内容

环境工程土建是随环境污染治理工程的产生而出现的,是用土建工程的设计、施工、材料、措施、方法去完成环境工程的任务,环境工程土建的范围包括环境工程中处理污染的工艺过程所需的土建工程,也包括工业厂房及其辅助用房的土建工程等。

因此,本书主要包括下述内容:

①环境工程土建的演变过程。概述环境污染及其治理状况及环境工程土建的产生、发展。

②环境工程土建所需的基本理论知识。概述土建工程常用的拉、压、弯、剪等的力学知识;材料、构筑物等本身及与周围环境介质经常发生的化学反应及其变化,如酸、碱等中和反应,酸、碱、盐的置换反应,氧化还原反应,以及反应后产生的建(构)筑物的物理变化,如热胀冷缩,材料腐蚀引起的建(构)筑物剥离断裂等现象。还介绍一些与环境工程土建有关的物理知识,如垃圾填埋经一定时间要产生下沉,从而造成隔水层的破坏等。

③环境工程土建所用的基本建筑材料。概述了粘土砖瓦、石灰、石膏、水泥等胶凝材料及混凝土、砂浆、钢材、钢筋混凝土、木材、塑料、沥青、玻璃纤维、玻璃毡等材料,并对建筑材料的基本性能进行了介绍。

④建筑识图。概述了不同建(构)筑物的基本组成和表示方法,介绍了施工图的编制、绘图标准,以及施工图的组成和图纸内容。

⑤环境工程土建设计。概述了环境工程土建设计的类型,包括工艺流程的池、槽、塔及烟囱等,也包括了工业建筑的厂房及辅助用房,以及民用住宅等,还包括厂区规划及道路、景观等。介绍了环境工程土建设计的特点和要求,以及总平面设计对平面设计的影响和平面设计与工艺流程的关系,并简介了泵房、贮水池、管道沟、垃圾填埋场和烟囱等构(建)筑物的设计。

⑥环境工程土建构造。主要概述地基基础、墙、房屋顶、楼板层及泵房、水塔、烟囱、管道沟和贮水池等构造,它们可以是砖木结构、砖混结构、钢筋混凝土结构,还可以是钢-钢筋混凝土结构和钢结构等。

⑦基本建设程序。初步设计和施工图设计、施工过程和质量保证要求。

上述内容基本涵盖了环境工程土建概论的全部。

第2章 环境土建工程基础理论知识

环境(工程)土建工程主要包括房屋建筑结构、各种水池、水塔构筑物,以及沟、渠、坝、挡土结构物等土工构筑物工程。这些结构和构筑物由各种构件组成。为了保证这些结构与构筑物的正常工作和具有足够的耐久性,构件材料需具有一定的力学和物理、化学性能。

2.1 建筑力学基础知识

2.1.1 结构与构件

建筑物中承受荷载而起骨架作用的部分称为结构。图2.1中所示的即为单层厂房结构。结构受荷载作用时,如不考虑建筑材料的变形,其几何形状和位置不发生改变。

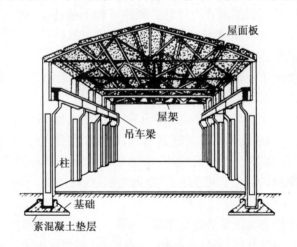

图2.1 单层厂房结构示意图

组成结构的各单独部分称为构件。图2.1中的基础、柱、吊车梁、屋架、屋面板等均为构件。

结构一般可按其几何特征分为三种类型。

(1)杆系结构

组成杆系结构的构件是杆件。杆件的几何特征是其长度远远大于横截面的宽度和高度。

(2)薄壁结构

组成薄壁结构的构件是薄板或薄壳。薄板、薄壳的几何特征是其厚度远远小于它的另两个方向的尺寸。

(3)实体结构

实体结构是三个方向的尺寸,基本为同量级的结构。

建筑力学以杆系结构作为研究对象。

2.1.2 刚体、变形固体及其基本假设

结构和构件可统称为物体。在建筑力学中将物体抽象化为两种计算模型:刚体模型,理想变形固体模型。

刚体是受力作用而不变形的物体。实际上,任何物体受力都发生或大或小的变形,但在一些力学问题中,物体变形这一因素与所研究的问题无关,或对所研究的问题影响甚微,这时,我们就可以不考虑物体的变形,将物体视为刚体,从而使所研究的问题得到简化。

在另一些力学问题中,物体变形这一因素是不可忽略的主要因素,如不予考虑就得不到问题的正确解答。但在平时,我们将物体视为理想变形固体。所谓理想变形固体,是将一般变形固体的材料加以理想化,作出以下假设:

①连续性假设 认为物体的材料结构是密实的,物体内材料是无空隙的连续分布。

②均匀性假设 认为材料的力学性质是均匀的,从物体上任取或大或小的一部分,材料的力学性质均相同。

③各向同性假设 认为材料的力学性质是各向同性的,材料沿不同的方向具有相同的力学性质。有些材料沿不同方向的力学性质是不同的,称为各向异性材料。本书中仅研究各向同性材料。

按照连续、均匀、各向同性假设而理想化了的一般变形固体称为理想变形固体。采用理想变形固体模型不但使理论分析和计算得到简化,而且所得结果的精度也能满足工程的要求。

无论是刚体还是理想变形固体,都是针对所研究的问题的性质,略去一些次要因素,保留对问题起决定性作用的主要因素,而抽象化形成的理想物体,它们在生活和生产实践中并不存在,但在解决力学问题时,它们是必不可少的理想化的力学模型。

变形固体受荷载作用时将产生变形。当荷载值不超过一定范围时,荷载撤去后,变形随之消失,物体恢复原有形状。撤去荷载可消失的变形称为弹性变形。当荷载值超过一定范围时,荷载撤去后,一部分变形随之消失,另一部分变形仍残留下来,物体不能恢复原有形状。撤去荷载仍残留的变形称为塑性变形。在多数工程问题中,要求构件只发生弹性变形。也有些工程问题允许构件发生塑性变形。本书中只研究弹性变形范围内的问题。

2.1.3 杆件变形的基本形式

杆系结构中的杆件其轴线多为直线,也有轴线为曲线和折线的杆件。它们分别称为直杆、曲杆和折杆,如图 2.2(a)、(b)、(c)所示。

横截面相同的杆件称为等截面杆(图 2.2);横截面不同的杆件称为变截面杆(图 2.3(a)、(b))。

杆件受外力作用将产生变形。变形形式是复杂多样的,它与外力施加的方式有关。无论何种形式的变形,都可归结为四种基本变形形式之一,或者是基本变形形式的组合。

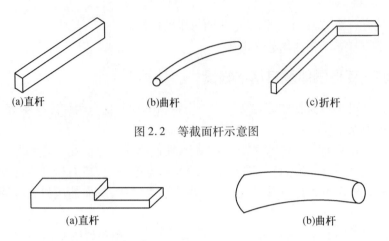

图 2.2 等截面杆示意图

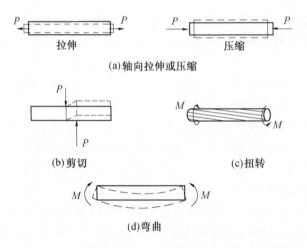

图 2.3 变截面杆示意图

直杆的这四种基本变形形式是：

①轴向拉伸或压缩 一对方向相反的外力沿轴线作用于杆件,杆件的变形主要表现为长度发生伸长或缩短的改变。这种变形形式称为轴向拉伸或轴向压缩(图 2.4(a))。

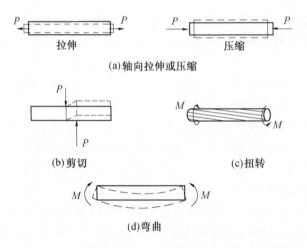

图 2.4 直杆变形的形式

②剪切 一对相距很近的方向相反的平行力沿横向(垂直于轴线)作用于杆件,杆件的变形主要表现为横截面沿力作用方向发生错动。这种变形形式称为剪切(图 2.4(b))。

③扭转 一对方向相反的力偶作用于杆件的两个横截面,杆件的相邻横截面绕轴线发生相对转动。这种变形形式称为扭转(图 2.4(c))。

④弯曲 一对方向相反的力偶作用于杆件的纵向平面(通过杆件轴线的平面)内,杆件的轴线由直线变为曲线。这种变形形式称为弯曲(图 2.4(d))。

各种基本变形形式都是在特定的受力状态下发生的,杆件正常工作时的实际受力状态往往不同于上述特定的受力状态,所以,杆件的变形多为各种基本变形形式的组合。当某一种基本变形形式起主要作用时,可按这种基本变形形式计算,否则,则属于组合变形的问题。

2.1.4 结构计算简图

2.1.4.1 自由度、约束及约束反力

物体可这样分为两类:一类是自由体,自由体可以自由位移,不受任何其他物体的限制;另一类是非自由体,非自由体不能自由位移,其某些位移受其他物体的限制而不能发生。物体在某方向上能够发生位移,则在该方向上具有一个自由度。结构和结构的各构件是非自由体。限制非自由体位移的其他物体称做非自由体的约束。约束的功能是限制非自由体的某些位移,使其在位移方向上没有自由度。例如,桌子放在地面上,地面具有限制桌子向下位移的功能,桌子是非自由体,地面是桌子的约束。约束对非自由体的作用力称为约束反力。显然,约束反力的方向总是与它所限制的位移方向相反。地面限制桌子向下位移,地面作用给桌子的约束反力指向上方。

工程中物体之间的约束形式是复杂多样的,为了便于理论分析和计算,只考虑其主要的约束功能,忽略其次要的约束功能,便可得到一些理想化的约束形式。本节中所讨论的正是这些理想化的约束,它们在力学分析和结构设计中被广泛采用。

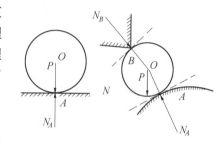

图 2.5 光滑面约束及其约束反力示意图

(1)光滑面约束

光滑面约束是由两个物体光滑接触所构成。两物体可以脱离开,也可以沿光滑面相对滑动,但沿接触面法线且指向接触面的位移受到限制。这是光滑面约束的约束功能。光滑面的约束反力作用于接触点,沿接触面的法线且指向物体。

图 2.5 中给出光滑面约束及其约束反力的例子。图中圆盘为非自由体,各光滑接触面的约束反力均沿接触面法线,指向圆盘中心 O。

(2)光滑圆柱铰链约束

铰链约束是连接两个构件的常见的约束形式。铰链约束可以这样构成:在两个物体上各做一大小相同的光滑圆孔,用光滑圆柱销钉插入两物体的圆孔中,如图 2.6(a)所示,这种约束用简化图 2.6(b)表示。根据构造情况可知其约束功能是:两物体铰接处允许有相对转动(角位移)发生,不允许有相对移动(线位移)发生。相对线位移可分解为两个相互垂直的分量与之对应,铰链约束有两个相互垂直的约束反力,它们的指向是未知的,可假定一个物体所受约束反力的指向,另一物体所受的约束反力指向按作用反作用定律确定,如图 2.6(c)所示。

(3)铰支座

铰支座有固定铰支座和滚动铰支座两种。

将构件用铰链约束与地面相连接,这样的约束称为固定铰支座,其构造如图 2.7(a)所示。将构件用铰链约束连接在支座上,支座用滚轴支持在光滑面上,这样的约束称为滚动铰支座,其构造如图 2.7(b)所示。这两种支座的简化图形分别如图 2.7(c)、(d)所示。

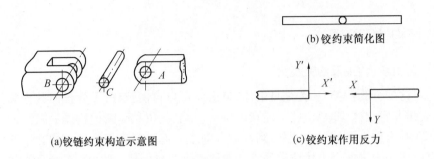

图 2.6 光滑圆柱铰链约束示意图

固定铰支座的约束功能与铰链约束相同,所以,其约束反力也用两个垂直分力表示。滚动铰支座的约束功能与光滑面约束相同,所以,其约束反力也是沿光滑面法线方向且指向构件。

图 2.7(e)中的简支梁 AB 就是用这两种支座固定在地面上,支座的约束反力示于该图中,其中约束反力 X_A 和 Y_A 的指向是假定的。

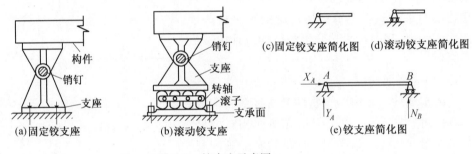

图 2.7 铰支座示意图

(4)链杆约束

链杆是两端用光滑铰链与其他物体连接,不计自重且中间不受力作用的杆件。链杆只在两铰链处受力作用,因此又称二力杆。

处于平衡状态时,链杆所受的两个力,应是大小相等、方向相反地作用在两个铰链中心的连线上,其指向一般不能确定。按作用以及反作用定律,链杆对它所约束的物体的约束反力必定沿着两铰链中心的连线作用在物体上。

图 2.8(a)中,当不计构件自重时,构件 BC 即为二力杆。它的一端用铰链 C 与构件 AD 连接,另一端用固定铰支座 B 与地面连接。BC 杆件所受的两个力 N_C 和 N_B 如图 2.8(c)所示。杆件 BC 作用给杆件 AD 的约束反力 N'_C 是 N_C 的反作用力,如图 2.8(b)所示。N_B、N_C、N'_C 三个力中,只需假定一个力的指向,另外两个力的指向可由二力平衡条件和作用与反作用定律确定。

应该注意,一般情况下铰链约束的约束反力是用两个垂直分力来表示,但对连接二力杆的铰链来说,铰链约束的约束反力作用线是确定的,不用两个垂直分力表示。在上述的例子中,如将 AD 上 C 点的反力用两个垂直分力表示,就会给计算工作带来麻烦。因此,对给定的结构和给定的荷载,应会识别结构中有无二力杆件,哪个构件是二力杆件。

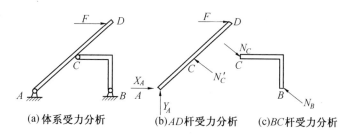

(a)体系受力分析　　(b)AD杆受力分析　　(c)BC杆受力分析

图 2.8　链杆约束示意图

也可以用链杆作支座。图 2.9 中的简支梁 AB，其 B 端即为链杆支座。该支座约束反力 N_B 的作用线沿链杆，图中该反力的指向是假定的。

（5）固定端约束（固定支座）

图 2.10(a)中，杆件 AB 的 A 端被牢固地固定，使杆件既不能发生移动也不能发生转动，这种约束

图 2.9　链杆支座（简支梁）示意图

称为固定端约束或固定支座。固定端约束的简化图形如图 2.10(b)所示。固定端的约束反力是两个垂直的分力 X_A、Y_A 和一个力偶 m_A，它们在图 2.10(b)中的指向是假定的。约束反力 X_A、Y_A 对应于约束限制移动的位移；约束反力偶 m_A 对应于约束限制转动的位移。

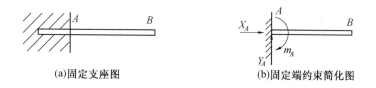

(a)固定支座图　　　　(b)固定端约束简化图

图 2.10　固定端约束示意图

（6）定向支座

将构件用两根相邻的等长、平行链杆与地面相连接，如图 2.11(a)所示。这种支座允许杆端沿与链杆垂直的方向移动，限制了沿链杆方向的移动，也限制了转动。定向支座的约束反力是一个沿链杆方向的力 N 和一个力偶 m。图 2.11(b)中反力 N_A 和反力偶 m_A 的指向都是假定的。

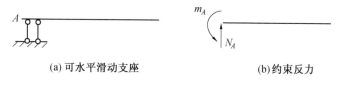

(a)可水平滑动支座　　　　(b)约束反力

图 2.11　定向支座示意图

2.1.4.2　结构计算简图

实际结构是很复杂的，无法按照结构的真实情况进行力学计算。因此，进行力学分析时，必须选用一个能反映结构主要工作特性的简化模型来代替真实结构，这样的简化模型

称做结构计算简图。结构计算简图略去了真实结构的许多次要因素,是真实结构的简化,便于分析和计算;结构计算简图保留了真实结构的主要特点,是真实结构的代表,能够给出满足精度要求的分析结果。

选择结构计算简图是重要而困难的工作。对常见的工程结构,已有经过实践检验了的成熟的计算简图。下面主要介绍结构计算简图中支座的简化、结点的简化等问题。

(1)支座简化示例

前面介绍的固定铰支座、滚动支座、固定支座等都是理想的支座,这些理想的支座在土建工程中几乎是见不到的。为便于计算,要分析实际结构支座的主要约束功能与哪种理想支座的约束功能相符合,将工程结构的真实支座简化为力学中的理想支座。

图 2.12 中所示的预制钢筋混凝土柱置于杯形基础中,基础下面是比较坚实的地基土壤。如杯口四周用细石混凝土填实(图 2.12(a)),柱端被相当坚实的基础固定,其约束功能基本上与固定支座相符合,则可简化为固定支座。如杯口四周填入沥青麻丝(图 2.12(b)),柱端可发生微小转动,但其约束功能基本上与固定铰支座相符合,则可简化为固定铰支座。

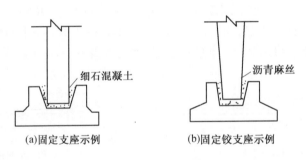

(a)固定支座示例　　　　(b)固定铰支座示例

图 2.12　支座简化示意图

(2)结点简化示例

结构中构件的交点称为结点。结构计算简图中的结点有铰结点、刚结点、组合结点等三种。

铰结点上的各杆件用铰链相连接。杆件受荷载作用产生变形时,结点上各杆件端部的夹角发生改变。图 2.13(a)中的结点 A 为铰结点。

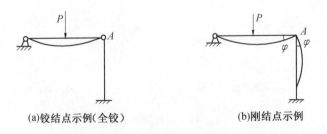

(a)铰结点示例(全铰)　　　　(b)刚结点示例

图 2.13　结点简化示意图

刚结点上的各杆件刚性连接。杆件受荷载作用产生变形时,结点上各杆件端部的夹角保持不变,即各杆件的刚接端都有一相同的旋转角度 φ。图 2.13(b)中的结点 A 为刚结点。

如果结点上的一些杆件用铰链连接,而另一些杆件刚性连接,这种结点称为组合结点。图2.14(a)、(b)中的结点 A 为组合结点。铰结点上的铰链(图2.13(a)中铰链 A)称为全铰;组合结点上的铰链(图2.14中铰链 A)称为半铰。

(a) 刚架与梁的半铰组合结点　　　　(b) 梁与压杆的半铰组合结点

图2.14　结点简化中组合结点示意图

对实际结构中的结点,要根据结点的构造情况及结构的几何组成情况等因素简化为上述三种结点。如图2.15(a)中的屋架端部和柱顶设置有预埋钢板,将钢板焊接在一起,构成结点。由于屋架端部和柱顶之间不能发生相对移动,但可发生微小的相对转动,故可将此结点简化为铰结点(图2.15(b))。又如图2.15(c)中钢筋混凝土框架顶层的结点,梁与柱用混凝土整体浇注,因梁端与柱端之间不能发生相对移动,也不能发生相对转动,故可将此结点简化为刚结点(图2.15(d))。

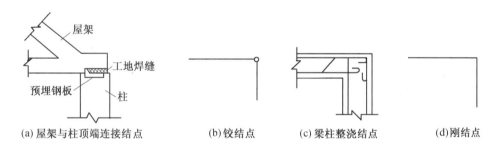

(a) 屋架与柱顶端连接结点　　(b) 铰结点　　(c) 梁柱整浇结点　　(d) 刚结点

图2.15　实际工程中结点的简化示例

(3) 计算简图示例

图2.16(a)所示的单层厂房结构是一个空间结构。厂房的横向是由柱子和屋架所组成的若干横向单元。沿厂房的纵向,由屋面板、吊车梁等构件将各横向单元联系起来。由于各横向单元沿厂房纵向有规律地排列,且风、雪等荷载沿纵向均匀分布,因此,可以通过纵向柱距的中线,取出图2.16(a)中画短线部分作为一个计算单元(图2.16(b)),将空间结构简化为平面结构来计算。

根据屋架和柱顶端结点的连接情况,进行结点简化;根据柱下端基础的构造情况,进行支座简化,便可得到单层厂房的结构计算简图,如图2.16(c)所示。

(4) 平面杆系结构的分类

工程中常见的平面杆系结构有以下几种。

①梁　梁由受弯杆件构成,杆件轴线一般为直线。图2.17(a)、(c)所示为单跨梁,图2.17(b)、(d)所示为多跨梁。

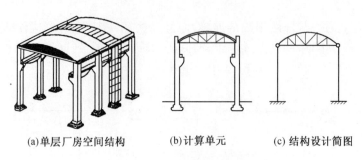

图 2.16　单层厂房计算简图示例

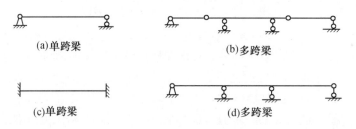

图 2.17　梁的结构示意图

②拱　拱一般由曲杆构成。在竖向荷载作用下,支座产生水平反力。图 2.18(a)、(b)所示分别为三铰拱和无铰拱。

图 2.18　拱的结构示意图

③刚架　刚架是由梁和柱组成的结构。刚架结构具有刚结点。图 2.19(a)、(b)所示为单层刚架,图 2.19(c)为多层刚架,图 2.19(d)称为排架,也称铰结刚架或铰结排架。

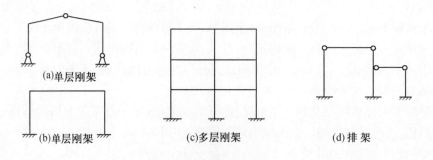

图 2.19　刚架结构示意图

④桁架　桁架是由若干直杆用铰链连接组成的结构。图 2.20 所示结构为桁架。

⑤组合结构　组合结构是桁架和梁或刚架组合在一起形成的结构,其中含有组合结点。图 2.21 都为组合结构。

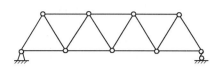

图 2.20　桁架结构示意图

上述计算简图中,所有结构体系都是几何不变的。当结构体系的约束数量与其自由度数量相同时,可以根据体系的静力平衡条件求得所有的约束反力,这类结构称为静定结构。当结构体系的约束数量超过体系的自由度时,除静力平衡条件外,还需根据结构体系及其构件的刚度条件才能求得所有的约束反力,这类结构叫做超静定结构。

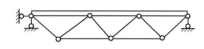

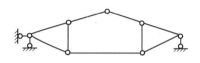

2.1.5　荷载的分类

图 2.21　组合结构示意图

结构工作时所承受的外力称为荷载。荷载可分为不同的类型。

(1)按荷载作用的范围可分为分布荷载和集中荷载

分布作用在体积、面积和线段上的荷载分别称为体荷载、面荷载和线荷载,并统称为分布荷载。重力属于体荷载,风、雪的压力等属于面荷载,而杆件所受的分布荷载视为作用在杆件的轴线上,这样,杆件所受的分布荷载均为线荷载。

如果荷载作用的范围与构件的尺寸相比十分微小,这时可认为荷载集中作用于一点,并称之为集中荷载。

当以刚体为研究对象时,作用在构件上的分布荷载可用其合力(集中荷载)来代替。例如,分布的重力荷载可用作用在重心上的集中合力代替;当以变形固体为研究对象时,作用在构件上的分布荷载则不能用其集中合力来代替。

(2)按荷载作用时间的久暂可分为恒荷载和活荷载

永久作用在结构上的荷载称为恒荷载。结构的自重、固定在结构上的永久性设备等属于恒荷载。

暂时作用在结构上的荷载称为活荷载。风、雪荷载等属于活荷载。

(3)按荷载作用的性质可分为静荷载和动荷载

由零逐渐增加到最后值的荷载称为静荷载。静荷载作用的基本特点是:荷载施加过程中,结构上各点产生的加速度不明显;荷载达到最后值以后,结构处于静止平衡状态。

大小、方向随时间而改变的荷载称为动荷载。机器设备的运动部分所产生的扰力荷载属于动荷载;地震时由于地面运动在结构上产生的惯性力荷载也属于动荷载。动荷载作用的基本特点是:由于荷载的作用,结构上各点产生明显的加速度,结构的内力和变形都随时间而发生变化。

2.1.6 建筑力学的任务和内容

建筑力学的任务是研究结构的几何组成规律,以及在荷载作用下结构和构件的强度、刚度和稳定性问题。其目的是保证结构按设计要求正常工作,并充分发挥材料的性能,使设计的结构既安全可靠又经济合理。

结构是由构件所组成,起着承受荷载、支撑建筑物的作用。这就要求构件必须按一定的规律来组成结构,以确保在荷载作用下结构的几何形状不发生改变。

结构正常工作必须满足强度、刚度和稳定性的要求。

强度是指抵抗破坏的能力。满足强度要求就是要求结构的各构件在正常工作条件下不发生破坏。

刚度是指抵抗变形的能力。满足刚度要求就是要求结构或构件在正常工作条件下所发生的变形不超过允许的范围。

稳定性是指结构或构件以原有的形状保持稳定的平衡状态。稳定性要求就是要求结构或构件在正常工作条件下不突然改变原有形状,因发生过大的变形会导致破坏。

建筑力学的内容包含以下几部分。

(1)静力学基础及静定结构的内力计算

内力计算是建筑力学中的重要基础理论,其中包括物体的受力分析;力系简化理论及平衡方程;结构组成的几何规律;静定构件和结构的内力计算等。在这些问题中,有些是与物体变形因素无关的,有些虽与物体变形因素有关,但是,在变形很小的情况下,变形因素对所研究问题的影响是微不足道的。所以,在这部分内容中,以刚体作为研究对象,将结构和构件均视为刚体。

(2)强度问题

主要研究构件在各种基本变形形式下的强度计算理论和方法。要使结构满足强度要求,应保证结构的各构件满足强度要求。

(3)刚度问题

研究静定构件的变形及静定结构位移的计算理论和方法,这里不仅解决如何满足刚度要求问题,还为研究超静定结构提供基础知识。

(4)超静定结构的内力计算

求解超静定结构的内力是为了解决超静定结构的强度和刚度问题,可参考有关结构力学书籍。

(5)稳定性问题

研究结构或构件在小变形状态下突然丧失承载能力而导致破坏的可能性。

在(2)~(5)的各部分内容中,尽管是研究小变形的情况,但变形因素在所研究的问题中起着决定性的作用。所以,研究这些问题时,以理想变形固体为研究对象,构件或结构均视为理想变形固体。

2.2 物理化学基础知识

2.2.1 混凝土

混凝土是由胶凝材料、骨料、水及某些外加剂按适当比例配合,经搅拌、浇捣和硬化过程而形成的一种人造复合材料。土建工程中使用的混凝土可按其密度、结构特征及所采用胶凝材料种类等进行分类。其中按胶凝材料种类不同可分为:水泥混凝土、石膏混凝土和水玻璃混凝土等。土建工程中,水泥混凝土(以下称混凝土)应用最广。随着时间的推移,混凝土构筑物由于其内部因素和外部因素的共同作用,使之发生物理化学的变化,从而使其性能下降以至破坏。内部因素有:混凝土材料的自身特性,混凝土结构的设计和施工质量等。外部因素是指环境因素:环境的温度、湿度;混凝土周围的介质,如空气、地下水、土壤中含有的有害物质。下面介绍水泥混凝土的组成材料。

(1)水泥

水泥是混凝土中的胶凝材料,水泥的组成和性质直接影响混凝土的性能。目前,世界上水泥品种已达200余种,按其矿物组成可分为硅酸盐水泥、铝酸盐水泥、硫铝酸盐水泥、铁铝酸盐水泥等。在众多的水泥品种中,应用最广、用量最大的是硅酸盐水泥。

①硅酸盐水泥熟料的矿物组成 混凝土的强度等性能主要取决于水泥中矿物成分的组成及其水化反应。水泥熟料的矿物组成见表2.1。

表2.1 硅酸盐水泥主要矿物成分及含量

矿 物 成 分	简 写 符 号	含 量(质量分数)/%
硅酸三钙 $3CaO \cdot SiO_2$	C_3S	40~65
硅酸二钙 $2CaO \cdot SiO_2$	C_2S	15~40
铝酸三钙 $3CaO \cdot Al_2O_3$	C_3A	5~15
铁铝酸四钙 $4CaO \cdot Al_2O_3 \cdot Fe_2O_3$	C_4AF	10~20

除表中所列四种主要矿物成分外,尚有总质量不超过水泥质量百分之几的氧化钙、氧化钛、氧化镁、氧化钾和氧化钠。

②硅酸盐水泥的水化反应 水泥加水后,熟料矿物颗粒的表面立即与水发生化学反应,生成新的水化物,并放出一定热量。各矿物成分的化学反应如下。

a. 硅酸三钙:常温下其水化反应可用方程式表示为

$$2(3CaO \cdot SiO_2) + 6H_2O \longrightarrow 3CaO \cdot 2SiO_2 \cdot 3H_2O + 3Ca(OH)_2 \qquad (2.1)$$

$$\text{水化硅酸钙} \qquad \text{氢氧化钙}$$
$$(C_3SH_3) \qquad (CH)$$

式(2.1)反应速度很快,生成的水化硅酸钙几乎不溶于水,以胶凝微粒析出,并逐渐凝聚成凝胶。$Ca(OH)_2$ 在溶液中的浓度很快达到饱和后以晶体析出。

硅酸二钙的水化反应与硅酸三钙相似,只是在常温下反应进行很慢。

b. 铝酸三钙:常温纯水中其水化反应为

$$3CaO \cdot Al_2O_3 + 6H_2O \longrightarrow 3CaO \cdot Al_2O_3 \cdot 6H_2O \qquad (2.2)$$

$$\text{水化铝酸钙}$$
$$(C_3AH_6)$$

在实际的水泥浆中,因该水化反应激烈,会导致水泥浆体瞬间凝结,所以,在水泥熟料粉磨时要加入适量石膏($CaSO_4 \cdot 2H_2O$,简写CSH_2),以调节凝结时间,因此,铝酸三钙是处在有$Ca(OH)_2$和$CaSO_4 \cdot 2H_2O$的环境中水化的。铝酸三钙在饱和$Ca(OH)_2$溶液中水化生成$4CaO \cdot Al_2O_3 \cdot 13H_2O$,该产物又会与$CaSO_4 \cdot 2H_2O$反应生成$3CaO \cdot Al_2O_3 \cdot 3CaSO_4 \cdot 32H_2O$(钙矾石,简写AFt)。实际的水化产物因$CSH_2$和$C_3A$的比值不同而不同,当$CSH_2$与$C_3A$的物质的量比为3.0时,水化产物为AFt;为1.0时,水化产物为单硫型水化硫酸钙($3CaO \cdot Al_2O_3 \cdot CaSO_4 \cdot 12H_2O$,简写AFm)。AFm是难溶于水的晶体,能很快包围在熟料表面,形成阻碍水进去的保护膜,使反应速度减慢。

c. 铁铝酸四钙:当没有$Ca(OH) \cdot 2H_2O$存在时,反应式为

$$4CaO \cdot Al_2O_3 \cdot Fe_2O_3 + 7H_2O \longrightarrow 3CaO \cdot Al_2O_3 \cdot 6H_2O + CaO \cdot Fe_2O_3 \cdot H_2O \quad (2.3)$$
水化铁酸钙
(CFH)

式(2.3)的反应速度仅次于式(2.2)反应,因铁铝酸四钙与铝酸三钙处于同样的水环境中,所以,其反应也相似,当没有$CaSO_4 \cdot 2H_2O$存在时,生成$4CaO \cdot (Al_2O_3 \cdot Fe_2O_3) \cdot 13H_2O$;当有$CaSO_4 \cdot 2H_2O$存在时,生成$3CaO(Al_2O_3 \cdot Fe_2O_3) \cdot 3CaSO_4 \cdot 32H_2O$。

以上讨论均是硅酸盐水泥单矿物成分的水化作用,实际上水泥颗粒是一个多矿物的聚集体,不仅含有上述主要矿物成分,还含有Na_2O、K_2O、硫酸盐等次要成分。当水泥与水拌和后,水泥粒子立即与水反应并溶解,使拌和的水变成含有多种离子(Ca^{2+}、K^+、Na^+、OH^-、SiO_4^{4-}、$Al(OH)_4^-$、SO_4^{2-}等)的溶液。水泥浆中的离子组成取决于水泥中的组分及溶解度,反之,离子组成又影响各熟料矿物的水化速率。此外,不同矿物彼此之间对水化过程也要产生影响。

③硅酸盐水泥的水化过程及产物 按时间的顺序,硅酸盐水泥的水化过程可简化为以下三个阶段。

a. 钙矾石形成阶段:水泥发生水解时,水泥中的C_3A首先水化,形成钙矾石(AFt)。

b. C_3S的水化阶段:C_3S开始迅速水化,生成C_3SH_3和CH。随着$CaSO_4 \cdot 2H_2O$消耗完毕,AFt产物向AFm产物转化;同时C_3AF和C_2S也不同程度地进行水化反应。

c. 结构形成与发展阶段:随着水化产物的增多,相互交织,使水泥浆体逐渐硬化。

(2)骨料

骨料构成混凝土的骨架,占全部混凝土的80%~85%。骨料按其粒径大小分为粗骨料(粒径5~60 mm或更大)和细骨料(粒径0.16~5 mm的砂)。卵石(特别是河卵石)和天然砂是常用的粗、细骨料。骨料的强度直接影响混凝土的强度,特别是粗骨料。骨料中的化学成分和杂质都会影响混凝土的性能。骨料中的主要杂质有氯化物、硫化物、硫酸盐、淤泥粘土等。有害成分可与水泥中的组分发生化学反应,如氯化物可使混凝土结构中的钢筋腐蚀。若骨料中含有活性二氧化硅时,可与水泥中碱性氧化物(Na_2O、K_2O)发生碱-骨料反应,导致混凝土破坏。所以,对骨料的组成成分、粒度、级配和有害杂质的含量都有一定要求。

(3)水

混凝土混合料在拌和时要加入一定量的水,一是保证水泥水化过程的进行,这样才能使水泥在混凝土中发挥胶凝作用;二是使混合料具有足够的流动性,这样才便于混凝土的

运输、捣固和成型。在目前的工程条件下,满足后者所需的水量,往往大于前者的最低需水量。

混凝土中的水分,根据水与固相组分的相互作用,分为吸附水、结晶水、化合水、层间水和自由水等。其中吸附水包括凝胶水和毛细管水。前者是指混凝土的凝胶体中凝胶孔所含的水,由于吸附作用,凝胶水比较牢固地吸附在凝胶体的表面;后者是指凝胶体外部毛细孔内所含的水。

水是混凝土的重要组成部分,但水也是混凝土发生化学侵蚀等的媒体,此外水的酸碱度和其中所含的有害物质,如氯化物、硫酸盐等都会对混凝土构筑物的性能产生影响,因此,对混凝土用水也是有一定要求的。

(4) 孔隙

混凝土是一个多相多孔的体系,所以在混凝土中除了上述组成外,还存在着大小不同的孔隙。按孔径的大小不同,这些孔隙可分为:a. 凝胶孔(孔径约为 1.2~3.2 nm),是指凝胶粒的内孔和凝胶粒子之间的孔;b. 过渡孔(孔径约为 10~100 nm),主要是指外部水化物之间的孔;c. 毛细孔(孔径约为 100~1 000 nm),主要是指没有被水泥水化物所填充的原充水空间;d. 大孔(孔径大于 1 000 nm)。侵蚀性介质只有通过孔隙才能进入混凝土内部对其产生侵蚀;此外,混凝土构筑物的许多物理性能(如渗透性、抗冻性等)和力学性能都与混凝土中孔隙的数量、孔径、孔隙的分布状态等密切相关。

(5) 混凝土的外加剂

为满足不同工程对混凝土的要求,就要采取不同措施提高混凝土性能,其中添加外加剂是改善混凝土性能的有效方法之一。用于混凝土的外加剂种类很多,按外加剂的作用可分为减水剂、防水剂、膨胀剂、阻锈剂、调凝剂等等,其功能各异。例如,减水剂,它可保证在水泥用量和流动性不变的情况下,减少用水量,达到提高混凝土的抗渗性、强度等性能的目的。

(6) 混凝土的和易性

混凝土混合料的诸性质,如搅拌是否均匀,运输过程中是否产生分层析水,浇筑时是否易于填满模型等,都以和易性表示,所以,和易性是一个综合概念,是混凝土混合料生产过程的概念总和。和易性通常以流动性、粘聚性和保水性表示,以混合料的流动性作为和易性的一个主要指标。

2.2.2 混凝土在环境中的物理化学变化

在环境中混凝土构筑物由于其内部的不完善性和外部不利因素综合的作用,使之发生各种物理化学变化,最终造成混凝土结构性能下降,以至破坏。现将其中主要的物理化学变化列举如下。

(1) 混凝土的冻融破坏

混凝土的冻融破坏是指在冻融交替的作用下,其内部结构产生裂缝和损伤,经多次反复作用后,损伤积累到一定程度所引起的一种结构破坏。据研究结果表明:混凝土在冻融破坏过程中,其水化产物的成分基本保持不变,所以,基本可认为混凝土的冻融破坏过程是一个物理变化过程。冻融破坏不仅产生在已建成的混凝土构筑物上,也能产生在施工中,至于在结冰的路面上撒盐,就更易产生冻融破坏。

近几十年来，某些发达国家提出了几种冻融破坏机理，但迄今尚无统一的结论。下面仅就冰膨胀压和渗透压理论做一简单介绍。

在混凝土浇筑时，为得到必要的和易性，往往掺和的水比水泥水化所需要的水量多，这些多余的水就滞留在混凝土的孔隙中。当温度降至孔隙中水的冰点时，这些水就会结冰。在大的孔隙中一般不易充满水，所以不易受冰冻的影响，毛细孔中的水，因其孔径不是很大，最容易被水饱和发生冰冻，但因混凝土是碱性的（pH>12.5），所以结冰的冰点要低于零度。毛细孔内水结冰后，体积约膨胀9%，产生膨胀压力。若毛细孔中的水不超过91.7%（含水量的极限值），毛细孔中的空气可起到调节作用，将一部分未结冰的水挤入凝胶孔，可减少膨胀压力，在和结冰毛细孔相连通的其他毛细孔或凝胶孔中的水，因水的蒸汽压大于同温度下冰的蒸汽压，所以会向毛细孔中冰的界面处渗透，使之在毛细孔中产生渗透压。由此可见，处于水饱和状态的混凝土在低温结冰时，毛细孔将同时受到膨胀压和渗透压的作用，当这种作用超过混凝土的强度时，将使混凝土内部结构产生裂缝和损伤。当温度升高，孔隙中的冰融化时，会使混凝土的体积缩小，但已不能恢复到原体积了，会留下一个永久性的形变，这是由于内部结构破坏导致裂缝扩展的结果。

混凝土在冻融破坏过程中微孔数量逐渐增加，孔径在逐渐扩大，微裂缝增加和扩展，导致混凝土密实度降低、吸水率增加、强度下降，其中抗拉和拉弯强度的反应最为敏感。冻结的温度越低，速率越快，冻融产生的破坏力越大。冻结温度达-10 ℃时是一个临界值，达到或低于这一临界值时，要保证混凝土的抗冻耐久性，就必须采取其他措施，如采用抗冻性能好的高强混凝土等。

影响混凝土抗冻性能的主要因素是混凝土内部构造、孔隙率和孔隙特征（孔径大小、是否联通、是否开口等）。密实度高、孔隙率低、孔径小的混凝土抗冻性能比较好。

(2) 混凝土的碳化

当混凝土的周围环境中含有 CO_2、SO_2、H_2S、HCl、HF 等酸性物质时，它们就会渗入混凝土表面内与其碱性物质发生化学反应，这种现象称为混凝土的中性化。其中大气中的 CO_2 渗入混凝土中引起的中性化是最常见的一种，称为混凝土的碳化。混凝土中可产生碳化的主要成分是 $Ca(OH)_2$，实际上，混凝土中的水化硅酸钙、硅酸三钙和硅酸二钙等也会与 CO_2 发生化学反应，引起混凝土的碳化。碳化虽然可使混凝土的一些孔隙被碳化产物 $CaCO_3$ 等堵塞，使其密实度和强度有所提高，但由于碳化降低了混凝土的碱度（pH 值一般为 8~9），易破坏钢筋表面的钝化膜，如在有水和氧气的条件下，引起钢筋的锈蚀。同时碳化伴随着混凝土的收缩，引起表面开裂和粉化。

混凝土的碳化反应为

$$Ca(OH)_2 + CO_2 \rightarrow CaCO_3 + H_2O \tag{2.4}$$

$$3CaO \cdot 2SiO_2 \cdot 3H_2O + 3CO_2 \rightarrow 3CaCO_3 + 2SiO_2 \cdot 3H_2O \tag{2.5}$$

$$3CaO \cdot SiO_2 + 3CO_2 + nH_2O \rightarrow 3CaCO_3 + SiO_2 \cdot nH_2O \tag{2.6}$$

混凝土的碳化过程主要包括以下 5 个过程，即

a. $CO_2(g) \rightleftharpoons CO_2(aq)$

b. $Ca(OH)_2(s) \rightleftharpoons Ca^{2+}(aq) + 2OH^-(aq)$

c. $CO_2(aq) + OH^-(aq) \rightarrow HCO_3^-(aq)$

d. $HCO_3^-(aq) + OH^-(aq) \rightarrow CO_3^{2-}(aq) + H_2O$

e. $Ca^{2+}(aq) + CO_3^{2-}(aq) \rightarrow CaCO_3(s)$

其中反应最慢的是 a 过程,所以大气中的 CO_2 转入水中的速度决定了混凝土碳化速度。

影响混凝土碳化的因素主要有两大类:材料本身的性质和环境因素。混凝土所用水泥的种类、用量、水灰比、骨料的品种,以及施工养护质量等都对混凝土的碳化有影响。以水灰比对混凝土碳化的影响为例,水灰比是决定混凝土结构和孔隙率的主要因素,当水泥用量不变时,水灰比越大,其内部孔隙率越大,密实性越差,CO_2 就越容易渗透到混凝土内部,加快了碳化反应的速度;同时,水灰比大也使混凝土孔隙中的水量增加,有利于碳化反应的进行。作为环境影响因素,主要是空气中 CO_2 的浓度、环境的温度和湿度,当空气中 CO_2 的浓度越大时,混凝土内外 CO_2 浓度差越大,从而加快 CO_2 向混凝土内部的渗透,使碳化反应加快。有试验表明,混凝土周围介质的相对湿度在 50%~75% 时,混凝土碳化速度最快。湿度过大(如大于 80% 以上),使混凝土孔隙中的水处于饱和状态,反应式(2.4)产生的水分无法向外扩散,使反应难以进行;反之,相对湿度为 0%~45% 时,太干燥了,空气中 CO_2 也无法渗入混凝土孔隙中或溶入极少,使碳化反应无法进行。环境温度可加快 CO_2 向混凝土内部扩散的速度并加快碳化化学反应的速度。实际上,处于含有 CO_2 浓度较高的水环境中,混凝土也会发生碳化反应。一般认为,当水环境中 CO_2 质量浓度达 20 mg/L 时,就会对混凝土产生严重的碳化侵蚀。

(3)混凝土的其他腐蚀

①溶出性侵蚀 当混凝土构筑物长期与水接触时,有可能发生溶出性侵蚀。与水长期接触时,首先混凝土中的 $Ca(OH)_2$ 会被溶出。当水环境的硬度大时,就会含有较多的钙、镁等重碳酸盐,它们与 $Ca(OH)_2$ 反应生成几乎不溶于水的 $CaCO_3$、$MgCO_3$,沉积在混凝土表面的微孔内,形成了密实的保护层,可防止溶出性腐蚀继续发生,否则,$Ca(OH)_2$ 就会继续溶出。在静止的水环境中,这种溶出会继续到周围水被 $Ca(OH)_2$ 饱和时停止,因溶出只限于表面,影响不大。但在流动水和压力水的作用下,$Ca(OH)_2$ 就会不断地从混凝土中流失,伴随着碱度的下降,混凝土中的水化产物也要分解溶出,其结果造成混凝土中凝胶组分变化,强度随之降低。

②硫酸盐侵蚀 一些盐类可与混凝土中的某些成分发生化学反应,反应产物或是无胶凝性物质或是引起体积膨胀,其中硫酸盐引起的破坏是最广泛最普遍的一种。硫酸盐沿着混凝土的孔隙渗透到混凝土内部与混凝土中某些成分发生化学反应,其侵蚀过程主要有以下两类。

a. 硫酸盐和 $Ca(OH)_2$ 及 $3CaO \cdot 2SiO_2 \cdot 3H_2O$ 反应生成石膏,引起混凝土开裂,力学性能下降。反应为

$$Na_2SO_4 + Ca(OH)_2 + 2H_2O \rightarrow CaSO_4 \cdot 2H_2O + 2NaOH \tag{2.7}$$

$$MgSO_4 + Ca(OH)_2 + 2H_2O \rightarrow CaSO_4 \cdot 2H_2O + Mg(OH)_2 \tag{2.8}$$

$$3MgSO_4 + 3CaO \cdot 2SiO_2 \cdot 3H_2O + 8H_2O \rightarrow 3(CaSO_4 \cdot 2H_2O) + 3Mg(OH)_2 + 2SiO_2 \cdot H_2O \tag{2.9}$$

在硫酸盐中,钠盐因生成的 NaOH 碱度高,基本上使水化产物稳定;镁盐因生成的 $Mg(OH)_2$ 碱度较低,使水化产物也会与硫酸盐反应,并且生成的 $Mg(OH)_2$ 变得疏松无胶凝性,所以危害比较严重。

b. 硫酸盐与 $Ca(OH)_2$ 反应生成的石膏会与混凝土中铝酸钙的水化产物反应,生成钙

矾石,比原体积增大 1.5 倍以上。反应为

$$4CaO \cdot Al_2O_3 \cdot 13H_2O+3CaSO_4+20H_2O \rightarrow 3CaO \cdot Al_2O_3 \cdot 3CaSO_4 \cdot 32H_2O+Ca(OH)_2 \tag{2.10}$$

该反应是在已固化的混凝土构筑物中发生的,所以,对混凝土起着极大的破坏作用。影响混凝土受硫酸盐侵蚀的因素颇多,如水泥的种类、混凝土本身的结构、强度,所在环境中硫酸盐的含量等等。

③酸侵蚀　混凝土是碱性材料,在使用期间常常受到环境中酸、酸性物质的侵蚀。酸的侵蚀往往伴随着硫酸盐侵蚀和钢筋腐蚀等。酸侵蚀分以下两种情况。

a. 在含盐酸、硝酸、硫酸、碳酸等环境中,混凝土中的 $Ca(OH)_2$ 与酸反应生成可溶性钙盐,当环境中的酸的浓度高时,水化硅酸钙也会与之反应生成硅酸,使混凝土结构遭到破坏,其中盐酸中的氯离子还会腐蚀混凝土中的钢筋。混凝土中的 $Ca(OH)_2$ 与硫酸反应生成石膏的危害见硫酸盐的侵蚀。

b. 在含有磷酸、酒石酸、草酸等环境中,因酸与混凝土中 $Ca(OH)_2$ 的反应生成不溶性钙盐,一般对混凝土的危害性较小,但有时也会引起混凝土强度下降。

④碱骨料反应　碱骨料反应是指水泥中的碱与骨料中的活性二氧化硅发生的反应,生成碱-硅酸盐凝胶,并吸水膨胀,使体积增大约 3~4 倍,产生的膨胀压力可引起混凝土剥落、开裂、强度下降甚至破坏。当水泥中的含碱量(Na_2O、K_2O)大于 0.6%(质量分数)时,Na_2O 等会很快溶于水中,遇到含有活性二氧化硅的骨料(如蛋白石、黑硅石、安山石等),就会发生碱骨料反应。其反应式为

$$2NaOH+SiO_2 \rightarrow Na_2O \cdot SiO_2+H_2O \tag{2.11}$$

当混凝土构筑物发生碱骨料反应时,一般不到两年就会使其结构出现明显开裂,而且反应一旦发生,比较难控制,还会加速其他侵蚀破坏。

⑤浓碱液侵蚀　当碱液浓度较小且温度不高时,对混凝土的侵蚀作用较小。当碱液浓度大时,对混凝土可产生化学侵蚀和结晶侵蚀两种,结果造成混凝土结构破坏。化学侵蚀是指混凝土中水泥的水化产物及未发生水化的矿物成分,与浓碱液发生化学反应,使之析出。结晶侵蚀是指碱液渗入混凝土的孔隙中,与孔隙中的 CO_2 生成 $Na_2CO_3 \cdot 10H_2O$ 析出,体积膨胀约 2.5 倍,产生结晶压力,造成混凝土结构破坏,这种侵蚀在氧化铝厂混凝土构筑物中尤为严重。

除上述介绍的腐蚀之外,高温、海水、盐渍土壤等环境也都会引起混凝土构筑物中的成分和结构发生各种物理化学变化。

(4)混凝土构筑物中钢筋的腐蚀

混凝土是一种非匀质的脆性材料,抗弯和抗拉能力差,需配筋提高其力学性能,其中钢筋应用最广泛。这是因为钢筋和混凝土之间有足够的粘结力;两者温度线膨胀系数相近。混凝土中的钢筋受到腐蚀后,腐蚀产物的体积膨胀可使混凝土保护层沿纵筋出现开裂,严重时可完全脱落。随混凝土中钢筋的腐蚀程度不同,其裂缝程度及力学性能等变化如下。

①轻度腐蚀　此时仅在钢筋表面出现小的腐蚀坑,无纵向裂缝,截面损失率为 1%~3%;屈服强度、抗拉强度、延伸率、粘结力等基本不变。

②中度腐蚀　钢筋腐蚀产生的铁锈向混凝土内迁移,产生少量的纵向裂缝,截面损失

率为3%~10%;屈服强度基本不变,抗拉强度和延伸率降低,粘结力虽有下降但不明显。

③严重腐蚀　截面损失率大于10%。铁锈沿混凝土裂缝扩散,纵向裂缝增多,使顺筋裂缝贯通,保护层部分剥落或全部脱落;屈服强度、抗拉强度、延伸率降低,粘结力显著降低甚至丧失。

一般情况下,混凝土对钢筋是有保护作用的。因为没有碳化的混凝土呈碱性(pH值大于12.5),可使钢筋表面形成一层不渗透的、牢固粘附着的钝化膜。以往认为钝化膜是由铁的氧化物构成,最新研究表明,该钝化膜中含有 Si—O 键,对钢筋有很强的保护作用,使钢筋免遭腐蚀。当钢筋表面的钝化膜受到破坏,并在其周围存在氧气和水时,钢筋就会发生电化学腐蚀。由于钢筋材质和表面的不均匀性,以及混凝土中碱度的差异、物理化学性质的不均匀性等,都造成了钢筋表面不同部位存在电位差,即在钢筋表面不同电位区形成阳极和阴极,形成许多微电池。这些电池持续作用的结果,导致钢筋表面阳极区腐蚀,其反应如下

阳极反应 $$Fe \rightarrow Fe^{2+} + 2e \tag{2.12}$$

阴极反应 $$2H_2O + O_2 + 4e \rightarrow 4OH^- \tag{2.13}$$

总反应 $$2Fe + O_2 + 2H_2O \rightarrow 2Fe(OH)_2 \tag{2.14}$$

反应产物 $Fe(OH)_2$ 的生成代表了钢筋腐蚀的第一步,通常 $Fe(OH)_2$ 还会与水和氧气作用生成 $Fe(OH)_3$,即铁锈。反应为

$$4Fe(OH)_2 + O_2 + 2H_2O \rightarrow 4Fe(OH)_3 \downarrow \tag{2.15}$$

一旦 $Fe(OH)_3$ 生成,它下面的铁就成为阴极,促进腐蚀进一步加剧。生成的铁锈实际上具有 $Fe_2O_3 \cdot nH_2O$ 的组成,所以,体积比铁增大了数倍。铁锈是一种多孔物质,具有透气和透水性,无论多厚,都失去了对内部钢材的保护作用。

从上面分析可见,混凝土中钢筋的腐蚀是一种电化学腐蚀,要造成混凝土中钢筋腐蚀,首先必须破坏钢筋表面的钝化膜。钢筋失钝与混凝土中的碱度有关,当 pH 值小于11.5 时,钢筋表面的钝化膜就会失去稳定性,当 pH 值小于 9 时,钝化膜就会完全破坏。当混凝土被碳化时,pH 值约为 8~9,可见,混凝土碳化是使钢筋脱钝的重要原因,所以影响混凝土碳化的诸因素也同时在影响钢筋的腐蚀。

混凝土的碳化不是使钢筋脱钝的惟一原因,氯离子也能使钢筋脱钝。有微观测试试验表明,氯离子达到钢筋表面并吸附于钝化膜上时,可使该处 pH 值迅速降低,所以,氯离子也能使钢筋脱钝。但氯离子在钢筋的表面只有达到一定浓度时钢筋才会锈蚀,将此浓度称为氯离子引起钢筋锈蚀的"临界值"。研究结果表明,在混凝土液相中,当 Cl^-/OH^- 的浓度比大于 0.6 时,钢筋开始锈蚀,并以此作为"临界值"。为控制氯离子对钢筋的腐蚀,首先要控制构成混凝土的诸材料的含氯盐量。至于环境中氯离子的渗入,与环境中氯离子的含量及混凝土本身的结构、混凝土保护层的厚度等多种因素有关。

从钢筋的腐蚀机理可知,无论是混凝土的碳化还是氯离子渗入,所引起钢筋表面钝化膜的破坏,都只为钢筋腐蚀提供可能,钢筋要发生电化学腐蚀,除在钢筋表面不同部位有电位差外,还必须在其周围存在氧气和水,这样才可维持阴极反应(式2.15)。可见,钢筋的钝化膜即使被破坏,若无氧气和水也不会发生腐蚀。所以,密实性好、渗透性低的混凝土,就可抑制氧气和水的进入,则可防止钢筋腐蚀。但多数情况下,混凝土的多孔结构很容易使氧气等透入,混凝土的裂缝等也为其渗入创造了条件。

第3章 土木工程建筑材料

随着科学技术的发展,建筑材料已由昔日的秦砖汉瓦向多品种、多功能、节能降耗、保护生态环境方向发展。常用建筑材料不仅满足建筑物或构筑物本身的技术性能要求,保证其正常使用,还要满足在使用中能抵御周围环境的影响和有害介质的侵蚀,保证建筑物或构筑物经久耐用。此章中主要介绍环境土建工程中常用材料的成分、结构、技术性能和合理选材等方面的基本理论和基本知识。

3.1 常用建筑材料的基本性质

常用建筑材料的基本性质是指建筑实体或建筑施工中所采用的各种材料,在使用过程中表现出来的一系列普遍共性,也是主要的和最基本的性质,归纳起来可分为物理性质、力学性质和耐久性等方面。

3.1.1 建筑材料的物理性质

3.1.1.1 与质量有关的物理性质

(1)密度

密度是材料在绝对密实状态下,单位体积的质量,其计算式为

$$\rho = \frac{m}{V} \tag{3.1}$$

式中　ρ——材料的密度,g/m³;

　　　m——材料的质量,g;

　　　V——材料在绝对密实状态下的体积,m³。

所谓绝对密实状态下的体积是指不含有任何孔隙的体积。建筑材料中除了钢材、玻璃等少数材料外,绝大多数含有一定的孔隙,如砖、石等材料。含有孔隙的材料,测定其密度时,应先把材料磨成细粉,经干燥至恒重后,用李氏瓶测定其体积,然后按式(3.1)计算其密度值。材料磨得越细,测得的数值就越准确。

(2)表观密度

表观密度是指材料在自然状态下,单位体积的质量,其计算式为

$$\rho_0 = \frac{m}{V_0} \tag{3.2}$$

式中　ρ_0——表观密度,g/m³;

　　　m——材料的质量,g;

　　　V_0——材料在自然状态下的体积,m³。

材料在自然状态下的体积包含了材料内部孔隙的体积。当材料含有水分时,它的质量和体积都会发生变化。一般测定表观密度时,以干燥状态为准。在含水状态下测定表

观密度,须注明含水情况。试验室测定通常为烘干至恒重状态下的表观密度。质地密实坚硬的散粒状材料,如砂、石等测定的表观密度,在工程使用中(如混凝土配合比设计计算)可近似代替其密度。

(3)堆积密度

堆积密度是指粉状或散粒状材料在堆积状态下,单位体积的质量,其计算式为

$$\rho'_0 = \frac{m}{V_0'} \tag{3.3}$$

式中　ρ'_0——堆积密度,g/m^3;
　　　m——材料的质量,g;
　　　V_0'——材料的堆积体积,m^3。

材料的质量是指自然堆积在一定容器内的质量,其堆积体积是指所用容器的容积。容器的容积视材料的种类和规格而定。材料的堆积体积既包含了内部孔隙,也包含了颗粒之间的空隙。

(4)孔隙率

孔隙率是指材料体积内,孔隙体积所占的比例,其计算式为

$$P = \left(1 - \frac{\rho_0}{\rho}\right) \times 100\% \tag{3.4}$$

式中　P——材料的孔隙率,%。

与孔隙率相对应的是密实度,即材料体积内被固体物质充实的程度,其计算式为

$$D = \frac{\rho_0}{\rho} \times 100\% \tag{3.5}$$

式中　D——密实度,%。

孔隙率或密实度反映了材料的致密程度。材料内部的孔隙分为连通孔和封闭孔,连通孔不仅彼此贯通,还与外界相通,而封闭孔不仅彼此不连通,而且与外界相隔绝。孔隙按尺寸的大小又可分为极细微孔隙、细小孔隙和较粗大孔隙。孔隙的大小、分布数量及构造对材料的性质有很大的影响。

(5)空隙率

空隙率是指散粒状材料在某堆积体积中,颗粒之间的空隙体积所占的比例,其计算式为

$$P' = \frac{V_0' - V}{V_0'} \times 100\% = \left(1 - \frac{\rho_0'}{\rho}\right) \times 100\% \tag{3.6}$$

式中　P'——空隙率,%。

与空隙率相对应的是填充率,即材料在某堆积体积中被颗粒填充的程度,其计算式为

$$D' = \frac{V}{V_0'} \times 100\% = \frac{\rho_0'}{\rho} \times 100\% = 1 - P' \tag{3.7}$$

式中　D'——填充率,%。

3.1.1.2　与水有关的物理性质

(1)材料的亲水性和憎水性

材料在空气中与水接触时能被水润湿的性质称为亲水性。具有这种性质的材料称为

亲水性材料,如砖、混凝土、木材等。由于这类材料的分子与水分子间的吸引力大于水分子之间的内聚力,因此能被水所润湿,且能通过毛细管作用将水分吸入毛细管内部。

材料在空气中与水接触时不能被水润湿的性质称为疏水性或憎水性。具有这种性质的材料称为憎水材料,如沥青、石蜡等。憎水材料一般能阻止水分渗入毛细管中,因而能降低材料的吸水性。憎水材料不仅可做防水材料,而且还可用于亲水材料的表面处理,以降低其吸水性。

(2)材料的吸水性和吸湿性

材料在浸水状态下吸收水分的能力,称为吸水性。吸水性的大小,用吸水率来表示,吸水率是指材料浸水后在规定时间内吸入水的质量占材料干燥质量或材料体积的百分数。吸水率有质量吸水率和体积吸水率之分,其计算式为

$$质量吸水率 \quad W_\mathrm{m} = \frac{m_1 - m_\mathrm{d}}{m_\mathrm{d}} \times 100\% \quad (3.8(\mathrm{a}))$$

$$体积吸水率 \quad W_\mathrm{v} = \frac{m_1 - m_\mathrm{d}}{V_0} \times 100\% \quad (3.8(\mathrm{b}))$$

式中 $W_\mathrm{m}(W_\mathrm{v})$——材料的质量吸水率(体积吸水率),%;

m_d——材料在干燥状态下的质量,g;

m_1——材料在吸水状态下的质量,g;

V_0——材料在自然状态下的体积,cm³。

材料的吸水率与孔隙有很大关系,若材料具有微细而连通的孔隙,则有较大吸水率;若是具有封闭孔隙,水分难以渗入,则吸水率较小;若是较粗大的孔隙,水分虽容易渗入,但不易在孔内保留,仅起到润湿孔壁的作用,吸水率也较小。所以,不同的材料或同种材料不同的内部构造,其吸水率会有很大的差别。

吸湿性是指材料吸收空气中水分的能力,以含水率表示,其计算式为

$$W_\mathrm{W} = \frac{m_\mathrm{h} - m_\mathrm{d}}{m_\mathrm{d}} \times 100\% \quad (3.9)$$

式中 W_W——材料的含水率,%;

m_d——材料干燥时的质量,g;

m_h——材料在含水状态下质量,g。

空气湿度发生变化时,含水率也会随之发生变化。与空气湿度达到平衡时的含水率,称平衡含水率。通常材料大量吸湿后,会造成材料质量增加、体积变化、强度降低,对于绝热材料来说,还会显著降低其绝热性能。

(3)耐水性

材料长期在饱和水的作用下,不产生破坏,而且强度也不显著降低的性质,称为耐水性。耐水性用软化系数表示,即

$$K = \frac{R_1}{R_2} \quad (3.10)$$

式中 K——材料的软化系数;

R_1——材料在吸水饱和状态下的抗压强度,MPa;

R_2——材料在干燥状态下的抗压极限强度,MPa。

软化系数的大小表明材料浸水后强度降低的程度,一般波动范围在 0~1 之间。软化系数越小,说明材料吸水饱和后的强度降低越多,其耐水性越差。一般材料吸水后,材料内部的结合力都要削弱,造成强度不同程度的降低,即使是致密的花岗岩,强度也会降低 3% 左右。对于经常位于水中或受潮严重的重要结构物的材料,其软化系数不得小于 0.85;受潮较轻或次要结构物的材料,其软化系数不宜小于 0.70。通常将软化系数大于 0.85 的材料视为耐水材料。

(4)抗渗性

在压力水的作用下,材料抵抗水渗透的性能,称为材料的抗渗性。材料的抗渗性可用渗透系数表示,即

$$K=\frac{Q\delta}{ATH} \tag{3.11}$$

式中 K——渗透系数,ml/(cm² · s)或 cm/s;

Q——渗水量,ml;

A——渗水面积,cm²;

δ——试件厚度,cm;

H——静水压头,cm;

T——渗水时间,s。

渗透系数越小,表明材料的抗渗性越好。各种防水材料及受压力水作用部位的材料,都具有一定的抗渗性,如建筑物的地下部分、水工构筑物及各类贮水池等,均要采用抗渗性能好的材料。

(5)抗冻性

抗冻性是指材料在吸水饱和状态下,能经受多次冻融循环作用而不破坏,而强度又不显著降低的性质。以试件能经受的冻融循环次数表示材料的抗冻性。

当材料内部孔隙充满水,且水温降至负温时,水分会结冰而产生体积膨胀(约增大 9%),对孔壁产生很大的压力(可达 100 MPa),造成孔壁开裂。反复的冻融又造成材料内外层产生明显的应力差和温度差,对材料产生不同程度的破坏。

材料的抗渗性与孔隙率、孔隙大小及特征等有很大关系。孔隙率小的材料,以及具有封闭孔的材料均具有较高的抗渗性和抗冻性;细微而贯通的孔隙则对抗渗性和抗冻性不利。若孔隙吸水后还有一定的空间,则可缓解冰冻的破坏作用。

3.1.1.3 与热工有关的物理性质

(1)材料的导热性

材料传导热量的性质称为导热性。当材料两侧面存在温度梯度时,热量会从材料的一面传到另一面。材料的导热性可用导热系数来表示。导热系数在数值上等于厚度为 1 m 的材料,当其相对表面的温度差为 1 K 时,单位面积上每小时所通过的热量,其计算式

为
$$\lambda = \frac{Q\delta}{A \cdot t(T_2 - T_1)} \tag{3.12}$$

式中　λ——导热系数，W/(m·K)；
　　　Q——传导热量，J；
　　　δ——材料厚度，m；
　　　T_2-T_1——材料两侧面温差，K；
　　　t——传热时间，h；
　　　A——热传导面积，m^2。

导热系数越小，表明材料越不易导热，通常将 λ 不大于 0.23 的材料称为绝热材料。导热系数与材料层厚度(δ)之比的倒数，称之为热阻 R，$R = \delta/\lambda$(m^2·K/W)，它表明热量通过材料层时所受到的阻力大小。

导热系数或热阻是评定材料保温绝热性能的主要指标。通常孔隙率越大、表观密度越小，导热系数越小；具有细微而封闭孔材料的导热系数比具有较粗大或贯通孔材料的导热系数小；由于水的导热系数较大，冰的导热系数更大，材料受潮或冰冻后，导热性能会受到严重影响。所以，在土建工程中，应采取有效措施，使建筑材料经常处于干燥状态，以发挥其保温效果。

(2)材料的热容

它表示材料温度升高或降低 1 K 所吸收或放出的热量。材料的热容对保持室内温度的稳定有很大的作用。热容可用比热容表示，即

$$c = \frac{Q}{m(T_2 - T_1)} \tag{3.13}$$

式中　c——比热容，J/(g·K)；
　　　Q——材料吸收或放出的热量，J；
　　　m——材料的质量，g；
　　　T_2-T_1——材料受热或冷却前后的温度差，K。

3.1.2　建筑材料的力学性质

3.1.2.1　材料的强度

建筑材料在外力(荷载)作用下，抵抗破坏的能力称为强度。当材料承受外力作用时，材料内部就产生应力。外力逐渐增加，应力也相应地增大，直到材料内部质点间的作用力不再能够承受时，材料即破坏，此时极限应力值即为材料的极限强度。

建筑材料在建筑结构中主要受到拉、压、弯、剪等不同外力的作用，因此材料相应的极限抵抗能力称为抗拉强度、抗压强度、抗弯强度、抗剪强度等。表 3.1 是建筑材料受力示意图和相应强度计算公式。

表3.1 建筑材料受力示意及计算公式

强度类别	试验装置举例	计算式	备 注
抗压强度(f_Y)	混凝土	$f_Y = \dfrac{P}{A}$	P——破坏荷载,N; A——受荷面积,mm²; L——跨度,mm; b——断面宽度,mm; d——断面高度,mm
抗拉强度(f_L)	钢	$f_L = \dfrac{P}{A}$	
抗剪强度(f_Z)	木材	$f_Z = \dfrac{P}{A}$	
抗弯强度(f_W)	木材	$f_W = \dfrac{3}{2} \cdot \dfrac{PL}{bd^2}$	

材料的强度与其组成和构造有关。不同材料具有不同的抵抗外力的特点,在土木建筑工程中,根据不同构件的受力特点,合理利用各种材料的力学性质,是十分重要的。如砖、石材、混凝土等材料的抗压强度高于抗拉强度,木材顺纹抗拉强度高于抗压强度,钢材的抗拉、抗压强度都很高。因此砖、石材、混凝土等多用于建筑物或构筑物的基础、墙等,木材多用于梁、屋架,钢材可用于承受各种外力的构件,而钢筋混凝土这种复合材料则是利用钢筋抗拉强度高和混凝土抗压强度也较高的特点,用于建筑结构中。

3.1.2.2 材料的变形

材料在外力(荷载)作用下,都会发生变形。当外力取消后,材料能够完全恢复原来形状的性质称为弹性,这种当外力取消后瞬间内即消失的变形,称为材料的弹性变形,变形数值的大小与外力成正比。比例系数 E 称为弹性模量。在弹性变形范围内,弹性模量 E 为常数,即

$$E = \frac{\sigma}{\varepsilon} \tag{3.14}$$

式中 σ——材料的应力,MPa;

ε——材料的应变。

在外力作用下材料产生变形,当外力取消后,材料仍保持变形后的形状和尺寸,但不产生裂隙的性质称为塑性,这种变形称为材料的塑性变形。

实际工程中单纯的弹性材料是没有的。有的材料在受力不大的情况下,表现为弹性变形,当受力超过一定限度后则表现为塑性变形,如建筑钢材就属于这种类型。有的材料在受力后弹性变形与塑性变形同时产生,当外力取消后,弹性变形得到恢复,而塑性变形则不能恢复,如混凝土,既有弹性变形,又具有塑性变形。

3.1.2.3 材料的脆性和韧性

材料在外力(荷载)达到一定限度后,无明显塑性变形而突然破坏的性质称为脆性。具有这种性质的材料,如砖、石材、陶瓷、玻璃、混凝土、铸铁等称为脆性材料。脆性材料的抗压强度比抗拉强度往往要高很多倍,它承受冲击和震动荷载的能力很差。

材料在冲击、震动荷载作用下,能够吸收较大的能量,同时也能产生较大的变形而不致破坏的性质称为韧性。实际工程中所用的建筑钢材(软钢)、木材等均属于韧性材料,韧性材料多用于受冲击荷载或震动荷载作用的结构物中,如机场跑道、桥梁、吊车梁,以及抗震结构中。

3.1.2.4 材料的硬度与耐磨性

材料表面抵抗其他较硬物体刻划或压入的能力称为材料的硬度。它与材料的强度等性能指标有一定的关系,工程中常利用材料的硬度间接推算其强度。如混凝土构件强度非破损检测中的回弹法,就是利用混凝土回弹硬度推算混凝土强度。

材料表面抵抗磨损的能力称为材料的耐磨性。材料的耐磨性常用磨损率表示,按下式计算材料的磨损率 n,即

$$n = \frac{m_1 - m_2}{A} \tag{3.15}$$

式中　m_1——材料磨损前的质量,g;
　　　m_2——材料磨损后的质量,g;
　　　A——材料的磨损面积,m^2。

材料的硬度和耐磨性与材料的构造有关,密实材料硬度大,强度高,耐磨性能好。

3.1.3 建筑材料的耐久性

建筑材料的耐久性是指材料在长期使用过程中,抵抗周围各种介质的侵蚀,且长久地保持材料原有性能而不变质、不破坏的能力。

3.1.3.1 侵蚀作用主要类型

影响材料长期使用的破坏因素往往是复杂多样的,可概括为物理作用、化学作用、生物作用等破坏。

物理作用主要有干湿交替所引起的收缩与膨胀;温度变化所引起的开裂破坏;冻融变化所引起的脱落胀裂等。如木材的干缩湿胀现象,寒冷地区混凝土冻融破坏现象等。

化学作用主要是指材料受到酸、碱、盐等物质的水溶液或有害气体的侵蚀作用,使材料的组成与成分发生质的变化而被破坏。如钢材的锈蚀等。

生物作用主要是指材料受到虫蛀或微生物菌类的腐蚀作用而引起的破坏。

对材料耐久性的评定,可根据某些指标将材料划分为若干等级,如混凝土的抗渗等级、抗冻等级等。但是材料的耐久性又是一项综合性质,实际工程中材料遭破坏的原因往往不是孤立的一种因素,而是几种因素的联合作用。在具体工程环境下,不同类别的材料其抵抗破坏能力也各不相同。如石料在水中除了会发生渗透和降低强度等物理作用外,还可能受到环境水的侵蚀作用,在北方冬季,石料甚至还要受到冻融的破坏。再有象有机质材料沥青、塑料等,在空气、阳光、温度变化作用下,会出现老化变脆开裂等现象,而木材

等常常会受到虫类或微生物菌类的侵蚀引起腐朽破坏。

3.1.3.2 提高材料耐久性

在一定的环境条件下,合理选择材料和正确施工,改善材料的使用条件,减轻外界作用对材料的影响,采取表面保护措施,或使用耐腐蚀材料,可以提高材料的耐久性。

3.1.4 建筑材料的组成与结构

3.1.4.1 材料的组成

建筑材料的组成通常是指其化学成分和矿物成分。材料的组成既决定着材料的化学性质,也决定着材料的物理力学性质。当材料与某些介质接触时,在一定条件下,它们会按照化学变化规律发生作用,如钢材的锈蚀、混凝土的碳化等。所以在工程中选用建筑材料时,要考虑到材料的组成,才能达到预期效果。

3.1.4.2 材料的结构

建筑材料的结构是指包括从原子结构到宏观结构各个层次的构造状况。材料的结构是决定材料物理力学性能的重要因素。

(1)材料的微观结构

微观结构是指物质的分子、原子、离子层次的结构。这种结构是借助于电子显微镜、扫描电子显微镜及 X-射线衍射仪等高倍显微仪器来观察的。

材料按照微观结构可以分为晶体、玻璃体和胶体。

晶体是指材料的内部质点(原子、分子或离子)按一定的规则在空间呈有规律的排列。晶体具有一定的几何外形,显示各向异性。但实际应用的晶体材料通常是由大量的细小晶粒不规则排列组成,且各个方向的质点排列情况和数量不同,故晶体材料在宏观上显示为各向同性。如石英、金属,均属于晶体结构。

玻璃体是熔融的物质经急冷而形成的无定形体,属于非晶体。熔融物快速冷却,达到凝固温度时,具有很大的粘度,致使质点来不及按一定的规则进行排列,就已经凝固成为固体,此时则得到玻璃体结构。玻璃体结构的质点排列无规律,具有各向同性的性质,而且没有固定的熔点,熔融时只出现软化现象。

在急冷过程中,质点间的能量以内能的形式储存起来,使玻璃体具有化学不稳定性,即具有潜在的化学活性,在一定的条件下容易与其他组分发生化学反应。如,火山灰、粒化高炉矿渣等。

胶体是指一些细小的固体粒子(粒径约 1~100 μm)分散在介质中所形成的结构。其中分散粒子一般带有电荷(正电荷或负电荷),而介质带有相反的电荷,从而使胶体保持稳定。由于胶体的质点很微小,表面积很大,所以表面能很大,吸附能力很强,使胶体具有很大的粘结力。

当溶胶脱水或微粒产生凝聚,使分散质点不能再按布朗运动自由移动时而逐渐产生凝胶。凝胶具有触变性,当凝胶完全脱水则成干凝胶体,它具有固体性质。在长期应力作用下又具有粘性液体的流动性质。这是由于固体微粒表面有一层吸附膜,膜层越厚,流动性越大。如:混凝土的强度及变形性质,与水泥水化形成的凝胶体有很大关系。

非晶体材料在外力作用下,其弹性变形和塑性变形没有明显的界限划分,一般是同时产生弹性变形和塑性变形。

（2）材料的宏观结构

宏观结构是指用肉眼或放大镜能够分辨的材料的粗大组织,在建筑材料中也称为构造。如材料中的孔隙、岩石中的层理、木材中的纹理、节疤等。材料的性质除了与材料的组成和微观结构有关外,还与材料的构造有密切的关系。

3.1.4.3 材料的组成、结构对材料性质的影响

材料的组成直接影响着材料的性能。材料组成中的某些成分的改变,会对材料某项性质引起较大改变,而对另一些性质虽然也有影响,但却不明显。如建筑钢材在冶炼时加入铬和镍元素,尽管材料的强度变化不大,但钢材的防锈能力明显得到提高。

材料的结构对材料性质的影响主要表现在材料的物理力学性质上。材料在微观结构上的差异影响到材料的强度、硬度、熔点、变形、导热性等性质。材料在宏观结构上的差异,同样影响着材料的性质。不同材料宏观结构状态不同,材料的性质也不同。同种材料构造越密实,越均匀,强度越高,堆密度也大;材料内部若含有孔隙,则减小了材料承受荷载的有效面积,使材料强度降低,堆密度也小。若孔隙是开口贯穿的,就容易吸水,侵蚀性介质也易侵入,材料的耐冻性和耐久性也随着降低。若孔隙是封闭的,材料就基本上不吸水。可见,同是多孔材料还要看其孔隙特征,孔隙大小。因此,材料的孔隙不仅影响材料的力学性质还影响着材料的物理性质,如导热性、水渗透性、抗冻性等。孔隙对材料性质的影响不仅取决于孔隙率,还与孔隙大小、形状、分布等特征有着密切关系。按孔隙特征可将材料分为致密结构(如钢铁等)、多孔结构(如泡沫塑料等)和微孔结构(如石膏等)。

3.2 粘土砖瓦

砖瓦是建筑工程墙体屋面的常用传统建筑材料,其原料可以就地取材、生产方便、价格低廉、使用灵活,并具有强度较高、耐久性及防火性能较好的特点。但烧制砖瓦需要耗用大量粘土,毁占农田。

3.2.1 普通粘土实心砖

普通粘土砖(N)是指以砂质粘土为原料,或掺有外掺料,经烧结而成的实心砖,是当前建筑工程中使用最普遍,用量最大的墙体材料之一。

3.2.1.1 普通粘土砖的生产与分类

普通粘土砖的生产工艺过程为:采土→配料调制→制坯→干燥→焙烧(950～1 050 ℃)→成品。

生产普通粘土砖的窑有两类,一类为间歇式窑,如土窑;另一类为连续式窑,如隧道窑、轮窑。目前多采用连续式窑生产,窑内分预热、焙烧、保温和冷却四带。轮窑为环形窑,砖坯码在其中不动,而焙烧各带沿着窑道轮回移动,周而复始地循环烧成;隧道窑多为直线窑,窑车载砖坯从窑的一端进入,经预热、焙烧、保温、冷却各带后,由另一端出窑,即为成品。

窑内焙烧是制砖的主要过程,焙烧的关键是火候掌握是否适当,以免产生过量的欠火

砖或过火砖。欠火砖是指未达到烧结温度或保持烧结温度时间不够而造成缺陷的砖,表现出色浅、声哑、强度和耐久性差、内部孔隙多、吸水率大,不宜用于承重砌体和基础。过火砖指因超过烧结温度或保持烧结温度时间过长而造成缺陷的砖,表现出色深、声音响亮而有弯曲变形等,孔隙少、吸水率低,也不宜应用。欠火砖、过火砖与酥砖和螺旋纹砖同属砖的不合格品。

按砖的生产方法不同分为手工砖和机制砖,目前大量生产和使用的主要是机制砖。

按砖的颜色不同分为红砖和青砖。当砖窑中焙烧环境处于氧化气氛,则制成红砖;若砖坯在氧化气氛中焙烧至 900 ℃以上,再在还原气氛中闷窑,促使砖内的红色高价氧化铁(Fe_2O_3)还原成青灰色的低价氧化亚铁(FeO),即得青砖。青砖一般较红砖结实,耐碱、耐久,但价格较红砖贵,青砖一般在土窑中烧成。

按砖的焙烧方法不同分为内燃砖和外燃砖。内燃砖是将煤渣、粉煤灰等可燃工业废料,按一定比例掺入制坯粘土原料中,作为内燃料,当砖坯烧到一定温度时,内燃料在坯体内进行燃烧,可节约燃料。内燃砖与外燃砖相比,可提高强度约 20% - 堆密度减小,热导率降低,节约粘土,生产内燃砖是综合利用工业废料的途径之一。

3.2.1.2 普通粘土砖的技术性质

GB 5101 - 93 标准对烧结普通粘土实心砖的标准尺寸、砖的强度等级和耐久性作了具体规定。

砖的形状尺寸:普通粘土砖为矩形体,标准尺寸 240(长)mm×115(宽)mm×53(厚)mm,按砖的表面尺寸与形状将砖的各面分为三种——大面、条面和顶面(图 3.1)。长度平均偏差±2.0 mm,宽度(115 mm)、高度(53 mm)的平均偏差±1.5 mm。

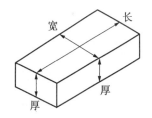

图 3.1 尺寸量法示意图

砖的强度等级:砖在砌体中主要起承受和传递荷载的作用,其强度等级按抗压强度划分。抗压强度试验按 GB/T 2542 进行。砖的强度等级有 MU30、MU25、MU20、MU15、MU10、MU7.5 六个强度等级。常用的是 MU7.5 和 MU10。

砖的耐久性:普通粘土砖的耐久性能包括抗风化性能、抗冻性、泛霜、石灰爆裂、吸水率和饱和系数,其检验方法均按 GB/T 2542 进行。

3.2.1.3 普通粘土砖的应用

普通粘土砖当前还是我国建筑工程中广泛采用的墙体材料,同时也用于砌筑柱、拱、烟囱、贮水池、沟道及基础等。并可预制振动砖墙板,或与轻质混凝土等隔热材料复合使用,砌成两面为砖、中间填以轻质材料的轻墙体。在砌体中配置适当的钢筋或钢丝网,可代替钢筋混凝土柱和过梁等。

3.2.2 粘土空心砖与粘土多孔砖

砌墙砖除粘土实心砖外,按孔洞类型分为空心砖(孔的尺寸大而数量少)、多孔砖(孔的尺寸小而数量多)两类。前者常用于非承重部位,后者则常用于承重部位,多系烧结而成,故又称烧结多孔砖。

粘土空心砖堆密度较小,一般为 1 100~1 400 kg/m³,与普通粘土砖相比,空心砖能节约粘土 20%~30%,减轻建筑物自重,且在满足相同热工性能要求时,能改善砖的绝热、隔声性能的同时,减薄墙体厚度一半。空心砖不仅节省燃料(约 10%~20%),还有干燥焙烧时间短、烧成速率高的优点。

粘土多孔砖的外形呈直角六面体,是以粘土、页岩、煤矸石为主要原料,经焙烧而成的。主要对承重部位的多孔砖的规格、外观质量、强度等级、抗冻性等技术要求作了规定,相应的试验项目按照砌墙砖检验方法 GB 2542-81 规定进行。

3.2.3 其他砌墙材料

为解决粘土砖与农田争土的矛盾,在有条件的地方,可利用其他材料制砖,尤其是工业城市的大量工业废料,如粉煤灰、电石灰、矿渣等。

3.2.3.1 烧结页岩砖(Y)

烧结页岩砖是以泥质及碳质页岩,经粉碎成型,焙烧而成的。由于页岩需要磨细的程度不及粘土,成型所需水分比粘土少,因此砖坯干燥速度快,制品收缩小。

页岩砖的颜色及技术质量规定多与粘土砖相似。

3.2.3.2 烧结煤矸石砖(M)

烧结煤矸石砖是以开采煤时剔除的废石(煤矸石)为主要原料,经选择、粉碎、成型、干燥、焙烧而成的。

煤矸石的化学成分与粘土近似,焙烧过程中,煤矸石发热作为内燃料,可节约烧砖用煤,并大量利用工业废料,节约烧砖用土。

煤矸石砖生产周期短、干燥性好、色深红而均匀,声音清脆,在一般建筑工程中可替代烧结普通粘土砖使用。

3.2.3.3 烧结粉煤灰砖(F)

烧结粉煤灰砖是以粉煤灰为主要原料掺入一定的胶结料,经配料、成型、干燥、焙烧而成的。坯体干燥性好,与烧结普通粘土砖相比吸水率偏大(约为 20%),但能满足抗冻性要求。一般呈淡红或深红色,用于取代烧结普通粘土砖,在一般建筑中,可达到与利用煤矸石一样的经济效果和环境效果。

3.2.3.4 蒸养(压)砖

蒸养(压)砖又称硅酸盐制品砖,是由工业废渣、石灰、砂等经蒸汽养护或蒸压处理而成。

(1)蒸压灰砂砖

蒸压灰砂砖是由砂和石灰为主要原料,经坯料制备、压制成型、蒸压养护而成的实心砖。所谓蒸压养护是把粉磨的石灰与砂、水组成的物料加压成砖坯之后经高压饱和蒸汽处理,使砂中结晶态的 SiO_2 能较快溶解,与氢氧化钙[$Ca(OH)_2$]作用而生成水化硅酸钙,首先在砂粒表面形成,然后逐步扩展到砂粒之间的空间内联结交织,形成坚硬的整体。蒸压养护后尚有部分 $Ca(OH)_2$ 存在,对灰砂砖的使用范围产生限制性影响。

蒸压灰砂砖的外形尺寸与普通粘土砖相同。抗压强度和抗折强度分为 MU25、MU20、MU15、MU10 四个强度等级。

蒸压灰砂砖无烧缩现象,组织均匀密实,尺寸偏差较小,外形光洁整齐,呈淡灰色,若掺入矿物颜料可获得不同的色彩。强度等级 MU10 的蒸压灰砂砖,常用于防潮层以上建筑部位,强度等级不小于 MU15 的蒸压灰砂砖,可用于基础或其他部位。当温度长期高于 200 ℃,或受骤热、骤冷作用或有酸性环境介质侵蚀的部位应避免使用蒸压灰砂砖,因为砖中游离氢氧化钙、碳酸钙分解、石英膨胀都会对砖引起破坏。

(2)碳化灰砂砖

碳化灰砂砖是以石灰、砂和微量石膏为主要原料,经坯料制备压制成型后,利用石灰窑的废气 CO_2 进行碳化而成的。其强度主要依赖于碳化后形成的 $CaCO_3$,耐潮性、耐热性均较差,强度也较低,砌体容易出现裂缝,在水流冲刷及有严重化学侵蚀的环境中不得使用碳化灰砂砖。可用于受热低于 200 ℃ 的部位,或低标准临时性建筑中,施工前不宜对砖浇水。

碳化灰砂砖的外形尺寸与普通粘土砖相同,各项指标的试验同蒸压灰砂砖一样。

(3)蒸压粉煤灰砖(粉煤灰砖)

粉煤灰砖指由粉煤灰、石灰为主要原料,掺入适量石膏和骨料,经坯料制备、压制成型、高压或常压蒸汽养护而成的实心砖。

蒸压粉煤灰砖的外形、标准尺寸与普通砖相同,抗压强度和抗折强度分为 MU20、MU15、MU10 和 MU7.5 四个强度等级。

粉煤灰以 SiO_2、Al_2O_3、Fe_2O_3 为主要化学成分。在湿热条件中,这些成分与石灰、石膏发生反应,生成以水化硅酸钙为主的水化物,水化物中还有水化硫铝酸钙等,赋予粉煤灰砖作为墙体用材所需要的强度和力学性能。

根据砖的外观质量、强度、抗冻性和干燥收缩,粉煤灰砖分为:优等品(A)、一等品(B)、合格品(C)。

粉煤灰砖可用于一般工业与民用建筑的墙体和基础。长期受热高于 200 ℃、受冷热交替作用、有酸性环境介质侵蚀的部位,不得使用粉煤灰砖。使用粉煤灰砖砌筑的建筑物,应考虑增设圈梁及伸缩缝或者采取其他措施,以避免和减少收缩裂缝的产生。处于易受冻融和干湿交替作用的建筑部位使用粉煤灰砖时,必须选用一等砖与优等砖,并要求抗冻检验合格,用水泥砂浆抹面或在设计上采取适当措施,以提高建筑物的耐久性。

3.2.3.5 免烧砖

免烧砖以粘土类物质或工业废渣、废土经破碎过筛成细小颗料和粉料,达到合理颗粒级配,经计量配料,掺入 4%~7% 硅酸盐类水泥和少量早强剂或表面活性物质,加入少量水拌合搅拌压制成型,堆放一周后即可硬化使用。

免烧砖的外形、标准尺寸与普通砖相同,抗压强度和抗折强度分为 MU15、MU10 和 MU7.5 三个强度等级。

根据砖的外观质量、尺寸允许偏差、强度等级,把砖分为一等品(B)和合格品(C)。

免烧砖适用于乡镇房屋墙体材料,建厂投资少,节能明显,施工中不宜浇水,砂浆稠度以较干稠为好。砌体抗裂性能较差。

3.2.4 瓦

3.2.4.1 粘土瓦

粘土瓦是以粘土为主要原料,经制坯、干燥、焙烧而成的。因为它的主要功能是屋面防水和排水,所以要求质轻密实,吸水率小。

平瓦尺寸为(400 mm×240 mm)~(360 mm×220 mm),14~16.5片平瓦的覆盖面积为1 m²,平瓦吸水后的质量不应超过 55 kg/m²,单片最小抗折荷载不小于 0.68 kN,并能满足对抗冻性的要求。

3.2.4.2 小青瓦

在我国农村的土窑中还经常生产弧形薄片状的小青瓦,这种瓦无一定规格,一般为 175 mm×175 mm,小青瓦每块面积很小,面积利用率低于50%,强度低,易破碎,但生产简单,故在南方农村及一些古建筑修复中仍普遍采用。

3.2.4.3 混凝土平瓦

混凝土平瓦是用水泥、砂或无机硬质细骨料为主要原料,经配料、混合、加水搅拌、成型、养护而成的。混凝土瓦分平瓦和脊瓦两种,平瓦的规格尺寸为 400 mm×240 mm、385 mm×235 mm,瓦主体厚度 14 mm,脊瓦长 469 mm,宽 175 mm。单片瓦最小抗折荷载不得低于600 N,吸水率不大于12%,抗冻性要求同粘土瓦。

3.2.4.4 石棉水泥瓦

石棉为常见的保温隔热材料,是一类纤维状无机结晶材料。按矿物组成,可把石棉分为两大类:纤维状蛇纹石石棉和角闪石石棉。第一类石棉又称温石棉和白石棉;第二类石棉称青石棉和铁石棉。

石棉水泥瓦是用水泥和温石棉纤维为原料,经加水搅拌、压滤成型、养护而成的波形瓦,分为大波瓦、中波瓦、小波瓦及脊瓦4种。

生产石棉水泥大波瓦的原料,要求采用标号不低于425的水泥,但不得使用掺有煤矸石以及用煤、炭粉作助磨剂及页岩等作混合材料的普通硅酸盐水泥。

石棉水泥瓦属轻型屋面材料,具有较好的防火、防腐、耐热、耐寒、绝缘等性能,大量用于工业性建筑的屋面。这种瓦在受潮或遇水后,强度有所下降,故使用和堆放保管中应予以注意。

由于石棉纤维对人体有害,国外已发展生产无石棉纤维水泥瓦,这种瓦吸水率低,稳定性比石棉水泥瓦好。

3.2.4.5 钢丝网石棉水泥中波瓦

钢丝网石棉水泥中波瓦是用水泥和温石棉为基本原料,经制坯、夹一层钢丝网、加压等工艺而成的,瓦的尺寸为 1 800 mm×745 mm×(7.5~8.5) mm,此瓦适用于工业厂房的散热车间、仓库及临时性建筑的屋面。

3.2.4.6 玻璃钢波形瓦

玻璃钢波形瓦是用不饱和聚酯树脂和玻璃纤维布为原料,经手工糊制而成的波形瓦。这种波形瓦质轻,强度较大,耐冲击,耐高温性较好,透光,有色泽。

3.3 胶凝材料

工程中用来将砂子、石子等散粒材料或砖、板等块片状材料胶结成整体的材料,称为胶凝材料。胶凝材料按材料的组成,分为两大类:有机胶凝材料(如沥青、树脂等)与无机胶凝材料(如石灰、水泥等)。无机胶凝材料则按照硬化条件分为气硬性胶凝材料和水硬性胶凝材料。气硬性胶凝材料只能在空气中硬化,也只能在空气中保持或继续发展其强度;水硬性胶凝材料则不仅能在空气中,而且能更好地在水中硬化,保持并发展其强度。石膏、石灰、水玻璃和菱苦土都是建筑上常用的气硬性无机胶凝材料;水硬性胶凝材料则包括各种水泥。

3.3.1 石 膏

3.3.1.1 石膏的原料、生产及产品

石膏作为建筑胶凝材料有着悠久的历史,如古代埃及的金字塔就是用石膏作为胶凝材料砌筑的。石膏是以硫酸钙为主要成分的气硬性胶凝材料,它的主要原料是天然二水石膏($CaSO_4 \cdot 2H_2O$)、天然无水石膏($CaSO_4$)或含有硫酸钙成分的工业废料等。生产石膏的主要工序是破碎、加热与磨细。由于加热方式和温度的不同,可生产不同性质的石膏品种。有建筑石膏与模型石膏、高强石膏、硬石膏。

3.3.1.2 建筑石膏的技术性质

建筑石膏是一种气硬性胶凝材料,色白,密度为 2.50~2.70 g/cm^3,堆积密度为 800~1 450 kg/m^3,保温绝热性能好、吸音性强、吸水率大,抗渗性、抗冻性和耐水性都较差,而防火性能较好。由于建筑石膏硬化时不收缩,故可不加骨料而单独使用。

3.3.1.3 建筑石膏的应用

建筑石膏常用于室内抹灰、粉刷、油漆打底层以及建筑装饰制件等。纸面石膏板与纤维石膏板主要用于内墙、隔墙、天花板等。装饰石膏板造型美观,品种多样,多用于公共建筑的内墙及天花板等。

3.3.2 石 灰

3.3.2.1 石灰的原料与生产

石灰是建筑工程中使用较早的无机胶凝材料之一,如我国古代建造的万里长城就是以石灰作为主要胶凝材料砌筑的。生产石灰的原料主要是石灰石。

石灰石的主要成分是碳酸钙($CaCO_3$),其次是碳酸镁($MgCO_3$)和少量粘土质杂质。将石灰石置于窑内加以煅烧,碳酸钙和碳酸镁受热分解,排除分解出的二氧化碳(CO_2)气体后,得到以氧化钙(CaO)为主要成分,呈白色或灰白色的块状成品,即生石灰,又称块灰。即

$$CaCO_3 \xrightarrow{900\ ℃} CaO + CO_2 \uparrow$$

$$MgCO_3 \xrightarrow{700\ ℃} MgO + CO_2 \uparrow$$

石灰在使用前必须先将生石灰块加水,使其消解成为"熟石灰"。加水量少时,可消解成为松散的粉末,称为"熟石灰粉",多用于拌合"灰土"。加水量多时,则消解成为"石灰膏",可与其他材料拌合制成各种灰浆,用于砌墙体和抹墙面。

3.3.2.2 石灰的技术性质

石灰浆具有良好的保水性,因此石灰砂浆具有良好的可塑性。

石灰浆的凝结硬化慢,强度低,由于空气 CO_2 含量少,碳化作用缓慢,而且碳化后形成的碳酸钙硬壳阻止二氧化碳向内部渗透,也阻止水分向外蒸发,结果使碳酸钙和氢氧化钙结晶体生成量少且缓慢,已硬化的石灰强度很低,1∶3 石灰砂浆 28 d 抗压强度通常只有 0.2~0.5 MPa,受潮后石灰溶解,强度更低,在水中还会溃散。所以石灰不宜在潮湿的环境下使用,也不宜用于重要建筑的基础。

石灰浆体积收缩大,由于石灰浆在凝结硬化过程中,蒸发大量的游离水而引起体积显著收缩,收缩变形会促使裂缝产生,所以石灰浆不宜单独使用,常掺入砂子、麻刀或纸筋等。

3.3.3 水玻璃

3.3.3.1 水玻璃的原料与生产

水玻璃(又称泡花碱)是由不同比例的碱金属氧化物和二氧化硅组成的气硬性胶凝材料,它是一种能溶于水的硅酸盐。建筑上最常用的是硅酸钠水玻璃($Na_2O \cdot nSiO_2$)和硅酸钾水玻璃($K_2O \cdot nSiO_2$)。

生产水玻璃的方法有湿法和干法两种。

湿法生产硅酸钠水玻璃时,将石英砂和苛性钠(NaOH)溶液在压力蒸锅(200~300 kPa)内用蒸汽加热,并加搅拌,使其直接反应而成液体水玻璃。

干法是将石英砂和碳酸钠磨细拌匀,在熔炉内于 1 300~1 400 ℃温度下熔化,生成固体水玻璃,然后在水中加热熔解而成液体水玻璃。

3.3.3.2 水玻璃的性质与使用

水玻璃有良好的粘结能力,硬化时析出的硅酸凝胶有堵塞毛细孔而防止液体渗透的作用。硬化后具有较高的粘结强度。

水玻璃不燃烧,在高温下硅酸凝胶干燥块,形成二氧化硅空间网状骨架,强度并不降低,甚至有所提高。具有良好的耐热性能。

水玻璃具有高度的耐酸性能。硬化后的水玻璃,其主要成分为 SiO_2,在强氧化性酸中具有较高的化学稳定性,它能抵抗大多数无机酸和有机酸的作用。因此,水玻璃在土木建筑工程中主要用于涂刷建筑材料表面浸渍多孔性材料,但不能用水玻璃涂刷或浸渍石膏制品,因硅酸钠与硫酸钙反应生成体积膨胀的硫酸钠,会产生膨胀应力导制石膏制品破坏;用水玻璃配制耐酸砂浆和耐酸混凝土应用于耐酸工程中;用水玻璃配制成的耐热砂浆或耐热混凝土能长期在高温条件下保持结构的强度。

3.3.4 水 泥

3.3.4.1 水泥的原料与生产

水泥是土木工程中重要的建筑材料之一。水泥与适量的水拌合后,经过物理化学过程能由具有可塑性的浆体逐渐凝结硬化,变成坚硬的石状体,并能将散粒状或块状材料粘结成整体,不但能在空气中硬化、保持和发展强度,而且能更好地在水中硬化、保持和发展其强度。水泥不仅可拌制混凝土和砂浆,还可制作各种混凝土的预制构件及水泥制品,因此水泥被广泛地应用工业与民用建筑、农业、交通、海港、国防、水利及海洋开发等国民经济各部门的基本建设中。水泥中,硅酸盐水泥是最基本的水泥。

硅酸盐水泥是以石灰质原料(如石灰岩)和粘土质原料(如粘土、页岩等)为主,经磨细,按一定比例配成生料,在窑中经1 450 ℃左右的高温煅烧后,生成以硅酸钙为主要成分的硅酸盐水泥熟料,再与适量石膏共同磨细而制得硅酸盐水泥制品。

3.3.4.2 硅酸盐水泥的主要技术性质

水泥的技术性质直接决定着水泥的应用,其中水泥的细度、凝结时间、体积安定性以及水泥的强度与标号等品质指标均有国家规定标准。土木工程中一般都要对水泥细度、凝结时间、安定性、标号这四项技术指标进行检测与验收,并以此来确定水泥进场后是合格品、降级使用品或废品,从而保证工程质量要求。

3.3.4.3 耐腐蚀性与防腐

硅酸盐水泥硬化而成的水泥石,一般情况下具有较好的耐久性。但在某些腐蚀性液体或气体介质影响下,水泥石结构会遭破坏,促使强度降低,甚至全部溃裂,这种现象称为水泥石的腐蚀。引起水泥石腐蚀的根本原因是水泥石本身存在着易被腐蚀的成分以及能与某些酸类和盐类起化学反应的组分,如氢氧化钙、水化铝酸钙;其次是水泥石外部存在着侵蚀性介质,如烟气、酸、强碱、糖等;再次是水泥石本身不密实,有很多毛细孔通道和裂隙,腐蚀性介质易于浸蚀到水泥石内部所致。

为防止水泥石的腐蚀,工程中采取的预防措施一般有:提高水泥石密实度,减少腐蚀通道;在腐蚀性介质作用较强时,做好水泥表面的防护处理,采取涂层等措施使水泥表面与腐蚀性介质隔开;硅酸盐水泥的水化产物中氢氧化钙含量较高,耐腐蚀性较差,因此在有腐蚀性介质的环境中应优先考虑采用其他品种水泥。

3.3.4.4 其他品种水泥

凡是以硅酸盐水泥熟料为主,掺入一定量的混合材料和适量的石膏共同磨细制成的水硬性胶凝材料,均属于掺混合材料的硅酸盐水泥。工程中常用的品种主要有普通硅酸盐水泥、石灰石硅酸盐水泥、矿渣硅酸盐水泥、火山灰质硅酸盐水泥、粉煤灰硅酸盐水泥和复合硅酸盐水泥等。还有根据不同工程用途来命名的水泥,如为适应水泥混凝土路面需要而发展起来的道路硅酸盐水泥,用于建筑室内外装饰的白色硅酸盐水泥,用于承受硫酸盐侵蚀的海港、水利、地下隧道、桥梁基础等工程中的抗硫酸盐硅酸盐水泥。另外,根据水泥的不同性能来命名的水泥有膨胀水泥、自应力水泥等。

3.4 混凝土与砂浆

混凝土与砂浆都是由胶凝材料与骨料和水按一定比例配制而成的。二者不同之处是混凝土含有粗骨料而砂浆不含粗骨料。

3.4.1 普通混凝土

3.4.1.1 混凝土的原料及生产

水泥是混凝土中的胶凝材料,也是混凝土最关键的原材料,在配制混凝土时,合理选择水泥品种和水泥标号是决定混凝土强度、耐久性及经济性的主要因素。混凝土中的砂子也称为细骨料,在配制混凝土时,用砂质量应满足《普通混凝土用砂质量标准及检验方法》(JGJ 52-92)标准要求。混凝土中的石子一般指粒径大于 5 mm 的岩石颗粒,称为粗骨料,常用的粗骨料有卵石和碎石两大类,配制混凝土时,要根据工程性质、成本条件尽可能就地选取骨料,用石的质量应满足《普通混凝土用碎石或卵石质量及检验方法》(JGJ 53-92)标准要求。拌制混凝土用的水称为拌合用水,水的质量对保证混凝土的各项技术性能有十分重要的作用,拌合用水宜优先采用符合国家标准的饮用水,若采用其他水源配制混凝土时,水质要满足《混凝土拌合用水标准》(JGJ 63-89)规定要求。

混凝土是胶凝材料(水泥)、细骨料(砂子)、粗骨料(石子)和水按一定比例配合,经搅拌、浇筑、养护,然后凝结硬化而成的坚硬固体。混凝土原材料的选用很大程度上决定了混凝土质量的好坏和混凝土的技术性质。

3.4.1.2 混凝土的主要技术性质

混凝土的主要技术性质有:①与施工条件相适应的和易性。混凝土在未凝结之前称为混凝土拌合物,拌合物的和易性直接影响着混凝土的搅拌、运输、浇筑、捣实等施工操作及混凝土的质量均匀、成型密实的性能。②混凝土的力学性质。混凝土拌合物凝结硬化后,用力学性质来判断混凝土的质量,即应满足混凝土设计强度的要求和混凝土体积变形的要求。③混凝土的耐久性。混凝土除了在强度上保证建筑物(构筑物)安全地承受荷载外,还应满足在各种环境介质中具有经久耐用的性能。④混凝土强度等级。混凝土的强度即以边长为 150 mm 的立方体试件,在 28 d 龄期用标准试验方法测得的具有 95% 保证率的抗压强度值。强度等级分为 C7.5、C10、C15、C20、C25、C30、C35、C40、C50、C55、C60、C65、C70、C75、C80 等。

3.4.2 其他品种的混凝土

目前混凝土是世界上用量最大的土木工程材料。按照混凝土的用途可分为:普通混凝土、道路混凝土、防水混凝土(亦称抗渗混凝土,即靠材料本身的憎水性与密实度来提高混凝土自身的抗渗性能)、耐热混凝土(能长期承受 200 ℃ 以上高温的作用,并在高温作用下保持所需要的物理力学性能)、耐酸混凝土(以水玻璃为胶凝材料,氟硅酸钠作为促硬剂,掺入磨细的耐酸掺合料以及耐酸的粗细骨料,按一定比例配制而成,具有抵抗酸性介质腐蚀的能力)、纤维增强混凝土(以混凝土为基材,靠外掺纤维材料来提高混凝土的抗拉强度与抗冲击韧性等力学性能)、水下混凝土(在地面拌合而成,在水下环境中灌筑和硬化)、轻骨料混凝土(用轻粗骨料、轻细骨料、水泥和水配制,表观密度不大于1 950 kg/m³,具有自重轻、保温隔热、隔声性能好等优点)、加气混凝土、大体积混凝土以及聚合物混凝土等。按照生产与施工方法混凝土可分为:泵送混凝土、喷射混凝土、预应力混凝土、压力灌浆混凝土等。

3.4.3 建筑砂浆

3.4.3.1 砂浆的原料及生产

砂浆是由胶凝材料(水泥、石灰等)、细骨料(砂)和水拌合而成。由水泥、砂、水拌合而成的称为水泥砂浆。由石灰、砂、水拌合而成的称为石灰砂浆。由水泥、石灰、砂、水一起拌合而成的称为混合砂浆。

3.4.3.2 砂浆的主要技术性质

(1)新拌砂浆的和易性

和易性良好的新拌砂浆在运输和施工过程中不分层,能在粗糙的砖石表面铺成均匀的薄层且能与底面良好粘结。

(2)砂浆强度等级

砂浆强度等级分为 M20、M15、M10、M7.5、M5、M2.5、M1.0 和 M0.4 八个级别,常用是 M1.0 ~ M10 五个级别。砂浆的强度即以边长为 70.7 mm 的立方体试块,按标准条件养护至 28 天时的抗压强度值。

3.4.3.3 砂浆的应用

水泥砂浆和混合砂浆宜用于砌筑潮湿环境以及强度要求较高的砌体,但对于湿土中的砖石基础不宜用混合砂浆。石灰砂浆只宜用于砌筑强度要求不高的,干燥环境中的砌体和干土中的基础,而不宜用于潮湿环境中的砌体和湿土中的砖石基础。

3.5 建筑钢材与钢筋混凝土

土木工程中用钢多以钢筋混凝土结构为主,如各种类型的钢筋混凝土贮水池,尽管自重大,但可节省大量钢材,并克服钢结构易锈蚀和维护费用大的缺点。

3.5.1 建筑钢材

生铁经冶炼即可成碳素钢,它的强度很大,富于延展性,根据其含碳量的多少,分为高碳钢(含碳量一般大于0.6%)、中碳钢(含碳量0.25% ~ 0.6%)和低碳钢(含碳量小于0.25%)。钢的强度和硬度与含碳量成正比。在钢中加入一定量的合金元素(镍、铬、钼等)或提高某种化学元素(硅、锰等)的含量,就可改变它的性能。如低合金钢具有较高的强度、塑性和韧性,冷弯性能及可焊性好。

土木工程中多用普通碳素钢或低合金钢制作钢筋、型钢、钢板和钢管。

普通钢筋是把钢锭加热后,用轧钢机轧成,常见的钢筋直径有 4、5、6、8、10、12、14、16、18、20、22、25、28、30、32 mm 数种,钢筋的外观形状分为光圆钢筋和螺纹钢筋两类,钢筋按强度高低分为 HPB235 级（ϕ）、HRB335 级（Φ）、HRB400 级（Φ）和 RRB400 级（ϕ^R）等。

型钢根据截面形状分为工字钢、槽钢和角钢几种形式，根据截面各向尺度的不同，每种型钢又分为若干不同的规格。这些型钢多用作承重构件，如屋架、梁、柱等。

钢板根据其厚度分为薄钢板（厚度小于 4 mm）、中厚钢板（厚度 4～25 mm）和厚钢板（厚度 26～60 mm）。钢板多用作结构构件、建筑配件及建筑设备（如贮水箱）等。

钢管分为无缝钢管和焊接钢管，根据管径大小的不同，又可分为若干种，可用作钢结构的构件或水管道、煤气管道和供热管道等。

3.5.2 钢筋混凝土与预应力混凝土

3.5.2.1 普通钢筋混凝土

在混凝土构件中的受拉部分，放入钢筋，称为钢筋混凝土构件。由钢筋承担拉力，混凝土承担压力，二者分工负责。钢筋混凝土的优点很多，坚固、耐久、耐火、抗震能力强，在建筑工程上用途甚广，常用它制作基础、柱、梁、屋架、屋面板、楼板、楼梯等。

钢筋混凝土构件的构造和施工方法，现以过梁为例进行说明。

普通钢筋混凝土梁内的钢筋，因受力情况不同，分为受力钢筋、架立钢筋和钢箍三种，简称主筋、架力筋和箍筋，图 3.2 所示，是用受力钢筋 3 根，架立钢筋 2 根和许多钢箍绑扎在一起组成的钢筋骨架。图 3.3 为其结构设计。梁的下部承受拉力，因此要布置受力钢筋；弯起部分的钢筋和一部分钢箍，是承受剪力的；上部钢筋只作为构造用的架立钢筋，利用钢箍把上下钢筋联系在一起成为整体共同来工作。

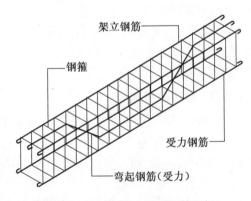

图 3.2 钢筋混凝土梁的钢筋骨架

钢筋的外边缘，须留有一层混凝土，叫做"保护层"，钢筋受混凝土保护不易锈蚀，且在遭遇火灾时，传热性差的混凝土保护层对钢筋还起到了防火保护作用。由于各种构件用途的不同，对受力钢筋保护层的厚度要求也不同，梁的受力钢筋保护层厚度要求为 25 mm。

普通钢筋混凝土构件的制作，按施工方法可分为现浇的和预制的两种。其施工程序都是：支模板、绑钢筋、浇筑混凝土、养护、拆模板。

普通钢筋混凝土构件中的钢筋宜采用 HRB400 级和 HRB335 级钢筋，也可采用 HPB235 级和 RRB400 级钢筋。当采用 HRB335 级钢筋时，混凝土强度等级不宜低于 C20；当采用 HRB400 和 RRB400 级钢筋以及对承受重复荷载的构件，混凝土强度等级不得低于 C20。但如果外力荷载过大，普通钢筋混凝土中的钢筋采用高强度钢筋也是不经济的，原因是混凝土和钢筋的抗拉能力相差太大。当普通钢筋混凝土构件受拉区的混凝土超越它的抗拉强度而出现裂缝时，钢筋实际受到的拉力仅为其抗拉能力的 1/20～

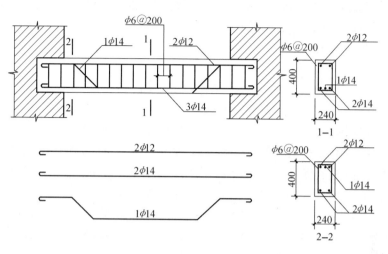

图 3.3 钢筋混凝土梁结构

1/50。如果继续增加荷载,裂缝将显著增加,以致因裂缝处钢筋外露锈蚀而不能继续使用,此时高强钢筋的抗拉能力没有得到充分发挥。

如何解决钢筋与混凝土这两种材料在力学性能上不相适应的矛盾,行之有效的办法就是采用预应力混凝土。

3.5.2.2 预应力混凝土

预应力混凝土是由高强钢筋与强度等级在 C30 以上的混凝土做成的。预应力就是在构件制作时,预先给混凝土施加的一种压力,使混凝土产生预压应力。这个混凝土的预压应力实际上是由给钢筋施加拉力时所产生的。当制作受弯构件时,先在模板内放好钢筋,张拉钢筋,使钢筋伸长产生拉应力(图 3.4(a)),然后浇筑混凝土,使钢筋在受拉状态下与混凝土浇筑在一起,振捣密实(图 3.4(b)),待养护至混凝土达到设计强度时,再去掉钢筋拉力,此时,钢筋由于被放松而回缩,于是混凝土便相应地产生了预压应力。从构件的外观上可以看出,尽管底模平整,而构件已略呈向上弯曲状(图 3.4(c))。

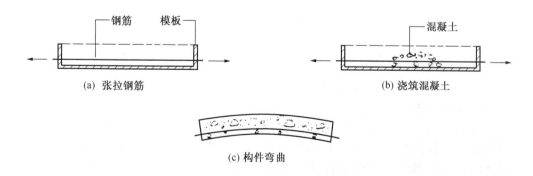

图 3.4 预应力混凝土构件制作顺序示意图

混凝土的预压应力的作用在于:当构件承受外力荷载后,在构件的受拉区内的混凝土由于事先已被压缩,因此当钢筋拉伸的最初阶段,钢筋并未受到拉力(由预压应力抵消了),待外力荷载继续增大,钢筋又进一步被拉伸时,混凝土才开始受到拉力。这样与非预应力钢筋混凝土相比,推迟了混凝土出现裂缝的时间,充分发挥强度较高钢筋的抗拉能力,因此预应力混凝土在土木工程中已被广泛应用。

3.6 木 材

木材用于土木工程已有悠久历史,是人类使用最早的建筑材料之一,目前仍是重要的建筑材料。工程中,无论是承重构件的屋架、梁,建筑配件的门窗、墙裙、暖气罩,以及施工时使用的脚手架、模板等,都可以用木材制作。木材与水泥、钢材并列称为建筑三大材料。

用于建筑工程的树种主要有针叶树与阔叶树两大类。

由针叶树加工而成的木材称软木材,如红松、白松、落叶松和杉树、柏树等。软木材强度较高,耐腐蚀性较强,胀缩变形小,树干直而高大,材质轻软易于加工成材。多用于承重构件如屋架、梁,以及混凝土模板、门窗、脚手架等。

由阔叶树加工而成的木材称硬木材,硬木材木质坚韧,树干通直部分短,加工较困难,胀缩变形大,如榆木、柞木、水曲柳等;有的硬木材木质较软,加工比较容易,如桦木、杨木、椴木等。建筑工程中,一般用硬木材做门窗、地板,以及室内装修和家具。

把多层薄木片,按纹理垂直交错重叠热压胶合在一起,即成胶合板。胶合板的层数均为奇数,一般为3～13层,它的特点是不易翘曲,平面上各向强度几乎相等,各向收缩均匀,可用作隔墙、天花板、门心板、护墙板、家具等。

把板皮、木块、树皮等破碎、浸泡,经处理成纤维、施胶热压、干燥等工序可制成纤维板。

在两层面板中间夹木质碎料心,经胶拼加压,可得贴面碎木板。

把木材碎料刨成木丝,与水泥或水玻璃等拌合后,可压成木丝板。这类板材堆密度小,强度低,主要用作吸声和绝热材料。

木材也存在一些缺点,构造不均匀,各向异性;吸湿后,物理力学性能改变大;易腐朽、易虫蛀、易燃烧。

3.7 建筑塑料

塑料建材是继钢材、木材、水泥之后而形成的又一类建筑材料。

用于土木工程中的塑料建材具有以下特点。

(1)优良的加工性能

塑料可以用各种方法成型,可加工成薄膜、薄板、管材、门窗异型材等,尤其易加工成断面较复杂的异形板材和管材,还可以利用弯、锯、切割、粘接等各种加工手段加工成各种形状的制品,如塑料给排水管、塑料贮水箱等。

(2)具有多种功能

塑料可以通过改变配方或改性加工成具有各种特殊性能的工程材料,如高强轻质的结构材料,刚性很好的建筑板材,富有弹性的密封材料,以及其他具有防水隔音性、耐化学侵蚀性等建筑材料,如用塑料板材制作的污水处理池子,可抵抗污水中的酸性或碱性介质的侵蚀。

（3）轻质性

土木工程中使用塑料材料，不仅减轻了施工时的劳动强度，而且大大减轻了建筑物的自重。如用硬质泡沫塑料做墙体材料的芯材，可降低墙体的重量。

（4）装饰性能

塑料可以用来做各种装饰材料，可以着色压花，模仿各种天然材料，如大理石纹、木纹等。

塑料建材还存在着易老化、耐热性差以及防火性能差等缺点，尽管通过适当的配方技术和加工技术可以得到改进，但使用中仍应特别注意。

3.8 沥青防水材料

沥青是多种碳氢化合物与氧、硫、氮等非金属衍生物的混合物，在常温下呈固体、半固体或粘性液体，沥青材料具有良好的防水性能和粘结力，故在屋顶和地下室都常用它作为防水材料。常用的沥青有石油沥青和煤沥青，它们的制品主要有防水卷材。

3.8.1 石油沥青

石油沥青是石油工业提炼各种燃料油及润滑油后的副产品，外观呈黑褐色，性能较柔软并略有弹性，它属于憎水性材料，不溶于水，又不会被水所湿润。它与混凝土、石料、钢材，以及木材等材料之间具有良好的粘结性。因此很多材料涂上沥青后，就可有效地防止水的渗透，起到防水作用。

石油沥青在常温下呈硬膏状态，当温度升高时，沥青的状态会发生连续的变化，塑性增大，粘性减小，并逐渐软化变稀，能自由流淌，渗入其他材料的孔隙中；当冷却后，又硬化，并牢牢地贴在其他材料的表面上。因此石油沥青在使用时必须加热才能涂刷。

石油沥青具有较强的耐酸、碱、盐腐蚀性，因此也可用来做防腐材料。

石油沥青的主要缺点是使用过程中受自然环境影响，如阳光、温度、空气等综合因素作用下，其成分性质会逐渐改变，使粘结力降低，变脆变硬，开裂剥落，使其失去防水与防腐能力，这种现象称为沥青的"老化"。

3.8.2 煤沥青

煤沥青是由煤干馏得到的煤焦油经再加工而得到的产品，也称煤焦油沥青或柏油。它具有良好的抗水性能和抗微生物腐蚀作用，虽然它与石油沥青外形很相似，但其内部组织成分有明显差别，二者不能混用。

煤沥青的质量不如石油沥青。温度稳定性较差，夏季发软早，冬季变硬快。在光、热和氧的综合作用下，老化过程较快，使用年限较短。煤沥青有毒、有臭味，在搬运和施工时都必须严密防护，以免中毒。煤沥青防腐能力强，在土木工程上常用它涂刷木材以防腐和用于地下工程的防水工程和防腐工程。

3.8.3 沥青玛琋脂

沥青玛琋脂是沥青与适量的粉状或纤维状矿物质填充料的混合物。掺入填充料可以改善沥青的耐热度、柔韧性、粘结力、延缓老化,可以节约沥青。常用的粉状填料有石灰石粉、滑石粉,常用的纤维状填充料有石棉绒和石棉粉等。作为油毡的粘结剂,沥青玛琋脂的效果比纯沥青要好。

3.8.4 改性沥青

用树脂对沥青进行改性称为树脂改性沥青。它可以改善沥青的低温柔韧性、耐热性、粘结性、不透气性及抗老化能力。

用橡胶对沥青进行改性称为橡胶改性沥青。它可以使沥青具有类似橡胶的很多优点,如高温下变形小,低温下具有一定的柔韧性等。

3.8.5 油纸和油毡

油毡和油纸是以柔软、多孔的纸板做胎,浸涂沥青而成。凡以熔化的低软化点的沥青浸渍的称为油纸。凡在油纸的两面再涂盖高软化点沥青,并在表面撒布一层防粘结的片状云母、滑石粉或石棉粉的称为油毡。最后均包装成卷。纸板是由旧布、棉、麻、纸等为原料制成的。

3.9 保温材料

保温材料是指对热流具有显著阻抗性的材料或材料复合体。材料的保温性能是以它的导热系数来衡量的,导热系数越小,则通过材料传送的热量越少,保温隔热性能就越好。保温材料以质轻、多孔、吸湿性小、不易腐烂的无机物为最佳。现将几种常用的保温材料介绍如下。

3.9.1 纤维状保温材料

矿渣棉是利用工业废料高炉矿渣为主要原料,辅以适量的溶剂型材料,经熔化,高速离心法或喷吹法等工序制成的一种棉丝状的保温、隔热、吸声、防震的无机纤维材料。它具有质轻、导热系数低、不燃、防蛀、耐腐蚀、化学稳定性强等优点。缺点是吸水性大、弹性小。以沥青为粘结剂,可制成沥青矿渣棉毡或沥青矿渣棉硬质板,用作保温墙板填充料及复合墙板。

岩棉是由天然岩石(白云石、花岗石、玄武岩等)用焦炭(燃料)熔化后,用喷射法或离心法制成的一种无机短纤维材料。常做成岩棉板或岩棉保温带等制品用于罐体、锅炉、管道等的保温隔热,也用于楼房地面的保温。

3.9.2 粒状保温材料

珍珠岩是由火山喷出的岩浆遇冷后急剧凝缩而形成的一种酸性玻璃质岩石,把珍珠岩矿石经破碎、筛分、预热和在高温作用下,快速熔烧,珍珠岩急剧膨胀,形成了多孔封闭型颗粒状的膨胀珍珠岩保温材料。这种保温材料具有质量小、导热系数小、化学稳定性高、无毒、耐腐蚀等特点。作保温层时,可掺加水泥,形成水泥膨胀珍珠岩制品。为进一步提高保温效果,还可以采用加入泡沫剂的办法,使水泥膨胀珍珠岩内形成无数均匀细密的气孔。还有水玻璃膨胀珍珠岩制品、沥青膨胀珍珠岩制品、乳化沥青珍珠岩制品等。这些制品是以膨胀珍珠岩为骨料,配以适量的胶凝剂,经搅拌、成型、干燥、养护等工序而成的具有一定形状的成品,可作为建筑物或构筑物的保温材料及各种管道、热工设备的保温材料。

还有一种颗粒状无机保温材料,称为膨胀蛭石。蛭石是各种云母矿物的变种。膨胀蛭石作保温层时,一般掺水泥为胶凝材料,配制成水泥膨胀蛭石保温材料。

3.9.3 多孔状保温材料

泡沫混凝土是在水泥浆中加入发泡剂制成的多孔保温材料。泡沫混凝土的内部由于包含大量小气孔,所以容重较轻,它的保温性能好,但造价高,耗用水泥多,在锯割和运输过程中极易被损坏。

加气混凝土是用水泥、砂、铝粉、矿渣或粉煤灰等其他工业废料,经过磨细配料、浇筑、切割、蒸压养护等工序制成的一种轻质多孔、保温隔热的材料。可用作墙体砌块、屋面板、墙板、保温块等。加气混凝土的配筋构件不宜在高温、高湿,以及有化学侵蚀的环境介质下使用。

炉渣作为一种工业废料用来做保温隔热,它价格较便宜,多用于屋顶保温层,但因其自重较大,增加了屋面荷载,因此炉渣不是理想的屋面保温材料。

3.10 建筑材料图例

土木工程中的建筑材料种类繁多,通过前面的学习,我们掌握了大多数材料的基本特性,为今后在设计中合理地选材打下了基础。为了使建筑材料制图做到统一,图面清晰简明,提高制图效率,满足设计、施工及图纸存档等要求,我们国家制定了《房屋建筑制图统一标准》(GB/T 50001 - 2001)。因此在实际设计中,图纸上的建筑材料必须按照《房屋建筑制图统一标准》规定的符号来表示各种建筑材料,这些符号就叫做图例,见表3.2所示。

表3.2 常用建筑材料图例

序号	名 称	图 例	说 明
1	自然土壤		包括各种自然土
2	素土夯实		

续表 3.2

序号	名　称	图　例	说　明
3	砂、灰土		靠近轮廓线点较密实的点
4	砂砾石、碎砖、三合土		
5	天然石材		包括岩层、砌体、铺地、贴面等材料
6	毛　石		
7	方整石、条石		
8	普通砖		1. 包括砌体、砌块 2. 断面较窄、不易画出图例线时，可涂红
9	耐火砖		包括耐酸砖
10	空心砖		包括各种多孔砖
11	饰面砖		包括铺地砖、马赛克、陶瓷锦砖、人造大理石

续表3.2

序号	名 称	图 例	说 明
12	混凝土	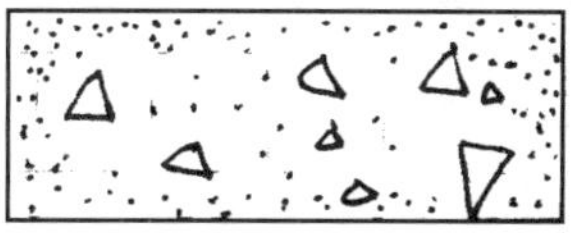	1. 本图例仅适用于能承重的混凝土及钢筋混凝土 2. 包括各种标号、骨料、添加剂的混凝土 3. 在画剖面图上的钢筋时，不画出图例线 4. 断面较窄，不易画出图例线时，可涂黑
13	钢筋混凝土	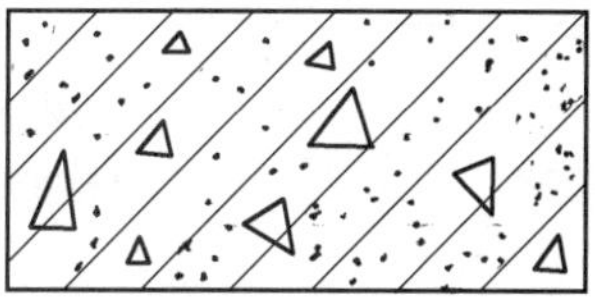	
14	橡胶	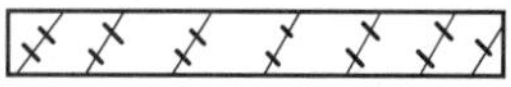	
15	玻璃	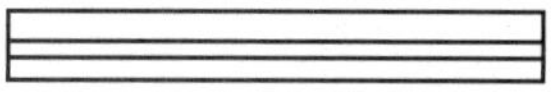	包括平板玻璃、磨砂玻璃、夹丝玻璃、钢化玻璃等
16	毛石混凝土	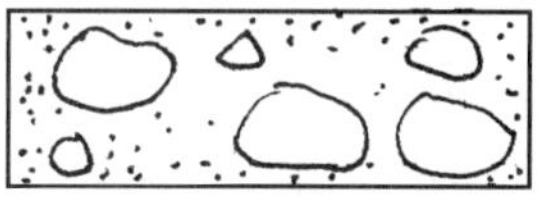	
17	焦渣、矿渣	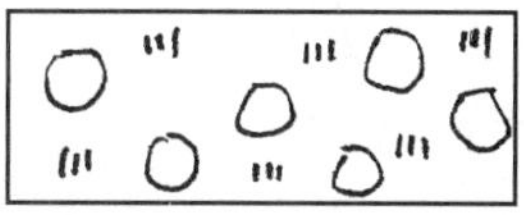	包括与水泥、石灰等混合而成的材料
18	多孔材料	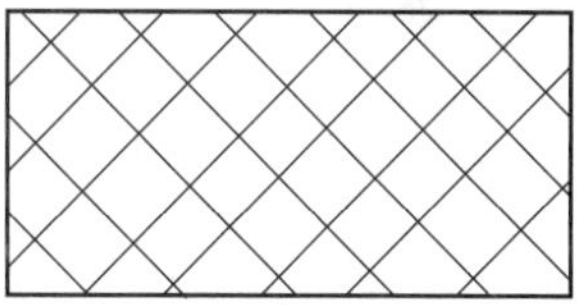	包括水泥珍珠岩、沥青珍珠岩、泡沫混凝土、非承重加气混凝土、泡沫塑料、软木等
19	纤维材料	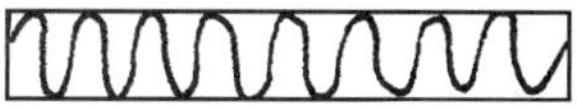	包括麻丝、玻璃棉、矿渣棉、木丝板、纤维板等
20	松散保温材料		包括木屑、石灰木屑、稻壳等
21	木 材	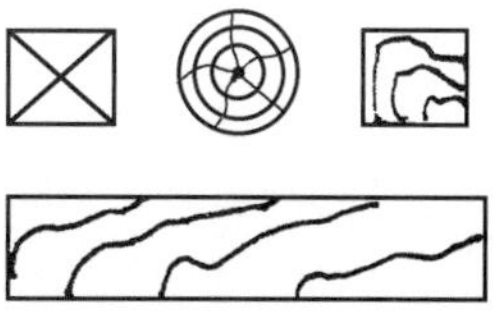	上图为横断面，左上图为垫木、木砖；右上图为木龙骨，下图为纵断面
22	胶合板	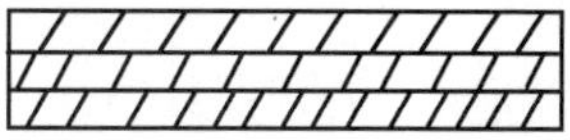	应注明 X 层胶合板

续表3.2

序号	名称	图例	说明
23	石膏板		
24	金属		1. 包括各种金属 2. 图形小时,可涂黑
25	网状材料		1. 包括金属、塑料等网状材料 2. 注明材料名称
26	液体		注明液体名称
27	塑料		包括各种软、硬塑料,以及有机玻璃等。
28	防水材料		构造层次多或比例较大时,采用上面图例
29	粉刷		本图例点以较稀的点

第4章 土建制图基本知识

土建制图是表达房屋、道路、桥梁、给水排水、环境污染治理等土木工程的图样,是土木工程设计的重要技术资料,是施工建造不可缺少的依据,是表达和交流技术思想的重要工具,因此,人们将它比喻为"工程界的语言"。设计者可以把自己的设计思想用图样的形式画出来,施工者则通过图样的阅读,把设计者的意图体现出来,并根据图样制造出建筑物或构筑物。本章中简要介绍制图的基本规格、建筑图的基本表示方法、贮水池构筑物工艺图的基本表示方式以及施工图的基本表示方法。

4.1 制图基本规格

为了使图样的表达方法和形式统一,图面简明清晰,符合施工要求,有利于提高制图效率,以满足设计、施工、存档等要求,我国已经制订和颁布了有关制图的"中华人民共和国国家标准",简称"国标"。对于土建工程图,国家计划委员会重新修订和颁布了《房屋建筑制图统一标准》(GB/T 50001 - 2001),供全国参照执行。我们在学习画图和读图时,也必须严格根据《房屋建筑制图统一标准》(以下简称《标准》)来进行。

4.1.1 图纸幅面

《标准》规定,图纸幅面的规格分为 A0、A1、A2、A3、A4 号共五种,各号图纸的规格见表 4.1 所示,表中基本幅面代号见图 4.1,尺寸单位为毫米(mm)。图 4.2 给出了五种图幅之间的关系。

表 4.1 图纸幅面及图框尺寸　　　　　　　　　　　　　　　mm

尺寸代号	幅　面　代　号				
	A0	A1	A2	A3	A4
$b×l$	841×1 189	594×841	420×594	297×420	210×297
c	10			5	
a	25				

为使图纸整齐划一,在一套土建工程图纸中应以一种规格图纸为主,尽量避免大小幅面掺杂使用。在特殊情况下,允许 A0、A1、A2、A3 号图纸加长,但应符合表 4.2 的规定。

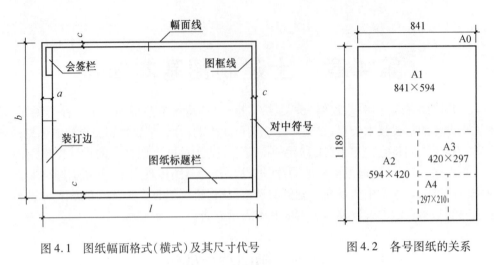

图 4.1 图纸幅面格式(横式)及其尺寸代号　　　图 4.2 各号图纸的关系

表 4.2 图纸长边加长尺寸　　mm

幅面代号	长边尺寸	长边加长后尺寸									
A0	1 189			1 486	1 635	1 783	1 932	2 080	2 230	2 378	
A1	841	1 051	1 261	1 472	1 682	1 892	2 102				
A2	594	743	891	1 041	1 189	1 338	1 486	1 635	1 783	1 932	2 080
A3	420	630	841	1 051	1 261	1 471	1 682	1 892			

4.1.2　图纸标题栏与会签栏

图纸标题栏位于图纸的右下角,见图 4.1。图纸标题栏中应表明工程名称,本张图纸的内容与专业类别及设计单位名称、图名、图号、设计号,以及留有设计人、绘图人、审核人等的签名和日期等等。因此,图纸标题栏的作用不仅仅是说明工程名称和本张图纸的内容,同时,其签字栏也是为保证设计质量而规定的一种技术岗位责任制。此外,它还具有便于查找图纸的作用。图纸标题栏也可称为图标,如表 4.3 所示。会签栏是为各工种负责人签字用的表格(表 4.4),位于图纸的框线外的左上角,如图 4.1 所示。

表 4.3 图纸标题栏

设计单位名称	工程名称	
签字	图名	图号

表 4.4 会签栏

(专业)	(姓名)	(日期)

4.1.3　比例

工程上设计的或已有的实物,不可能以原来的大小将它表示在图纸上,必须使用缩小或放大的办法画在图纸上。所以,比例就是图形与实物相对应的线性尺寸之比。如 1 m

长的构件,在图纸上画成 10 mm 长,即为原长的 1/100,我们称这样图样的比例是 1∶100。

比例一般标注在图形下面的图名的右侧或详图编号的右侧,如:

平面图 1∶100 ⑤ 1∶10

4.1.4 定位轴线

定位轴线是用来确定房屋主要结构或构件的位置及其尺寸的,因此,凡是在承重墙、柱、梁、屋架等主要承重构件的位置处均应画上定位轴线,并进行编号,以此作为设计与施工放线的依据。《标准》中规定,编号以平面图为准,水平方向的编号采用阿拉伯数字,由左向右依次注写。垂直方向的编号应用大写的拉丁字母,由下向上顺序注写,其中 I、O、Z 三个字母不得用作编号,以免与数字 1、0、2 混淆。如字母数量不够使用,可增用双字母或单字母加数字注脚。附加轴线的编号应以分数表示。有关定位轴线的布置以及结构构件与定位轴线的联系原则,在《建筑模数协调统一标准》(GBJ 2-86)中有统一规定。《建筑模数协调统一标准》是由国家计委颁布的国家标准,它是为了通过设计标准化、生产工厂化、施工机械化,以逐步提高建筑工业化的水平而制定的。

4.1.5 尺寸注法

土建工程图除了画出建筑物及构筑物各部分的形状外,还必须准确、完整和清晰地注明尺寸,以确定其大小,作为施工时的依据。尺寸注法由尺寸界线、尺寸线、尺寸起止符号和尺寸数字所组成,如图 4.3 所示。根据《标准》规定,除标高与总平面图上的尺寸以米为单位外,其余一律以毫米为单位。为使图面清晰,尺寸数字后面一般不注写单位。

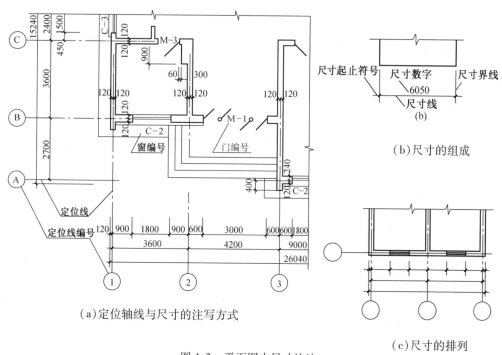

图 4.3 平面图中尺寸注法

尺寸界线在图形外面用细实线画出,在图形里面,以图形的轮廓线或中线来代替。

尺寸线必须以细实线画出。尺寸线与尺寸界线相交处,应适当延长。

尺寸起止符号用45°的中粗短线表示,短线长度宜为2~3 mm,短线方向应以所注数字为准,自数字的左下角向右上角倾斜45°。

尺寸数字应标注在水平尺寸线上方中部,垂直尺寸线的左方中部。平面图中尺寸注法见图4.3。

4.1.6 标 高

标高是用来表示建筑物与构筑物各部分高度的标注方法。标高数字以米为单位,一般注写到小数点后第三位,总平面图标高注至小数点后第二位。图4.4为标高符号及标高表示方法。标高符号一般在剖面图与立面图中出现,其符号的尖端应指至被注的高度,即可向下,也可向上。而总平面图标高符号只在总平面图中出现,其符号宜用涂黑的三角形表示。

图4.4 标高符号

标高分绝对标高与相对标高。

我国政府规定,将青岛的黄海平均海平面定为绝对标高的零点,其他各地标高都以此为基准。

一般土建工程图都使用相对标高,即以首层室内地面高度为相对标高的零点,写作 ±0.000 ,读正负零。高于它的值为正,但不注写"+"号,低于它的值为负,在数字前面必须注写"-"号,如 -0.450 ,表示低于首层室内地面450 mm。

4.1.7 索引标志与详图标志

一套完整的图纸包括的内容很多,而放大的详图又往往不能与有关的图纸布置在一起,为了便于相互查找,《标准》规定了索引标志与详图标志,分别注明在放大引出部位和详图处。

当图样中某一局部或构件需要放大比例,画成"局部详图"时,应在该处标明"索引标志",即用索引符号索引出详图,见图4.5。当图样中某一部位需要做"局部剖面详图"时,也应在该处标明"索引标志",见图4.6。

图4.5 局部放大的详图索引标志　　　图4.6 局部剖面的详图索引标志

根据上述需要画出的详图,应注明"详图标志",并写上与索引标志相同的编号,见图

4.7。

详图符号是直径为 14 mm,以粗实线画出,索引符号是直径为 10 mm,以细实线画出。

图 4.7 详图标志

4.2 建筑图的基本表示方法

建筑图的基本表示方法有平面图、立面图、剖面图、细部详图和总平面图。它是借助于相应的房屋建筑图样,运用正投影原理按比例把一幢楼房的内部、外部形状和它的构造做法以及楼房的总体布局在图纸上完整、清楚地表达出来。而一幢楼房无论它在外形、大小、平面布置以及所使用材料和做法上有多大的差异,它都是由基础、墙、楼板、屋顶等最基本的部分组成。图 4.8 是一幢楼房的基本组成示意图,从图中可以看到房屋各个组成部分的位置和名称。

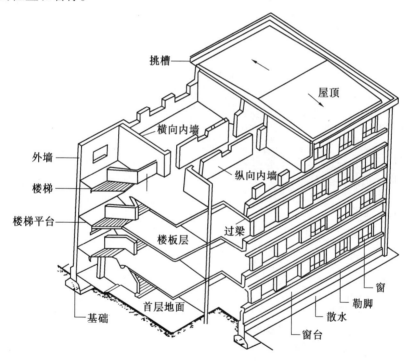

图 4.8 房屋的基本组成

屋顶和外墙构成了整个房屋的外壳,主要用来防止雨雪、风砂对室内的侵袭,夏季能隔热,冬季能保温。这些作用可概括为围护作用。为了室内采光和通风,同时又能挡风遮雨,就需要在墙上设窗。

内墙把房屋内部分隔成不同用途和大小各异的房间及走廊。室内与室外、房间与房间既要分隔又要联系,就要在墙上设门。

楼板层把房屋内部分隔成上下的楼层空间,同时它还要承受人、家具和器物的重量和自重。墙要承受外面的风力及屋顶与楼板层传给它的重量和墙的自重,所有这些重量最后都要通过基础传到地基上去。因此,屋顶、楼板层、墙、基础这些承重部分共同组成房屋的承重系统。它好比人的"骨架",没有"骨架"房屋根本建造不起来,"骨架"不坚固,建造起来的房屋也可能倒塌。

房屋各部分的作用不同,对它们的性能要求也不同,所用的建筑材料也不一样。承重部分使用的建材应具有较好的力学性能和坚固耐久性能,围护部分如非承重隔离内墙,所使用的建材应分别具有一定的防水、隔声、隔热等性能。

4.2.1 建筑平面图

建筑平面图是假想用一水平面从房屋的窗台以上部分截开,移开上部分后,自上向下观看房屋内部,即截面以下部分的水平投影图。图4.9(a)给出了房屋平面图的形成。对多层房屋来说,沿首层截开所得的平面图为首层平面图,如图4.9(b)所示;沿二层截开所

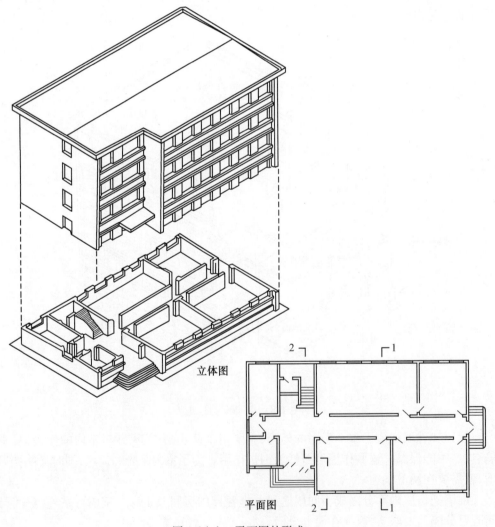

图4.9(a) 平面图的形成

得的平面图为二层平面图;同样可画出三、四层平面图。如果其中有几个楼层平面布置相同时,可以画出一个平面图为几个楼层所共用,称为标准层平面图。

平面图是用以表示房屋内部水平方向布局的。从平面图中可以看到房屋内部房间的分隔和组合关系及其尺寸;墙的位置与厚度,柱的位置与尺寸;台阶、楼梯、走道的位置和尺寸;门窗的位置,尺寸和门的开启方向等。施工中放线、砌墙、安装门窗等工作都要根据平面图进行。

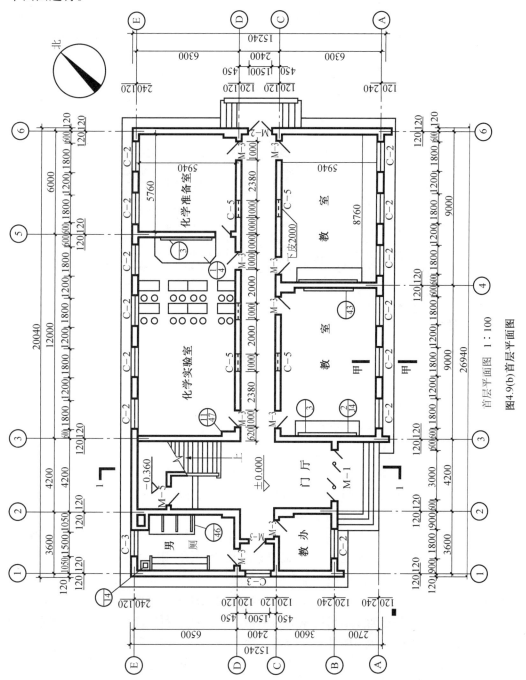

图4.9(b) 首层平面图　首层平面图 1∶100

4.2.2 建筑立面图

立面图就是房屋在前、后、左、右各方向的正立投影图(图4.10)。通常根据房屋各个墙面的朝向,分别称为南立面图、北立面图、东立面图和西立面图。如未明确朝向,可将房屋最有特征的、最主要的一面称为正立面图,其余分别称背立面图、侧立面图;或以定位轴线的端号标明立面的名称。

立面图是用以表明房屋外部形状的。从立面图中可以看到房屋体型和尺寸;屋顶形式以及门窗、台阶、雨棚、阳台等的形状、位置和尺寸。还可以看到外墙饰面的材料和做法。

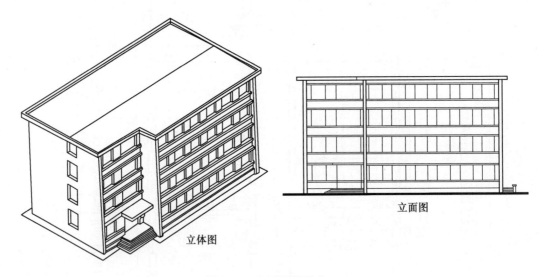

图4.10 立面图的形成

4.2.3 建筑剖面图

剖面图是假想用一个垂直面将房屋在窗口处竖向截开,移走一边后,向另一侧观看房屋内部,即截面以后部分的正投影(图4.11)。剖面位置一般选择在房屋内部具有代表性和空间变化较复杂的部位。多层房屋一般选择在楼梯间处,复杂的建筑需要画出几个不同部位的剖面。剖面的位置应在首层平面图上用剖切线标出(图4.9)。剖切线的长线表示剖切位置,短线表示剖视方向,剖切线可以转折。

剖面图是用以表示房屋内部自下而上的空间布局的。从剖面图中可以看到楼层的分层和各层的高度、楼板层的厚度、门窗的高度以及楼梯、屋顶、阳台的形式等。

房屋的平、立、剖面图,每种图样都有它的局限性,例如,平面图只能表示房屋内部的房间布置和水平方向的大小和尺寸,却无法反映房屋的外貌和高度。立面图虽然表示了房屋的外貌与高度,却不能显示出房屋的内部情况。而剖面图虽能说明房屋内部垂直方向的空间处理,却不能表示房屋外貌和内部平面布置。只有将房屋的平、立、剖面图综合起来看才能全面地了解房屋从内到外、从水平到垂直的整体面貌。此外,还要通过详图才能了解该房屋各个细部的构造做法和构件的详情。因此,在阅读图纸时要有全局观点,充

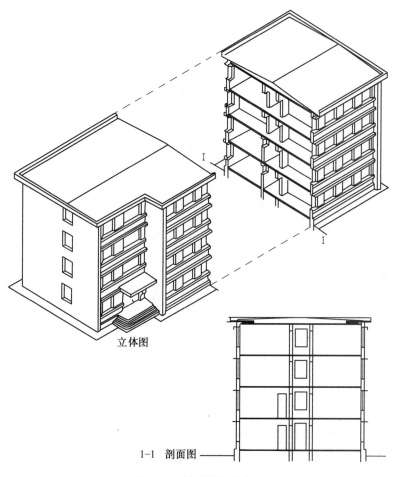

图 4.11 剖面图的形成

分认识各个图样的不同特点和它们相互之间的内在联系。

同样,在绘制图纸时,也要有全局观念,一般绘图步骤是:先从平面图开始,然后再画出剖面图、立面图等,绘图时应由大到小,由整体到局部,逐渐深入细致。同时还要注意到平、立、剖三者之间的完整统一性和相互关系一致性。例如,在建筑平面图中外墙面的门窗宽度尺寸、门窗位置应与立面图中相应的门窗宽度尺寸、门窗的位置相一致,立面图中门窗的高度尺寸、门窗的位置应与剖面图中相应的门窗高度尺寸及相应位置相一致。即立面图与剖面图相应的高度尺寸必须一致,立面图与平面图相应的宽度尺寸必须一致。

4.2.4 建筑总平面图

建筑总平面图是假想在建筑地段上空向下观看,所得的水平投影图,简称总平面图(图 4.12)。它表示基地的形状、大小、定位、朝向等。

总平面图是用以表示房屋在建筑地段内的总体布置的。从总平面图中可以看到新建房屋的所在位置、占地大小及其周围的地形、道路、绿化和其他建筑群的分布等环境情况。因此,建筑总平面图是新建房屋施工定位、土方施工以及水暖电等管线总平面图的依据。

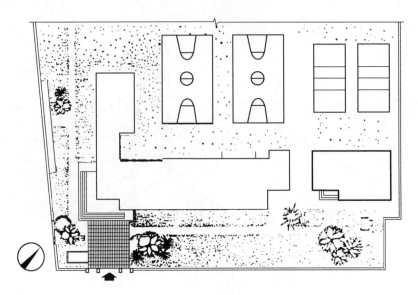

图 4.12 总平面

总平面图中的中粗实线所画出的图形代表原有房屋的轮廓,用粗实线所画出的图形代表新建房屋的轮廓。

4.3 工艺构筑物的图纸表示方法

给水工程的基本任务是自水源取水,输送至用户;排水工程的基本任务是把各种废水排放到污水处理站,污水在处理站经处理达标后再排到各种天然水体中去。而贮水池则是给水排水工程中最一般的构筑物。例如,在城市污水处理的工艺流程中,一级处理为物理处理,采用的贮水池有沉砂池与初沉池;二级处理为生物处理,采用的贮水池有曝气池和二沉池;污泥处理有厌氧生物处理,采用的贮水池有污泥浓缩池和消化池等。这些净化水质的贮水构筑物完全不同于房屋土建构筑物,它们是典型的水工构筑物,尽管其工艺性质和构造各不相同,池体有采用钢筋混凝土的,也有采用砖砌体的,但其内部结构则是由工艺设备和管道等组成。因此,在阅读图纸时,必须依照给水排水工程的工艺特点和专业要求去阅图,在绘制图纸时,也应依照池体、管廊、附属设备、工艺构筑尺寸等主要表示方法去做。

4.3.1 池 体

池体是贮水池的土建部分,大多数为钢筋混凝土结构,一般应由土建人员来绘制结构图,具体表示池体的大小形状、池壁厚度、垫层基础、钢筋的配置等内容,专供土建施工用图。如图 4.13 所示的构筑物工艺图中,则只需按结构尺寸画出池体轮廓线及池壁厚度,细部结构可略去不画,但如果没有结构尺寸数据时,可按工艺图的内净尺寸及假设或估计的池壁厚度尺寸来画。

如图 4.13 所示平面图上画出池体的大小,1-1 剖面图中显示了池底的配水干管,2-

2、3-3 剖面显示了砂层及砾石层及水渠构造及配水干管等。在 1-1 剖面图中,池体可画出钢筋混凝土的剖面材料符号示意图。叠层构造用分层剖面图表达。

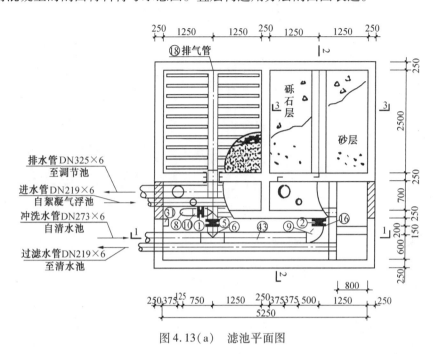

图 4.13(a) 滤池平面图

说明:1. 本图以处理间内地面为 ±0.00 m,相当于绝对标高 127.776 m。平面尺寸以毫米计,高程以米计。
2. 所有钢管道、零件均做防腐处理,管道地上部分刷红丹漆两遍,酸醇漆两遍,地下部分采用特强级防腐。
3. 排水管管底坡度不小于 0.005。滤料为石英砂,粒径为 $0.8\sim1.2$,$k<1.3$。
4. 砾石承托层级配:

层次(自上而下)	粒径/mm	厚度/mm	体积/m^3
1	2~4	100	1.25
2	4~8	100	1.25
3	8~16	100	1.25
4	16~32	450	5.625

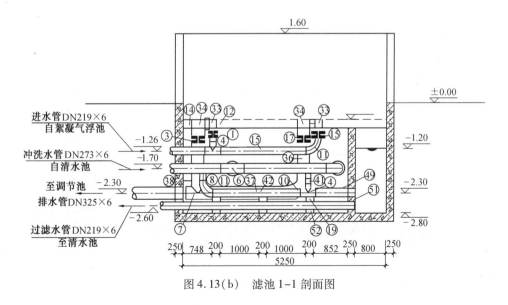

图 4.13(b) 滤池 1-1 剖面图

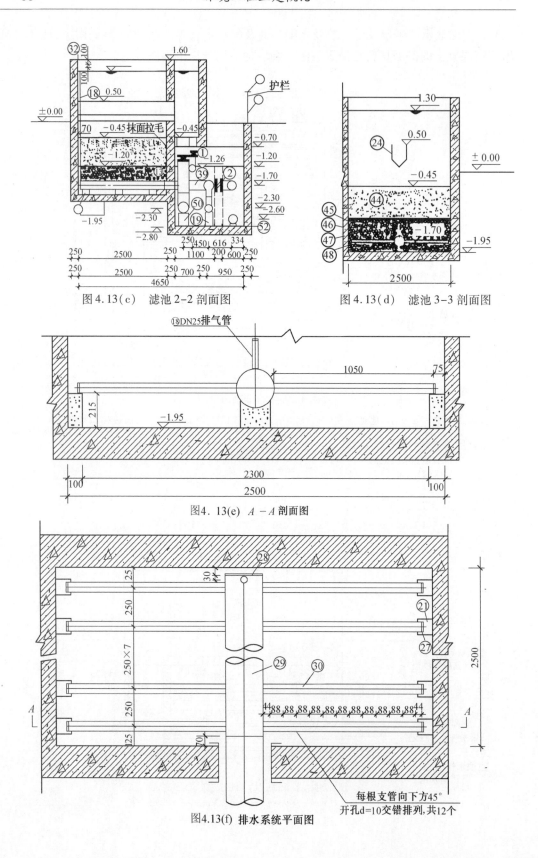

图 4.13(c) 滤池 2—2 剖面图

图 4.13(d) 滤池 3—3 剖面图

图 4.13(e) A—A 剖面图

图 4.13(f) 排水系统平面图

工程量表

编号	名　称	规　格	材料	单位	数量	重量/kg 单重	重量/kg 总重	备注
①	蜗杆传动对夹式蝶阀	D371X-0.6 DN150		个	4	15.00	30.00	
②	蜗杆传动对夹式蝶阀	D371X-0.6 DN250		个	2	36.00	72.00	
③	蜗杆传动对夹式蝶阀	D371X-0.6 DN300		个	2	53.00	106.00	
④	三通	DN200×150	钢	个	2	14.10	28.20	见 S311/32-16
⑤	三通	DN250×150	钢	个	2	22.20	44.40	见 S311/32-17
⑥	三通	DN250×250	钢	个	1	35.60	35.60	见 S311/32-17
⑦	三通	DN300×300	钢	个	1	43.50	43.50	见 S311/32-17
⑧	90°弯头	DN150	钢	个	2	7.10	14.20	见 S311/32-3
⑨	90°弯头	DN250	钢	个	1	26.20	26.20	见 S311/32-3
⑩	90°弯头	DN300	钢	个	1	31.10	31.10	见 S311/32-3
⑪	90°异径弯头	DN200×150	钢	个	2	11.50	23.00	见 S311/32-10
⑫	Ⅳ型防水套管	DN150	钢	个	2	10.93	21.86	见 S312/8-8
⑬	Ⅳ型防水套管	DN250	钢	个	2	20.22	40.44	见 S312/8-8
⑭	Ⅳ型防水套管	DN300	钢	个	2	28.42	56.84	见 S312/8-8
⑮	法兰	DN150 $P=0.6$ MPa	钢	个	8	4.47	35.76	见 S311/32-29
⑯	法兰	DN250 $P=0.6$ MPa	钢	个	4	6.07	24.28	见 S311/32-29
⑰	法兰	DN300 $P=0.6$ MPa	钢	个	4	10.30	41.20	见 S311/32-29
⑱	镀锌钢管	DN25	钢	m	6.5		15.73	
⑲	混凝土支墩	200×200×400		个	3			
⑳	混凝土支墩	250×250×125		个	4			
㉑	混凝土支墩	100×100×125		个	40			
㉒	钢筋	≤10 $L=800$	钢	个	28	0.49	13.82	冷拉圆钢
㉓	钢管	DN25	钢	m	6.6		15.97	镀锌钢管
㉔	排水箱		钢	个	2	137.59	275.18	
㉕	角钢	75×75×8 $L=250$	钢	根	4	2.26	9.03	
㉖	带帽螺栓	M20 $L=80$		个	8	0.11	0.90	
㉗	堵板	DN70 $d=6$	钢	个	40	0.18	7.20	
㉘	堵板	DN250 $d=6$	钢	个	2	2.30	4.60	
㉙	钢管	DN250 $L=2\ 380$	钢	根	2	94.03	188.07	
㉚	穿孔管	DN70 $L=1\ 050$	钢	根	40	6.97	278.88	

续表

编号	名称	规格	材料	单位	数量	重量/kg 单重	重量/kg 总重	备注
③1	铸铁爬梯		铸铁	个	14	3.70	51.80	见 S147/17
③2	单管立式支架	DN25	钢	个	2	20.00	40.00	见 S161/55-17
③3	钢管	DN159×6 $L=365$	钢	根	2	8.26	16.52	直逢卷焊
③4	钢管	DN325×6 $L=475$	钢	根	2	22.42	44.84	直逢卷焊
③5	钢管	DN219×6 $L=2\,195$	钢	根	1	69.165	69.165	直逢卷焊
③6	钢管	DN325×6 $L=949$	钢	根	1	44.79	44.79	直逢卷焊
③7	钢管	DN325×6 $L=2\,390$	钢	根	1	112.81	112.81	直逢卷焊
③8	钢管	DN325×6 $L=1\,399$	钢	根	1	66.03	66.03	直逢卷焊
③9	钢管	DN273×6 $L=720$	钢	根	2	28.447	56.894	直逢卷焊
④0	钢管	DN159×6 $L=144$	钢	根	1	3.260	3.260	直逢卷焊
④1	钢管	DN159×6 $L=125$	钢	根	1	2.83	2.83	直逢卷焊
④2	钢管	DN219×6 $L=2\,240$	钢	根	1	70.583	70.583	直逢卷焊
④3	钢管	DN273×6 $L=2\,090$	钢	根	1	82.576	82.576	直逢卷焊
④4	石英砂	$d\,0.8\sim1.2$ mm		m³	9.375			滤料用
④5	砾石	$d\,2\sim4$ mm		m³	1.25			承托层用
④6	砾石	$d\,4\sim8$ mm		m³	1.25			承托层用
④7	砾石	$d\,8\sim16$ mm		m³	1.25			承托层用
④8	砾石	$d\,16\sim32$ mm		m³	5.625			承托层用
④9	钢管	DN219×6 $L=1\,000$	钢	根	1	31.51	31.51	直缝卷焊
⑤0	混凝土支墩	300×300×500		个	3			
⑤1	Ⅳ型防水套管	DN200	钢	个	2	20.22	40.44	见 S312/8-8
⑤2	混凝土支墩	200×200×100		个	3			

从滤池工艺图中可以看到,排水槽、砂层、砾石层、配水管等构件均为上下叠层构造,在图4.13(a)的平面图中,一个滤池内不易全部表达出来。如果采用平剖面图,则也只能表达出一层构筑图,因此可在保持滤池形体完整的条件下,仅仅把叠层构件部分予以逐层平面剖切而成为分层剖面。图4.13(a)平面图为两格滤池一组,右格滤池中画出了最上面的排水槽,中间的砂层及砾石层用波浪线分开,并用建筑材料符号示意图表示出来。左格滤池中可将上部构件全部移去,使池底的配水管系统全部显现出来。这种叠层剖面图表示方法使每格滤池中的不同部分的构件,表达清楚完整。

4.3.2 管 廊

如图 4.13(a)所示,过滤池在过滤或冲洗过程中,有多种进出水管道系统与池体相接,管廊是各种管道交汇最多的地方,管道布置较复杂。由于管道间往往重叠和交叉,管径又较大,因此,在大比例的池体工艺设计图中,不能画出符号性的单线管路,要求每种管道的连接和位置,必须表达得具体明确,管径大小要求按比例用双线画出。管道上各类阀门等配件可按表 4.5 中的阀门图例画出,管道各种接头可参阅表 4.6 中连接方式画出。

表 4.5 阀门图例及说明

序 号	名 称	图 例	说 明
1	阀 门		用于一张图内只有一种阀门
2	闸 阀		
3	截止阀		在系统图中用得较多
4	旋塞阀		在系统图中用得较多
5	球 阀		
6	止回阀	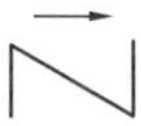	箭头表示水流方向

为使绘图和概预算以及施工时备料方便起见,应在每个设备、构件、管配件等旁边,以指引线引出直径为 6 mm 的细实线小圆,圆内用阿拉伯数字顺序编号,相同的管配件可编同一号码。同时按其编号另行列出工程量表,以示其规格、材料和数量(图 4.13)。在每种管道的总干管旁边,注明管道名称,以便工艺上的校对和审核,并画出箭头,以示其流向。这种管道、构件编号方法,使得工艺图纸更加清晰准确。针对管廊中各种管道重叠问题,可采用截断画法来解决,即在重叠处,可将前面的管段在适当的位置予以截断,断面处用"8"字形表示,从而能使后面被遮管段可以显现出来,达到视图目的,如图 4.13(f)所示。

表 4.6　管道连接方式

种类	连接方式	单线示意图例	双线投影画法
承插连接	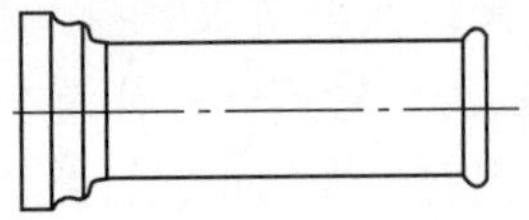		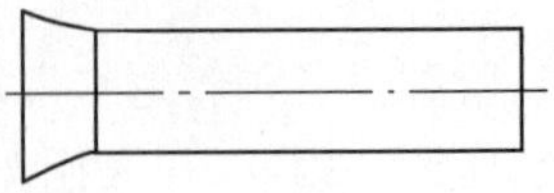
法兰连接	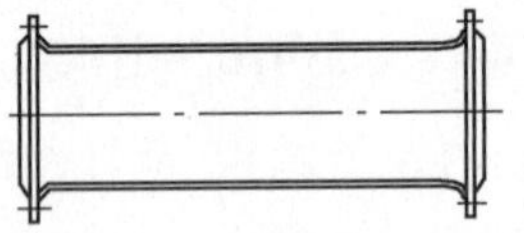		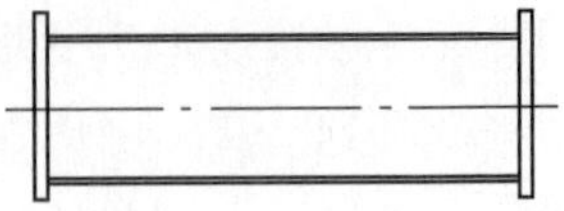
螺纹连接	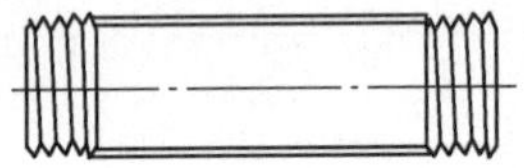		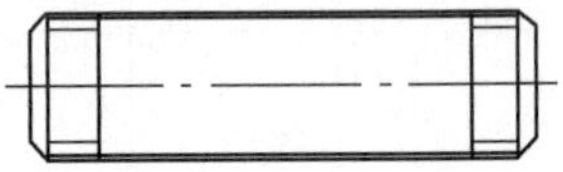

4.3.3　工艺构筑物的尺寸标注

4.3.3.1　工艺构筑物尺寸的性质和要求

贮水沟筑物大都为钢筋混凝土的水池，其各个工艺构筑部分的内净形体大小，即为工艺构筑物尺寸，它是由本专业技术人员在设计计算时确定的。工艺图中的视图和剖面图，只能显示出该设备各组成部分间的关系和形状，其大小必须由尺寸数字来决定，而不能用比例尺按图样比例来量取。因为，在较小比例的图样中，用比例尺量度的误差较大，且有些尺寸是由几何关系而产生的间接影响，所以，量度而得的尺寸数据是不能作为安装和施工使用的依据。因此，图上的尺寸一经标注后，除由本设计人员按一定程序可有权修改外，其他人员都不得随意变动和修改。当然在审核方案和安装施工时，需要了解某些构筑物的定位和形体大小，可按比例用尺量度某部分的间接尺寸，但这只能作为参考使用，而不能作为正式尺寸。

工艺图在施工之前是作为工艺的审核及结构设计与机械电器设备设计的依据，在施工时主要作为设备及管道安装的依据，其土建施工得另按结构图来进行。因此在工艺设计图中，只须标出土建的模板尺寸，而不必标注结构的细部尺寸。

工艺构筑物尺寸要尽可能标注在反映其形体特征的视图或剖面图上，同类性质的尺寸宜适当合并和集中，尺寸位置应在清晰悦目的地方标出，不要与视图有过多的重叠和交叉，也不能多注不必要的重复尺寸，更不应漏注某些关联的几何尺寸，而让施工人员去进行换算。如有分部或分段尺寸，不应散落标注，而宜适当串连起来统一注出，并同时标注其相应的外包总尺寸。定位尺寸可按底板、池壁、池角、轴线、圆的中心线等作为定位基准。

4.3.3.2　标　高

工艺构筑物尺寸只能反映构筑物本身的形体大小，但不能显示其埋设高程。所以为了确定构筑物各部分的高程，应在构筑物的主要部位（池顶、池底、有关构件和设备等）、水面、管道中心线、地坪等处标注出标高。

4.3.3.3　管径尺寸及其定位尺寸

管道直径一般均系指管道的内径，以"公称直径""DN"表示。为使在工艺上能明确每个管道系统的性质,最好在每种管道旁同时标出管道名称及公称直径,并标注在充分显示该系统的视图上,如图4.13中的平、剖面图中所注。对每节管、配件,可用指引线及小圆圈进行编号,列出工程量表,如图4.13中所示。工程量表中每个编号均须注出其名称、规格(公称直径及长度)、材料、数量、标准等。管道可从池壁或池角来定位,定位尺寸均应以管道中心线为准。

4.3.4 附属设备

在工艺总图中由于比例较小,贮水池中的附属设备及部件等构造是不可能详尽表达清晰的,因此,只须画出它们的简明形体轮廓即可。当附属设备及构、部件的细部构造不能套用标准图而须另行画详图表达时,必须对该设备及构、部件画出索引符号的标志,以便于工艺总图与详图间的查阅和对照。对于土建的细部构造,如爬梯、踏步、护栏等,另有土建结构详图表达。构筑物中有关部件设备,则也用专门部件装配图等来表达。

4.3.5 绘图步骤

①根据工程构筑物的形体和构造,选择好所应表达的视图和剖面图的数量,布置各个视图的位置,确定合适的比例,估算图纸幅面的范围。
②先从平面图画起,按构筑物贮水池的内净尺寸,画出池子的平面图形,池壁宽度在结构设计未完成之前可预先给出一个宽度。
③根据剖切位置,从平面图再推及其他视图,配上各部分的高度尺寸,便可画出相应部分的池体。
④按照各管道的定位尺寸及标高,画其中心线。
⑤根据管径及各管配件的尺寸,画出各个双线管道。
⑥画出池体内部的构筑物。
⑦对各部、构件及配件进行编号。
⑧按照编号绘制工程量表,注写说明,填写图纸标题。

4.4 施工图的基本表示方法

施工图主要是在已被上级批准的初步设计基础之上进行的图纸设计。它是将初步设计阶段所确定的内容更进一步具体化,为满足设备材料的安排、施工图预算的编制、施工技术要求、保证施工质量等提供了必要条件。施工图的内容包括了该工程所涉及到的各专业、各工种的施工图、详图与总说明等。

4.4.1 施工图的分类

一项工程的施工图,种类甚多,涉及到建筑、结构、采暖通风、给水排水、电气等几个专业。对于一幢简单的楼房来说也只有几十张图纸,但对于一个复杂的大型的建筑物,全套施工图纸往往多至上百张,甚至几百张。但是无论工程多么复杂,图纸量再大,也是按照各工种、各专业严格分类的。

4.4.2 施工图的编排顺序

为了查阅图纸方便起见,一项工程的施工图纸(包括必要的详图)通常总是按下列顺序编排的,即:总平面图、建筑施工图(简称"建施")、结构施工图(简称"结施")、采暖通风施工图(简称"暖施")、给水排水施工图(简称"水施")、电器照明施工图(简称"电施")等。而各专业的施工图纸编排顺序则是全局性图纸在前,说明局部的图纸在后,各专业施工图纸前面还须编有本专业图纸的目录和说明。在全套施工图纸前面要编有一个图纸总目录和该工程的总说明。全套施工图纸的绘制程序一般是建筑施工图领先,即由建筑专业技术人员给出了条件图,其他各专业技术人员即可以此作为依据,进行各专业的施工设计工作。因此,从事土建工程的各专业技术人员都必须能够看懂建筑施工图。

4.4.3 建筑施工图的组成与图纸内容

建筑施工图(简称"建施")包括有设计说明、总平面图、平面图、立面图、剖面图及详图。

为了简化作图,施工图采用了各种专业的图例,在一些比例较小的图形中,房屋的某些细部构造无法按它的真实形状画出,而只能用示意性的符号来表达,图 4.14、4.15 给出了总平面图例和建筑配件图例。下面以某污水处理站部分施工图纸为例,分述其主要内容如下。

图 4.14 总平面图例

名 称	图 例	名 称	图 例
新设计建筑物	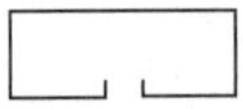	新设计的道路	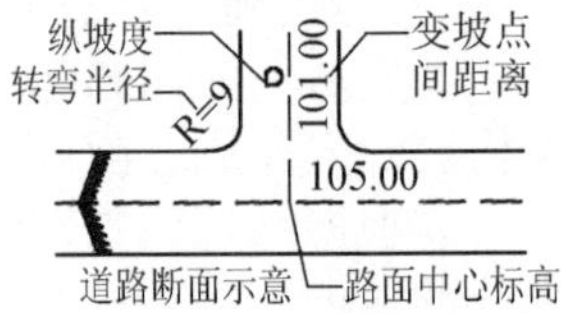 纵坡度 转弯半径 变坡点间距离 道路断面示意 路面中心标高
原有的建筑物	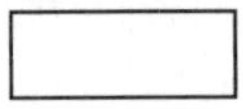		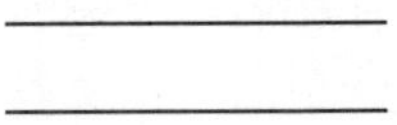
计划扩建的预留地或建筑物		原有的道路	
		计划的道路	
拆除的建筑物	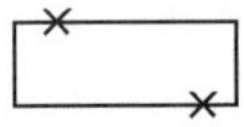	人行道	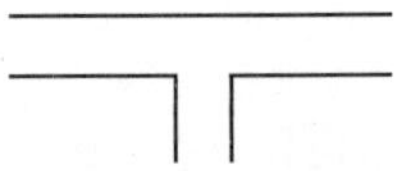
地下建筑物或构筑物	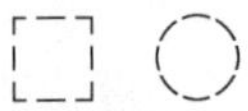	围 墙	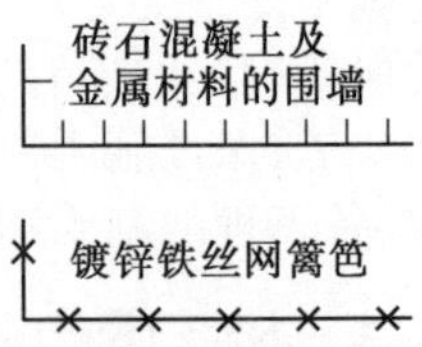 砖石混凝土及金属材料的围墙 镀锌铁丝网篱笆
建筑物下面的通道	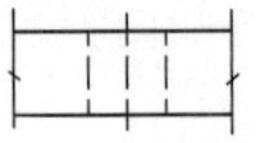		
散状材料露天堆砌		台 阶	箭头方向表示下坡
其他材料露天堆砌或作业场		冷却塔	
铺砌场地	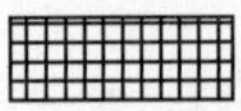	贮罐或水塔	

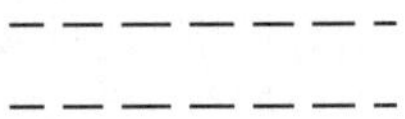

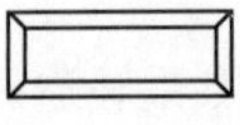

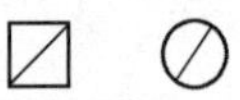

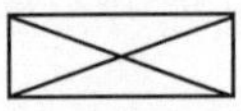

续图 4.14

名 称	图 例	名 称	图 例
散棚或敞廊	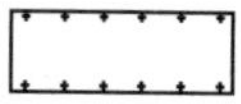	烟囱	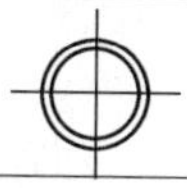
露天式吊车		绿化	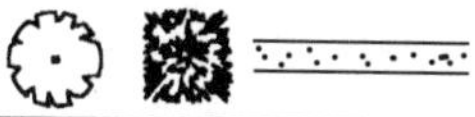

图 4.15　建筑配件图例

名 称	图 例	名 称	图 例
空门洞		单层外开上悬窗	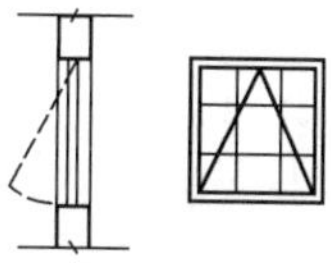
单扇门	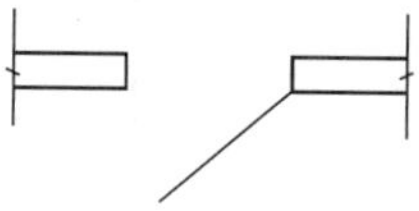	单层内开下悬窗	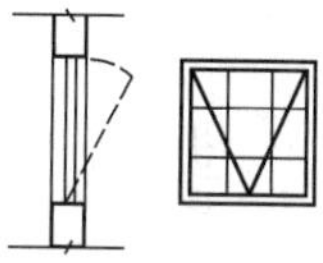
双扇门		单层中悬窗	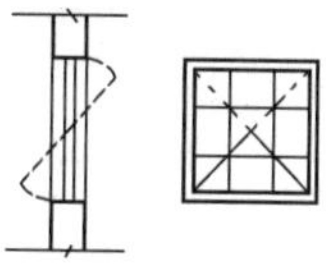
对开折门		墙上预留洞	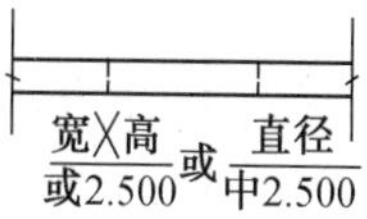 宽×高 或 直径 或2.500 或 中2.500
单扇弹簧门	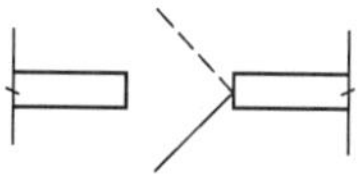	墙上预留槽	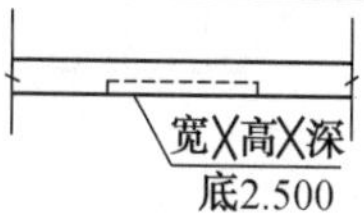 宽×高×深 底2.500
双扇弹簧门	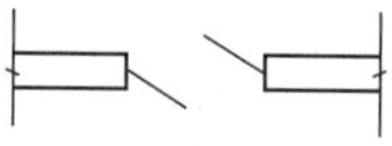	高窗	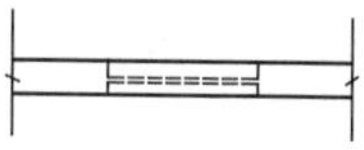
单层外开平开窗	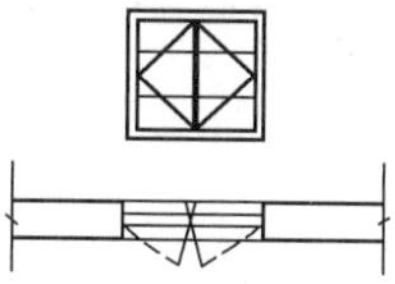	孔洞	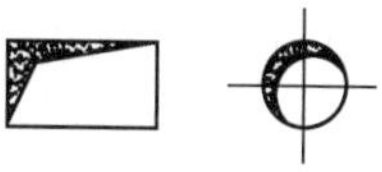
双层内外开平开窗	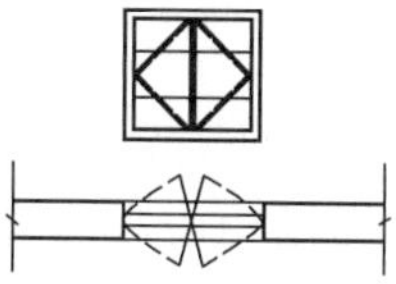	坑槽	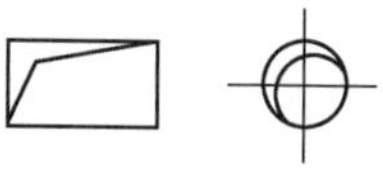
水平推拉窗	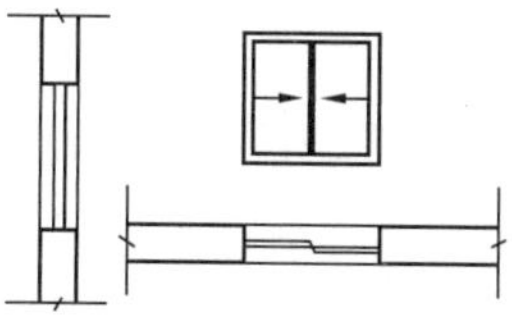	检查孔	
	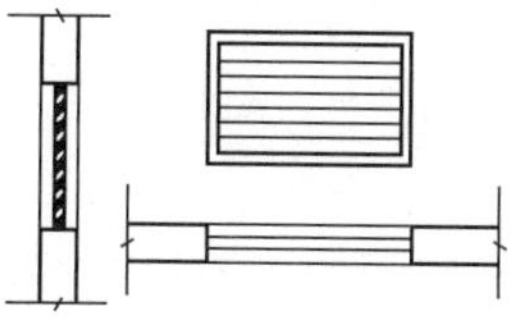	烟道	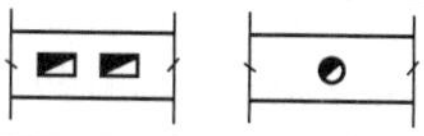
		通风道	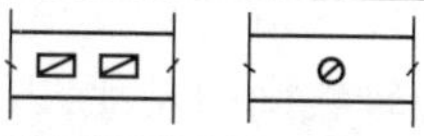
百叶窗		厕所小间　淋浴小间	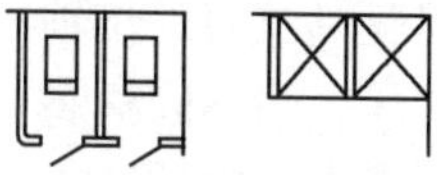

4.4.3.1 总平面图

总平面图是新建的建筑物定位与施工现场布置的依据,从总平面图中可以看出它应包括的内容有:该建筑场地所处的位置与大小;新建房屋在场地内的位置及其与邻近建筑物的距离;新建房屋的朝向与正北方向的表明;新建房屋首层室内地面与室外地坪及道路的绝对标高;场地内的道路布置与绿化安排;扩建房屋的预留地等,如图4.16所示。

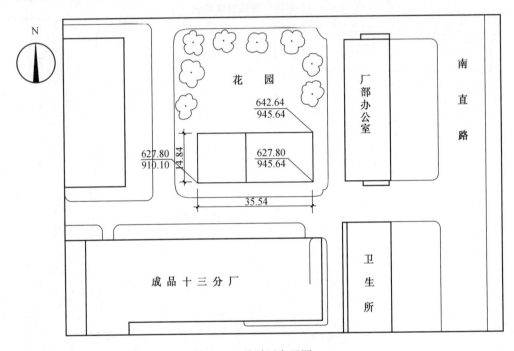

图4.16 总平面布置图

4.4.3.2 建筑施工平面图

在施工过程中,建筑施工平面图将作为放线、砌墙、安装门窗及做室内装修的技术依据,施工平面图应包括的内容主要有:

①表明建筑物形状、内部的布置及朝向、各种房间的布置与相互关系、入口、走道的位置等,如有楼梯,还应表明楼梯的位置。一般在平面图中应注明房间名称或编号,首层平面图还应标注指北针,表明朝向。

②表明建筑的结构形式与材料。

③表明有关设备、构筑物的布置等,如台阶、散水、雨棚、雨水管等,在屋顶平面施工图上,表明了屋面的坡度、雨水口与檐口等。

④表明建筑物的尺寸,用定位轴线和尺寸线表明各部分的长宽尺寸与位置。一般外墙标注三道尺寸线,最外面一道是外包尺寸,表明建筑物的总长度与总宽度,中间一道是定位轴线间的尺寸,表明开间和进深的尺寸,最里面一道是门窗洞口与墙垛尺寸,内墙须注明墙厚及与定位轴线的关系和门窗洞口的定位尺寸等。

⑤表明不同标高处的地面标高,首层室内地面的相对标高为±0.000。

⑥表明门的开向与门窗编号。按照图例规定的标号,表明门窗的形式与门的开向。

并对不同类型和尺寸的门窗进行编号,以 M-1、M-2、…表示门的编号;以 C-1、C-2、…表示窗的编号。根据门窗编号可以查阅门窗明细表以及有关门窗的详图或标准图,了解门窗的构造和详细尺寸。

⑦表明剖面图的剖切位置及详图索引编号,其剖切位置的剖切线用粗线表示,并指明剖切方向,线端注写剖面图编号,以便明确平面图与剖面图之间的关系。在另外画有局剖详图或局部剖面详图的部位,都应标注索引标志,以便查找。图4.17为某污水厂某车间建筑施工平面图。

4.4.3.3 建筑施工立面图

立面图是表示建筑物的外貌,主要为室外装修用,从立面图(图4.18)中可以看出它应包括以下内容:

①表明建筑物外形以及门窗、台阶、雨棚、雨水管等的形式与位置。

②用标高表明建筑物各部分,如室外地坪、各层室内地面、窗台、门窗口上沿、雨棚及檐口底面等处的高度尺寸。

③表明外墙饰面的材料。

④主要的定位轴线与编号等。

4.4.3.4 建筑施工剖面图

看剖面图时,首先要根据剖面图下方所注明的剖面编号,在平面图上查明其剖切的位置与剖视方向。剖面图简要地表明建筑物的结构形式、高度及内部情况,从剖面图(图4.19)中可以看出它应包括以下内容:

①表明建筑物内部分层情况、各部位的高度以及房间的进深等。

②表明建筑物主要承重构件的相互关系,各梁、板的位置与墙的关系,屋顶的结构形式与用料等。

③主要的定位轴线与编号。

④剖面图中不能详细表达的地方,须引出索引标志另画详图。

4.4.3.5 详图

在施工图中,由于平、立、剖面图的比例较小,某些构件、配件和细部的做法表达不清楚,为了便于施工与制作,有必要将这部分用大比例尺详细画出,这些图称为详图。对于套用标准图或通用详图的建筑构件、配件和剖面节点,只要注明所套用图集的名称、编号或页码数即可。详图所画的节点部位,除了要在平、立、剖面图中的有关部位画出索引符号外,还应在所画详图上画出详图符号和写明详图名称,同时,还要在详图中注写必要的文字,以便说明该细部的用料、做法和尺寸,如图4.19所示。

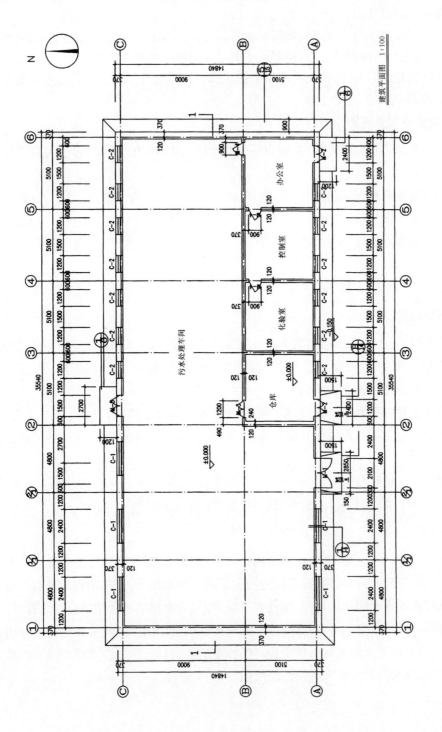

图 4.17(a) 建筑平面图

第4章 土建制图基本知识

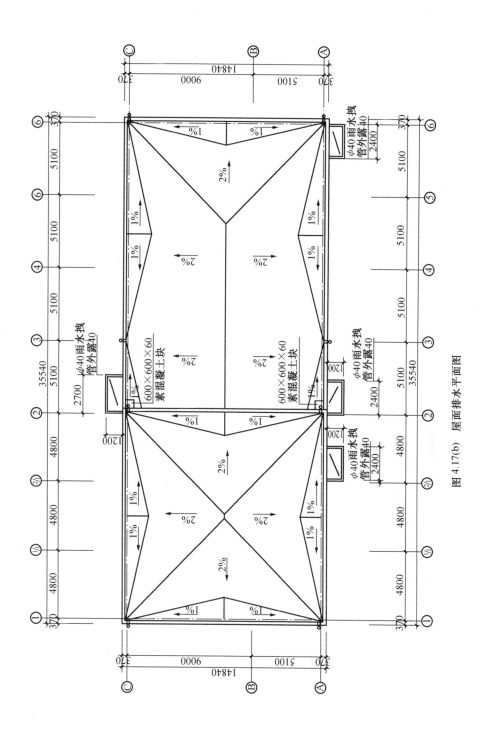

图 4.17(b) 屋面排水平面图

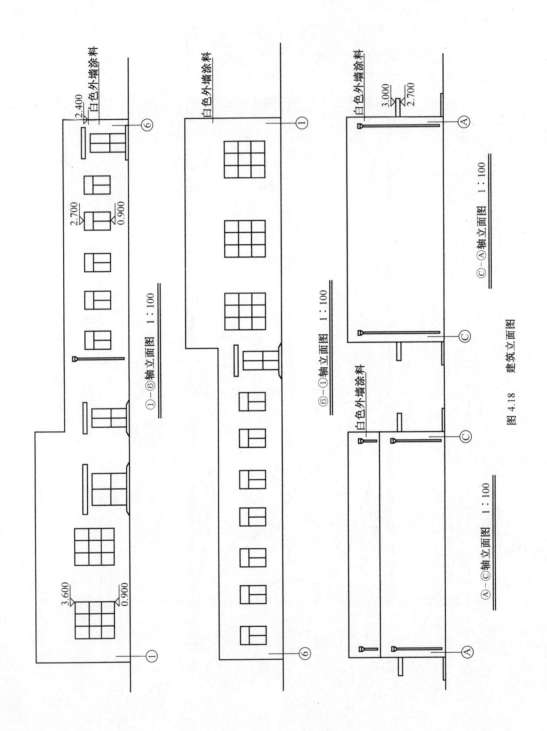

图 4.18 建筑立面图

第4章 土建制图基本知识

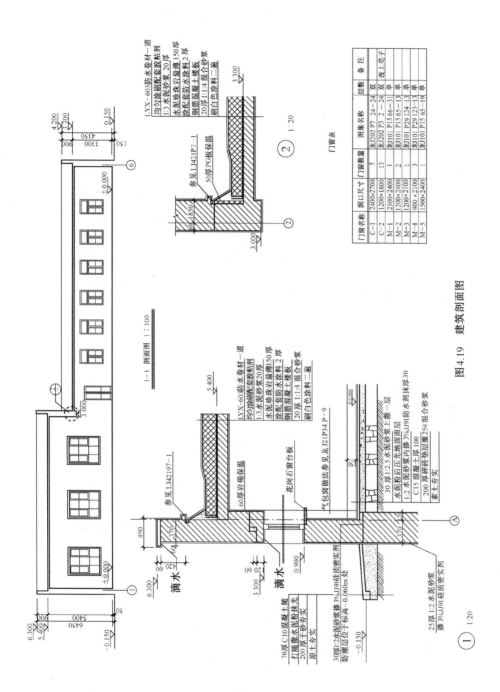

图 4.19 建筑剖面图

详图的内容与表示方法根据详图的特点有所不同,现以某车间外墙剖面详图(图4.19)为例说明其主要内容如下:

①表明砖墙的厚度与各部位的尺寸变化及其与定位轴线的关系。注明定位轴线位置。

②表明梁板等构件的位置、尺寸及其与墙身的关系。

③表明室内地面、屋面等的标高及其构造做法。

④表明窗洞口的高度,上下皮标高。

⑤表明屋面保温层的具体做法。

4.4.3.6 施工总说明

在一般施工图中,有些建筑材料以及具体施工做法等要求未能详细注写时,设计者则可通过具体的文字说明来完成。一般中小型建筑的施工总说明放在建筑施工图纸内。现以某污水处理工程建筑施工图的设计说明为例,说明其主要内容,实例如下。

设计说明

一、设计依据

①《建筑设计防火规范》(GBJ 16－87)。

②《建筑灭火器配置设计规范》(GBJ 140－90)。

③ 建设单位提供的设计任务及原始设计条件。

④ 有关部门关于本工程的指导性意见和建议。

⑤ 其他相关国家现行建筑设计规范及地方法规。

二、工程概述

① 本工程为某市某工厂污水处理工程,基地位于某市南直路某厂区内,具体位置另见总平面位置图。

② 本工程总建筑面积为 527.6 m²,建筑总高 6.30 m,主体女儿墙 0.9 m。

③ 本工程为一层,层高为 3.300 m,局部 5.400 m,详见图纸标准。

④ 本工程施工图所注尺寸,除标高以米(m)为单位之外,其余均以毫米(mm)为单位标注。

三、各部构造说明

(1) 墙体

本工程分内外墙,外墙构造为 490 厚,实心红砖,轴外 370,轴内 120。内墙构造为实心红砖,除特殊标注外,厚 240,轴线中分。墙身防潮层位于-0.060 m 标高处,做法为 30 厚 1∶2 水泥砂浆内掺 3% 的 JJ91 硅质密实剂。

(2) 屋面

主体建筑屋面为 B×702 橡胶防水屋面,保温层改用水泥珍珠岩,最薄处 150 mm,施工时应保证保温层干燥。

(3) 内墙护角

内墙阳角处均做 1∶2 水泥砂浆护角,距地高 2 000 mm,且每侧宽度不小于 50 mm。

(4) 门窗

①本工程门窗标注均为洞口尺寸,门窗加工应按照现场实际尺寸及生产厂家具体型材情况和强度、抗风压等技术要求绘制加工图之后方可施工。

②木门为白色调和漆三遍成活。

③所有门窗数量必须经核实无误之后,方可订货加工。

四、本套施工图纸必须经过规划、消防及卫生等有关部门审批同意之后方可生效

第 5 章 土建设计概论

土建一词含义比较广泛,如房屋建筑工程、道路桥梁工程、地下工程、水利工程、市政工程等等,这些都可称为土木建筑工程。本章所指的土建主要是指房屋建筑工程。

房屋建筑工程按其使用功能的不同,可分为民用建筑、工业建筑和农业建筑。民用建筑是供人们居住、工作、学习以及一切社会生活方面使用的房屋;工业建筑主要是供工业生产使用的各种厂房;农业建筑则是指农副业生产建筑,如温室、畜禽饲养场、水产品养殖厂、农副产品加工厂、粮仓等。

本章不仅对土建工程中的民用建筑和工业建筑的设计知识作一简要叙述,还将简要介绍有关房屋土建工程中的基本程序。

5.1 土建设计概述

我国改革开放以来,土木工程事业取得了巨大成就,一些老城市日新月异,新开发的城区如同雨后春笋。然而,在土木工程建设中,设计工作将受到多方面因素的影响,涉及到各种专业知识。设计者只有将建筑、结构、工艺、水暖电器、生态环境以及水文地质等专业知识有机结合起来,才能设计出完美的建筑作品。否则,将导致设计失败。例如,我国新疆某地区建筑的楼房,由于地基土介质环境是硫酸盐型土质,设计时对楼房基础建筑材料采取的防腐措施不够严密,使得部分建筑物的基础出现腐蚀现象,还未达到使用期限,这些建筑物不得不被拆除掉。再如,我国南方某市在长江外滩上建造的民用住宅楼群,由于选址时考虑的不周,影响了汛期长江流域的泄洪,该住宅楼群在竣工交付使用不到一年就被拆除掉。因此,土建设计应综合考虑各方面因素的影响。

我国政府早在建国初期 1953 年曾提出"适用、经济、在可能条件下注意美观"的建筑方针,改革开放以后,国家政府不断总结以往建设工程的经验,结合实际情况,逐步使建筑方针更趋于完善,于 1986 年又一次提出了新的建筑方针,即"适用、安全、经济、美观"。

5.1.1 影响建筑设计的主要因素

做一个设计,必须对有关的客观情况进行调查研究,掌握有关设计基础资料,在设计过程中,设计者必须综合分析这些资料,方能获得较为完美的设计。这些设计基础资料也就是影响设计的有关因素,其主要内容有以下几个方面。

5.1.1.1 建筑功能

建筑物首先要具有防风、雨、雪、火、保温、隔热、隔声等性能,这也是建筑物的基本功能。其次,任何建筑物都是人们为了一定目的、满足某种具体的使用要求而建造的,又称为建筑的使用功能。根据建筑使用功能的不同,一般把建筑分为民用建筑、工业建筑、农业建筑。无论何种建筑物,设计者必须满足建筑的基本功能和使用功能的要求,这也是决定建筑设计的第一重要因素。

5.1.1.2 物质技术条件

物质技术条件是实现建筑设计的物质基础和技术手段,是使建筑物由图纸付诸实施的根本保证。当前新型建筑材料、新型结构形式不断出现,在一定程度上建筑物能否获得某种形式和要求的空间,如高层、超高层、大空间等多种复杂的建筑类型,主要取决于工程结构和技术手段的发展水平。因此,随着施工技术条件的提高,也促使了建筑设计水平的发展与提高。

5.1.1.3 基地环境

我国幅员辽阔,各地区气候变化与地质环境相差悬殊,如北方寒冷地区冬季最低温度可达零下 30 ℃,建筑设计应满足防寒、防冻、保温等要求,而南方炎热地区的建筑物应满足隔热、通风等要求。此外还应考虑到地质环境,如用作地基的土壤类别、地基土的承载力、地质构造、古河道与古墓等都会影响到设计。

5.1.1.4 经济条件

经济因素始终是影响建筑设计的重要因素。建筑设计应根据建筑物的等级与国家制定的相应的经济指标及建造者本身的经济能力来进行,脱离经济条件因素的建筑设计只能是纸上谈兵。由于地区特点、质量标准、功能要求、民族风格等差异,在考虑经济因素时应区别对待。

5.1.1.5 城市规划

城市总体规划是带有整体性、全局性的城市功能布局,它对建筑设计具有控制和指导作用。因此,单体建筑的设计不能脱离总体规划而孤立进行,单体建筑形式要受到群体建筑风格的制约,它必须在满足城市规划要求的基础上来设计。

5.1.1.6 风俗、文化与审美

建筑不仅仅是供人们使用,它还具有一定的欣赏价值。由于不同地域的风俗习惯、文化水准存在着很大差异,因此人们对建筑的使用要求与审美需求也不尽相同。只有遵循当地的风俗,满足当地人的审美需求,才能获得具有地方特色的、令使用者满意的设计效果,由此也能体现出各地的建筑风格与建筑形式上的差异。

5.1.2 基本建设程序、房屋设计阶段和施工过程

5.1.2.1 基本建设程序

一项工程的建造由开始拟定计划到建成投入使用一般要经过以下各阶段:提出拟建设项目建议书、编制可行性研究报告、进行项目评估论证、编制设计文件、施工前准备工作、组织施工、竣工验收、交付使用。其中编制设计文件是土木工程建设中不可缺少的重要一环,通常,建设单位在得到上级部门对建设项目的审批后,可通过公开招标形式向设计单位征集设计方案,并组织有关专家论证,中标后,设计单位方可进入设计阶段。设计工作阶段包括建筑设计、结构设计和设备设计等几部分,各部分之间既有分工又有密切配合。

设计单位在进行建筑设计之前,应组织设计人员对设计任务文件中提出的要求进行分析研究,深入基地现场调查实际情况,包括地形地貌、水文地质、气象环境、交通与给排

水、供电、施工技术条件等。为使设计能做到技术先进、经济合理,常常是在调查研究的基础上,设计出几种方案进行比较,由于建筑设计不是依靠某些公式、简单套用计算而来,它是一种创作活动,因此必须经过专家审查论证,确定出最佳方案后,方可进入初步设计阶段。建筑设计一般分为初步设计和施工图设计两个阶段,对于较复杂的建筑,则需要在初步设计完成后进行扩大初步设计或技术设计,然后再进行施工图设计。

5.1.2.2 初步设计内容

根据已确定的初步方案进行初步设计,应绘制图纸、文件报送有关部门审批。初步设计文件应包括:①总平面图;②建筑平面图、立面图、剖面图及简要说明;③结构系统的说明;④采暖通风、给排水、电气照明、煤气供应等系统的说明;⑤主要材料用量;⑥各项技术经济指标;⑦总概算等。

在进行初步设计的过程中,要求建筑、结构、水(给排水)、暖(采暖通风)、电(电气照明)等各专业工种之间互相提出要求,提供资料,经共同研究协商,解决矛盾,以取得各专业工种之间的协调统一,并为各工种下一阶段顺利进行施工图设计打下基础。

初步设计文件应有一定的深度,以满足设计审查,主要设备材料订货,投资控制、施工图设计的编制以及施工准备等方面的需要。

5.1.2.3 施工图设计内容

根据批准的初步设计进行施工图设计。在施工图设计阶段,主要是将上一阶段所确定的内容更进一步具体化以满足设备材料的安排、施工图预算的编制、施工质量以及施工进度的安排等。

如需要做扩大初步设计,应在初步设计和施工图设计之间进行,其内容是在已批准的初步设计的基础上,进一步具体解决各种技术上问题,即经过充分地协商以合理地解决存在于建筑、结构、水、暖、电等各专业技术之间的矛盾,为顺利进入施工图设计阶段作好准备。

5.1.2.4 施工过程

施工过程,大体可分为准备阶段、主体工程阶段和装修阶段。

准备阶段是进行"三通一平"工作,即通路(修通施工行车运输道路)、通水(引进施工用水)、通电(引进施工用电)和平整施工场地。此外,在准备阶段还须进行搭设一些暂设工程(如临时棚屋),组织材料供应、安排各工种施工队伍的配备以及房屋的定位放线等工作。

主体工程阶段是从开挖基槽开始,到砌筑基础、回填土、逐层砌筑(浇筑)墙与柱、吊装铺设楼板、楼梯,直至吊装屋面板封顶为止。

装修阶段包括屋面防水、室内外墙抹灰、做地面、安装门窗,以及油漆粉刷等工程。

水、暖、电等管线的安装与埋设工程是在整个施工过程中穿插进行的。

5.2 民用建筑设计

民用建筑即非生产性建筑。根据人们对建筑物提出的不同要求,民用建筑可分为居住建筑与公共建筑两大类。

居住建筑指供人们生活起居用的建筑物,如住宅、宿舍、旅馆等。

公共建筑指供人们进行社会性公共活动用的建筑物,如行政办公建筑、文教建筑、医疗建筑、商业服务建筑、旅游娱乐建筑、交通枢纽类建筑、影院会堂类建筑等,以及纪念碑、塔、馆、陵园等公共建筑。

5.2.1 平面设计

平面设计所表示的内容是人们实际活动面的组织情况,它涉及到房间的大小、形状、相互关系,楼梯的位置、数量、门窗的位置、宽窄,以及墙柱等承重结构的布局。因此,设计者进行方案设计时,总是先从平面设计入手,平面设计的过程就是研究解决建筑的功能和结构的经济合理性的过程。但是需要强调的是在平面设计时始终应从整个建筑空间形态来考虑问题,紧密联系剖面、立面设计,不要使这三大部分的构想相脱节,不要孤立地单独考虑其中任何一方面,这样循序渐进,反复研究,综合地解决好设计中出现的各种矛盾。

建筑平面是由许多不同功能的房间组合起来的,大致可以分成主要使用部分、次要使用部分和交通联系部分三大类。如住宅建筑中的起居室、卧室,学校建筑中的教室、实验室,影院会堂的观众厅、舞台等均属于主要使用部分。住宅建筑中的厨房、卫生间,建筑物中的各种设备间、贮藏室等则属于辅助部分。而象廊道、门厅、过厅、楼梯、电梯等等,则属于交通联系部分。在这三大类中,主要使用部分构成了整个建筑中最核心的功能部分,它直接关系到建筑物最终能否满足功能要求,达到预期使用效果的大问题。

5.2.1.1 房间的大小和形状

房间的面积,小的可以几平方米,大的可至几千平方米甚至上万平方米。它们的形状有正方形、矩形、多角形、圆形、椭圆形等不同形状,但绝大多数是矩形的。这主要是由功能要求决定的,因为矩形的平面便于布置家具和设备,且墙体平直,易于处理结构问题,这是矩形平面在工程技术方面一个明显的优点。因此,我们在考虑房间的大小和形状时,除应满足功能要求外,对工程技术、建筑材料和经济效果等问题也不容忽视。

此外,在多数类型的工程项目中,这样的面积指标是由政府以"规范"的形式推广执行的。如在《中小学校建筑设计规范》(GBJ 99 - 86)中,国家规定了学校建筑中每位学生所应占有的面积指标。

在确定房屋的平面尺度时,还应考虑到使用者的心理问题。通常人们对于狭长的像走廊一样的房间,以及阴角过于锐利的房间,普遍持反对态度,虽然在一定条件下,这种房间在使用中是可以的,但是在人们心理上总是不觉得舒畅。因此,在没有特殊要求的情况下,房间的长宽比不宜大于2。

5.2.1.2 门窗大小、位置和开启方向

(1)门尺度的确定

门的尺度是由通过该门的人流量以及需要通过该门的家具设备等物品的大小来决定的。除了一些比较高大建筑物的出入口或有特殊高大的设备出入的门应该开的高一些以外,尽管门的宽度由于它的功能而有所不同,但它的高度一般比 2 m 高一些或等于 2 m 就够用了。在平面设计上主要是考虑门的宽度、位置和开启方向。一般认为,通过一股人流的最小宽度为 550 ~ 600 mm,所以,在房间中最小的门宽度也不应小于600 mm,否则通行

就有困难。当通过一股人流,而且这股人流是由携带物品的人组成时,顺利通过的最小宽度是 900 mm,所以在住宅设计中,起居室、卧室等房间的门宽度通常是 900 mm,这样的门可以使一个携带物品的人顺利通行,能搬进床、柜、桌等大型家具,见图 5.1 所示。住宅中厨房门常做成 750~850 mm 宽,这对于不须搬运较大型家具或物品的厨房来说已经够了。同样,阳台门往往也是这个宽度,卫生间的门则可以更窄一些,即稍大于一个人通行的宽度就可以了。适当控制开门宽度,可以留出更多完整的墙面,减少室内交通面积,使门扇变得更小,从而减少占用室内有效面积。

当室内面积较大,活动人数较多时,门的宽度应增加,以满足紧急状态下安全疏散的要求。在表 5.1、5.2、5.3 中给出了国家现行规范中关于门宽度的指标。疏散楼梯外门及走道除应按百人宽度指标计算宽度外,还应满足最小净宽的要求。

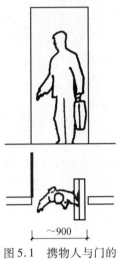

图 5.1 携物人与门的尺寸关系

表 5.1 厂房及民用建筑底层疏散外门、疏散楼梯和走道的宽度指标　　m/100 人

宽度指标 层　数	建筑类别 耐火等级	民用建筑			厂房④
		一、二级	三级	四级	
单、多层	一、二层	0.65	0.75	1.00	0.60
	三层	0.75	1.00	—	0.80
	≥四层	1.00	1.25	—	1.00
高层		1.00			

注:①每层疏散楼梯的总宽度可按表 5.1 计算,当每层人数不等时,其总宽度可分层计算,下层楼梯的总宽度按其上层人数最多一层的人数计算。

②疏散楼梯和走道的宽度应为净宽。

③当使用人数少于 50 人时,楼梯、走道和门的最小宽度可适当减小。但门的最小宽度不应小于 0.8 m。

④高层建筑物各层走道的宽度应按其通过人数每 100 人不小于 1 m 计算,建筑物底层外门的总宽度应按人数最多的一层每 100 人不小于 1 m 计算,但外门和走道的最小宽度均不应小于表 5.1 的规定。

⑤每层疏散门和走道的总宽度应按本表规定计算。

⑥单、多层建筑底层外门的总宽度应按该层以上人数最多的一层人数计算,不供楼上人员疏散的外门,可按本层人数计算。

⑦底层外门总宽度应按该层或该层以上人数最多的一层人数计算,不供楼上人员疏散的外门,可按本层人数计算。

第5章 土建设计概论

表 5.2 观众厅疏散宽度指标　　　　　　　　　　　m/100 人

建筑类别		影院、剧院、礼堂		体育馆		
		≤2 500 座	≤1 200 座	3 000~5 000 座	5 001~10 000 座	10 001~20 000 座
耐火等级		一、二级	三级	一、二级	一、二级	一、二级
门和走道	平坡地面	0.65	0.85	0.43	0.37	0.32
	阶梯地面	0.75	1.00	0.50	0.43	0.37
楼梯		0.75	1.00	0.50	0.43	0.37

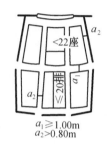

注：①适用于观众厅的疏散内门和观众厅外的疏散外门、楼梯和走道的宽度。厅内疏散走道宽度应不小于 0.6 m/100 人，且每一走道最小净宽不应小于 1.0 m，边走道不宜小于 0.8 m。
②高层建筑内的观众厅的疏散出口和厅外走道阶梯地面的总宽度不应小于 0.8 m/100 人，平坡地面应按 0.65 m/100 人计算，且每一走道净宽不应小于 1.4 m。
③观众厅横走道之间的座位排数不宜超过 20 排，纵走道之间每排座位不超过 22 个（体育馆每排不宜超过 26 个）。当前后排座位间的排距不小于 0.9 m 时，可增至 50 个（设建筑内的观众厅座位则可增至 44 个），仅一侧有纵走道时，座位数减半。

表 5.3　疏散楼梯、外门及走道的最小净宽

建筑类别		楼梯宽度/m	外门净宽/m	走道净宽/m	
				单面布置	双面布置
高层	医　院	1.30	1.30	1.40	1.50
	住　宅	1.10	1.10	1.20	1.30
	其他建筑	1.20	1.20	1.30	1.40
单、多层	民用建筑	1.10			

注：①不超过六层的单元式住宅中一边设有栏杆的疏散楼梯，其最小宽度可不小于 1 m。
②单面布置房间的住宅走道出垛处的净宽不应小于 0.9 m。
③疏散楼梯间和防烟前室的门，其最小净宽不应小于 0.9 m。
④厂房的楼梯宽度应大于 1.10 m；外门净宽应大于 0.9 m；走道净宽应大于 1.4 m。

(2)门位置的确定

门的位置要结合房间的具体使用的情况而定。一般说来，居室把门设置在靠近墙角的地方，便于房间布置家具，且面积利用率较高（图 5.2(a)）。如果把门设在墙面的中间，家具布置的灵活性就差一些，会给使用上带来不便（图 5.2(b)）。对于套间式的房间（图 5.3），应尽量使两个门的位置比较靠近（图 5.3(b)），这样可以缩短交通路线，便于布置家具。但对于多人同住一室的房间，如学生宿舍，就应当把门设在墙面的中间，只有这样才便于双排布置床位（图 5.4）。至于影剧院、会堂等公共

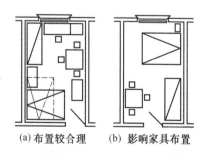

图 5.2　居室门的位置比较

场所的门,首先要在符合防火规范的前提下,考虑门的宽度和位置,以保证场内人们的安全疏散。

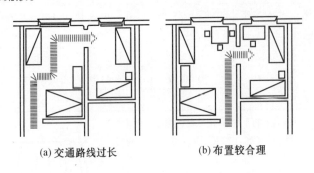

(a) 交通路线过长　　　(b) 布置较合理

图5.3　套间居室门的位置比较　　　图5.4　学生宿舍门的位置

(3) 门开启方式的确定

对于一般民用建筑来说,门的开启方式常用的有平开、推拉、旋转等。在没有特殊要求时,常采用最经济的平开门。对于有爆炸、火灾危险的实验室和影剧院、会堂等疏散用的太平门,为了保障室内人员的安全,应把门总是开向走道或直通室外,而不允许向内开,以免在紧急疏散时向外涌的人群堵住门,而无法开启。对于其他房间,如居室、办公室等一般用途的房间,门都宜开向室内,这是为了避免占用走道和影响公共交通。用于安全疏散的平开门应向疏散方向开启,并且要注意开启后的门扇不应影响疏散。一般来说,推拉门不太适合频繁开关和人流量很大的地方,尤其不适合作紧急疏散门之用。转门的通行能力是有限的,使用时必须在其相邻处设有平开门供紧急疏散及搬运物品之用。

(4) 窗面积的确定

窗的设计在天然采光、自然通风、室内观感等方面起着决定性作用,它是采光和通风的主要配件,而且窗面积越大,往往使人觉得房间越宽敞明亮。但是,外墙窗面积过大,会使建筑物外围护结构的热损耗加大,为此我国政府在《民用建筑热工设计规范》(GB 50176-93)中明确规定了建筑物各个方向外墙面上所允许的开窗面积比例,同时,根据房间中的视觉工作级别,国家政府还规定了房间最小窗地比(见表5.4、5.5)。从热工节能角度,限制了外墙开窗的最大面积,又通过房间最小窗地比而限制了外墙窗的最小面积。以此作为窗设计的依据。

表5.4　住宅建筑窗洞口面积与房间地面面积之比

房间名称	窗地比
卧室、起居室、厨房	1/7
厕所、卫生间、过厅	1/10
楼梯间、走廊	1/14

注:①本表按单层钢侧窗计算,采用其他类型窗应调整窗地比。
　　②窗洞口上沿距楼地面不应低于2 m,低于0.5 m的窗洞口面积不计入。

表 5.5　学校主要用房的采光系数最低值和窗地比

房间名称	采光系数 $C_{min}/\%$	窗地比
普通教室、美术教室、音乐教室、阅览室、办公室	（课桌面）1.5	1/6
实验室、自然教室	（实验台面）1.5	1/6
微型电子计算机教室	（机台面）1.5	1/6
饮水处、厕所、浴室	（地　　面）0.5	1/10

至于窗的宽高比例，应结合建筑物的立面造型等因素综合考虑。

（5）窗位置的确定

窗的位置对于室内通风效果的影响十分明显，有利于组织室内通风的窗应与门或其他窗位于相对应的位置，并应尽量通直布置，这样使室内气流通畅，见图5.5所示。

同时，窗的位置对立面造型影响很大，在平面设计时，应充分注意到这一点，使窗的位置更有利于建筑的立面造型。

（6）窗的开启方式

窗的开启方式在民用建筑中较多采用平开式、推拉式、固定式、旋转式、立转式等。平开式窗最为普遍，窗扇外开时，

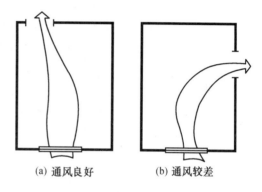

(a) 通风良好　　(b) 通风较差

图 5.5　窗相对位置对室内气流影响示意

不占室内空间，但对楼房来说，在修理与擦洗时也不方便。若内开时，其上述之利弊恰好相反，这要根据使用条件而定，如住宅楼、教学楼的窗扇以内开为好，为了擦窗的方便与安全。寒冷地区做双层窗扇时可做成内外开式或做成内大外小的双内开式。推拉窗的优点是窗扇无论开启与否都嵌固于窗框之中，稳固性大大优于其他类型的窗，它的窗扇可以做得大一些使观感更好，而且开启后也不占用空间，但是推拉窗的开启面积不够充分，通风效果受到影响。固定式的窗是指那种基本不开启的窗，它往往只起采光和通视的作用，而不能用于通风，这种窗用于寒冷地区有利于密封、节能，但应注意解决双层窗之间的擦窗问题。

在设计中，选择窗的开启方式应针对它们的各自特点，适当选取，发挥优势，避除缺陷。例如，对于多风地区或是高层建筑，应选取推拉窗，而不应选取易被风力损毁的外开平开窗。

5.2.1.3　辅助部分平面设计

辅助部分的设计工作往往需要与其他专业工种相互配合进行。这部分的平面设计原则与前面介绍的主要使用部分的平面设计基本相同。需要注意的是：对于公共服务性厕所和卫生间在设计时应尽量提供比较好的空间环境，如直接采光和通风；在公共厕所和卫生间的前室中设置相应的洗手台，以此来加强厕所、卫生间的隐蔽性；在人流路线、视线、声响等方面做到严格的隔离；适当地注意管线的集中布置以节省工程造价等，对非公共服务性的厕所、卫生间的平面设计要充分利用空间，形成紧凑的、私密感较强的空间，并尽量争取良好的空间环境，应有良好的通风环境。有关厨房的平面设计，应当注意遵从现行的

有关规范,在《住宅设计规范》(GB 50096-99)中,对家用厨房和公共服务厨房的平面设计给出了相应的规定,以满足最基本的使用需求。

5.2.1.4 交通联系部分的平面设计

交通联系部分,即走道、门厅、休息厅、楼梯、电梯等,虽然它不是建筑最终使用的功能空间,但它却是这些使用功能空间之间,以及它们对外联系的纽带。这部分的设计主要取决于人流多少,家具设备的尺寸和交通疏散的方便。

(1) 走道的平面设计

走道又称走廊、过道,通常起着联系同一楼层内各房间的作用,可以在它的一侧或两侧布置房间,当一侧布置房间时,便于走道的采光与房间的通风,且可把房间设置在好的朝向,但这样的设计无论在占地面积和造价上都不经济。若在它的两侧都布置房间,虽然克服了上述缺点,但却给一些房间带来不好的朝向。

至于走道的长度与宽度,除符合使用要求外,还应满足防火疏散的规定。在表5.6中给出了满足紧急疏散要求的走道的最小净宽指标。

表5.6 楼梯门和走道的宽度指标 m/100人

层 数	耐 火 等 级		
	一、二级	三级	四级
一、二层	0.65	0.75	1.00
三层	0.75	1.00	—
≥四层	1.00	1.25	—

注:①每层疏散楼梯的总宽度应按本表规定计算。当每层人数不等时,其总宽度可分层计算,下层楼梯总宽度按其上层人数最多一层的人数计算。
②每层疏散门和走道的总宽度应按本表规定计算。
③底层外门的总宽度应按该层或该层以上人数最多的一层人数计算,不供楼上人员疏散的外门,可按本层人数计算。
④录像厅、放映厅的疏散人数应根据该场所的建筑面积按1.0人/m^2计算;其他歌舞娱乐放映游艺场所的疏散人数应根据该场所建筑面积按0.5人/m^2计算。

走道的长度除了涉及建筑的经济性之外,还涉及安全疏散距离问题,表5.7、图5.6分别为依据现行建筑防火设计规范而列出的关于限制走道长度的内容。

表5.7 单层、多层民用建筑的安全疏散距离

名称	直接通向公共走道的房门至最近的外部出口或封闭楼梯间的最大距离/m					
	位于两个外出口或楼梯间之间的房间 l_1			位于袋形走道两侧或尽端的房间 l_2		
	耐火等级			耐火等级		
	一、二级	三级	四级	一、二级	三级	四级
托儿所、幼儿园	25	20	—	20	15	—
医院、疗养院	35	30	—	20	15	—
学 校	35	30	—	22	20	—
其他民用建筑	40	35	25	22	20	15

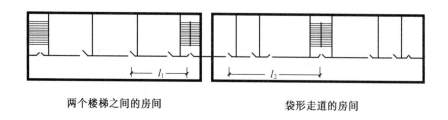

图 5.6　防火距离示意图

注：①敞开式外廊建筑的房间门至外部出口或楼梯间的最大距离可按本表增加 5 m。
　　②有自动喷水灭火系统的建筑物，安全疏散距离可按本表规定增加 25%。
　　③房间的门至非封闭楼梯间的距离，如房间位于两个楼梯间之间时，应按本表减少 5 m；如房间位于袋形走道两侧或尽端时，应按本表减少 2 m。楼梯间的底层处应设置直接对外的出口。当层数不超过 4 层时，可将对外出口布置在离楼梯间不超过 15 m 处。
　　④不论采用何种形式的楼梯间，房间内最远一点到房门的距离不应超过本表中规定的袋形走道两侧或尽端的房间从房门到外部出口或楼梯间的最大距离。

（2）门厅、休息厅的平面设计

门厅是人流汇合与分散的枢纽，为出入交通必经之地，它除了起到内外空间的过渡及交通联系之外，往往还兼有其他功能。如旅馆门厅中的总服务台和大堂休息处；医院门厅中的挂号处和取药处；学校教学楼门厅中的布告栏、宣传栏等等，这就要求它应有足够的面积以满足人员的安全疏散要求。也可以在它垂直方向所对应的各层楼上辟作休息厅，以备使用者休息活动之用，如图 5.7 所示。

（3）楼梯、电梯的平面设计

为了方便与安全，楼梯必须与走道、直通室外的门厅、出入口等直接联系在一起，楼梯是解决多层建筑各层之间垂直交通联系的工具，也是高层建筑紧急疏散的工具。楼梯宽度的确定原则与走道宽度的确定原则相似，也是根据正常通行情况来确定，如图 5.8（a）、(b)、(c)所示。为了保证楼梯平台处人流通行能力不低于楼梯梯段人流通行能力，要求平台宽度不小于梯段宽度，以免在平台处发生人流拥挤堵塞，同时还要考虑家具、物品，以及设备的搬运方便，如图 5.8（d）所示。需要注意的是，所有楼梯宽度都要以紧急疏散的要求最后进行校核，紧急疏散的宽度指标见表 5.6。楼梯的数量和位置的确定是设计中的一个重要问题，它主要是根据楼层人数和解决疏散的要求来决定的。而楼梯的分布情况主要根据整个建筑物的人流组织均匀有序、主次分明来确定，一般在建筑物主入口处配置位置明显的主要楼梯，在次要出入口处或建筑物的适当位置配置次要楼梯，起到辅助疏散作用。最终楼梯的数量还要满足防火规范的要求，见表 5.7。电梯多用于高层或有特殊需要的建筑物中，如旅馆、医院、大型商场等。它是建筑物中楼层间垂直交通联系快速省力的运载设备。在做电梯平面设计时，应主要解决电梯类型与规格选择、电梯布置方式、电梯候梯厅设计、电梯机房设计等问题。

5.2.1.5　平面组合设计

一幢建筑物是由许多功能不同的房间与联系各房间的走道、门厅及楼梯、电梯等组合而成的。它们之间有一定的功能和位置要求的关系。另外，当作为单个房间研究时，它们

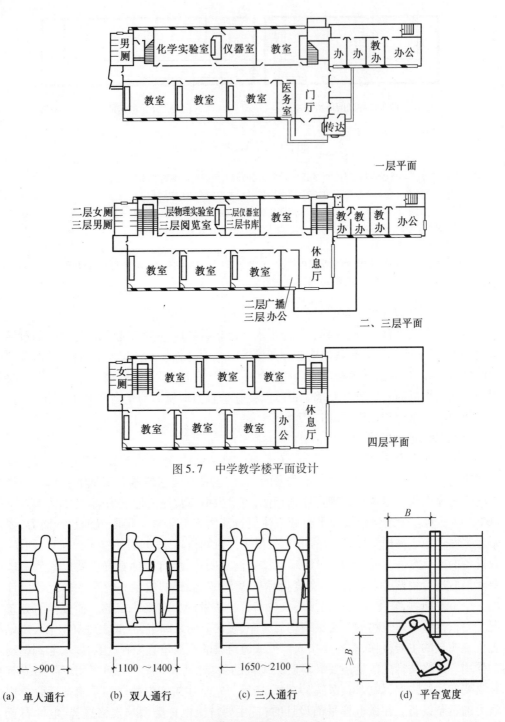

图 5.7 中学教学楼平面设计

图 5.8 楼梯的宽度与平台宽度

可以有几种不同的尺度和形状,但当进行一栋建筑物的平面组合时,由于受到整体的制约,往往不能花样百出,而必须使个体服从于整体,在协调统一的原则下,使每个房间既符合使用要求,又照顾到结构与施工的方便。平面组合设计的任务就是把建筑物各组成元素依据它们之间的功能关系,遵循合理的工程技术逻辑,结合周围的环境特征,组织成为一个良好的建筑整体。

以一个中学校为例,大约包括以下的一些房间:普通教室、实验室、音乐教室、教师办公室、行政办公室、阅览室、医务室、体育器材贮藏室、厕所,以及传达、接待等房间。

进行平面组合时,首先按功能分区,把功能类似的房间组合在一起,这样既便于使用,又便于结构处理。但对问题的处理不应机械对待,如普通教室与音乐教室,同为教室,但由于课程性质的不同,它们之间就存在着干扰问题,所以,在组合时还必须使音乐教室距离普通教室远一些。而实验室和实验仪器药品室,阅览室和书库就必须连在一起,才会便于使用。对于楼房来说,还应当把各科实验室和厕所分别集中布置,以节约给排水和煤气管道(图5.7)。学校中的各类办公室,既要求安静又要求与学生联系方便,因此,常把办公室组成另一区,与以教学为主的教学区划分开(图5.7)。

组合设计中影响较大的另一类房间就是厕所,由于它对环境卫生影响较大,以及使用时间和人流集中,所以对它的面积和位置都应给予足够的注意。其布置方式有以下几种:①每层楼的两端分别设男、女厕各一间(图5.9(a))。②每层楼两端设厕所,但在垂直方向上,各层的男、女厕交替布置。以上两种方式能使人流分散,使用方便,但管道的集中利用率较差。③每层楼设男、女厕各一间,集中布置,这样可以节省管道。但这种布置方式应注意男、女厕的门应保持一定距离,以及考虑视线的遮挡问题,一般采用设前室的办法来解决(图5.9(b))。④每层楼只设一间厕所,男、女错层使用(图5.7)。这种布置方式适于使用人数较少的情况,不如以上三种方式使用方便,但较经济。专为教职工设置的厕所,常采用每层楼均设男、女厕的方式。

为了保证环境卫生,避免厕所的气味散入楼内,应把它设在教学楼的下风侧,并在墙上设通风洞,组织好自然通风;在非寒冷地区,也可把它设在楼梯休息平台处,用外阳台与它相通(图5.10(a)),或设在开敞式楼梯间处,用楼层平台与它相通(图5.10(b)),这样,在方便使用与改善卫生条件等方面都可以取得较好的成效。

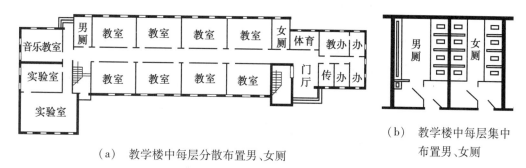

(a) 教学楼中每层分散布置男、女厕　　(b) 教学楼中每层集中布置男、女厕

图5.9　教学楼中厕所布置示意图

至于影剧院、会堂,为观众服务的部分,除了主要的组成部分——观众厅之外,还要配备门厅、休息厅、衣帽间、小商店、售票间、厕所和楼梯等。门厅应有足够的面积,休息厅可设在门厅的上部或观众厅的两侧,楼梯和衣帽间等都应设在比较明显的位置(图5.11)。

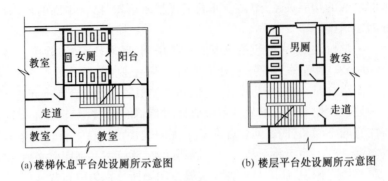

(a) 楼梯休息平台处设厕所示意图　　(b) 楼层平台处设厕所示意图

图 5.10　教学楼厕所处理

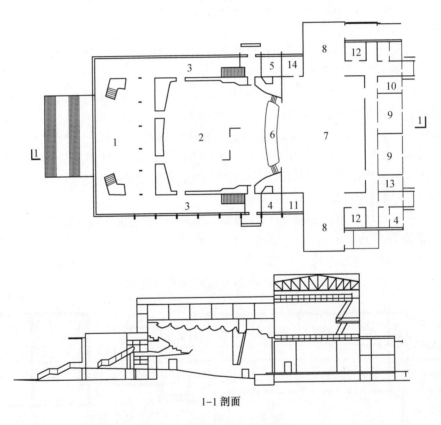

1-1 剖面

图 5.11　某剧院平面及纵剖面图

1—门厅;2—观众厅;3—休息厅;4—女厕;5—男厕;6—乐池;7—舞台;
8—侧台;9—化妆室;10—办公室;11—乐队休息;12—道具;13—服装;14—换装

5.2.2　剖面设计

建筑物具有三维空间,因此在进行方案设计时,必将涉及到房间的空间情况、结构体系等有关高度方面的问题,建筑剖面设计是在建筑平面设计的基础上进行的,它的任务就是确定房屋在垂直方向上的形状、尺度,以及各构件在高度方向上的位置、形状和尺度的竖向设计,是建筑物竖向空间的组合与利用。房屋各部分高度包括:层高、净高、窗台高度、室内外地面高差和建筑总高度(图 5.12)。

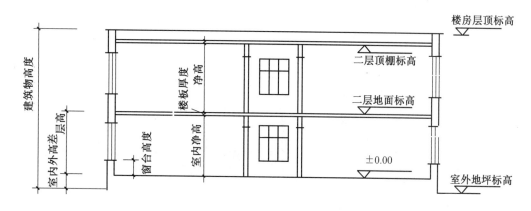

图 5.12 房屋各部分高度

5.2.2.1 房间的高度

从建筑工程角度来讲,房间的高度包括"层高"与"净高"两个含义。层高指房屋一层的高度,即相邻两层地面间的距离。层高减去楼板层的厚度即为净高。

如何确定房间的高度,主要根据房间的使用性质。概括地讲,面积较小,使用人数较少的房间,如普通住宅层高不宜高于 2.80 m;而面积较大,使用人数较多的房间,如中学教室,层高就应比居室高些,一般为 3.6 m。至于面积更大,使用人数更多的房间,如影剧院会堂的观众厅,其室内高度就更高了,北京人民大会堂的万人观众厅的室内高度就达 32 m。这些数字都与房间的功能有密切的关系。

其次是与地区的气候条件有关,如南方地区,虽然组织好自然通风是降低室温的关键,但增加层高也会起到一定的作用。北方地区为了解决冬季室内空气的新鲜问题,适当加高层高以增加每人的空气量是必要的,但考虑到节约造价,也可配合采用小气窗来通风换气。

再如结构形式对层高也会产生一定的影响。在有吊顶的集体食堂和采用梁板结构的教室中,3.3 m 的层高就有压抑感。若代之以露明屋架或无梁的长向板,在感觉上就会好一些。

由于各房间功能不同而引出层高的差异,在设计方案考虑平面组合时应同时考虑剖面组合,使它们在平、剖面的布局中都得到合理的安排。例如中小学校建筑中的教室与办公室,通常可用两种层高的,这就希望把层高相同的房间设在一处,于是就出现了教学区与办公区之间楼层的高差问题(图 5.13)。当然也有些情况是需要迁就的,如设在教学区的厕所,就只有与教室采用同一种层高了。

总之,房间的净高与人体活动行为的尺度有关,一般情况下室内最小净高应使人举手触摸不到顶棚为宜,即不小于 2 200 mm(图 5.14)。

5.2.2.2 房间的采光通风与窗台高度

在平面设计中,从房间的宽度方面分析了窗的位置和窗间墙宽度对室内照度的影响,

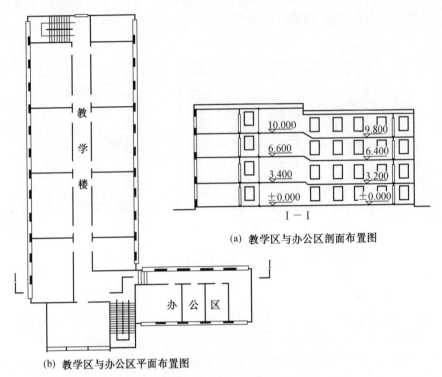

图 5.13　教学楼中教学区与办公区不同层高的处理

关于房间深度方面的照度问题则要从剖面中窗的竖向高度进行研究。如图 5.15 所示,房间采光与房间进深的关系。

为了降低夏季室温,可利用空气的气压差组织好自然通风是行之有效的方法。因此,除了在平面设计中合理地布置门窗外,在建筑剖面设计中也应考虑到隔墙对自然通风的影响(图 5.16)。

对一些跨度大、湿度大的房间,如集体食堂的厨房、公共浴池等,也可用开设天窗的办法解决采光与通风问题(图 5.17)。

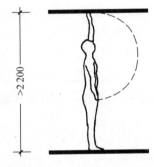

图 5.14　房间最小净高

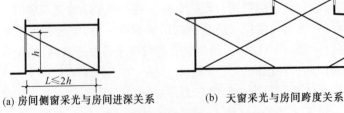
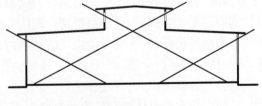

(a) 房间侧窗采光与房间进深关系　　(b) 天窗采光与房间跨度关系

图 5.15　侧窗与天窗采光

对于大型公共建筑物,如影剧院会堂、体育馆等,常常利用灯光照明和空气调节装置来解决采光与通风问题。

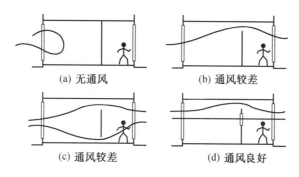

图 5.16 不同隔墙处理对穿堂风的影响

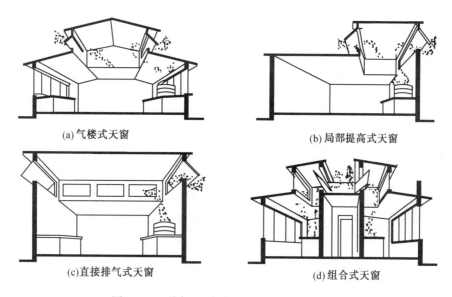

图 5.17 不同通风方式对剖面形状的影响

窗台的高度一般与使用要求、设备家具布置等有关。一般窗台的高度应满足人的活动行为,适应人的生理行为和心理行为。高度在人的坐姿视点以下,保证人的坐姿工作、学习面的照度,同时又具有对窗外的可视性。窗台高度过低或变成落地窗,在二层以上的窗口都将限制人的活动行为和在心理上产生不安全感。在严寒地区对保温节能和窗下安装采暖设备不利;窗台过高,远高于工作面,则工作面照度不足,形成工作面上阴影区,不能满足采光的基本要求,也限制了人对窗外的可视性,也就不具备了观赏功能。

一般书桌面的高度常取 800 mm,为使窗内开不受限制,往往确定窗台的高度为 900 mm,窗台高出桌面 100 mm 左右,保证了工作面的照度,又低于人坐姿的视点高度(图 5.18)。

有些特殊要求的房间,如展览建筑中的展室、陈列室,因为这些展览空间沿墙面布置展板,为避免眩光,人的站立视点高度一般不设窗,而在视点高度以上开设高侧窗或天窗,根据窗台到陈列品的距离要有 14°的保护角,故把窗台设高些。卫生间窗台提高到人的站立视点以上可以方便洗浴(图 5.18)。

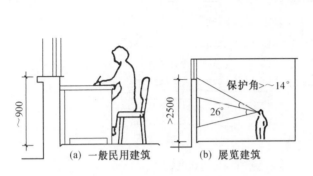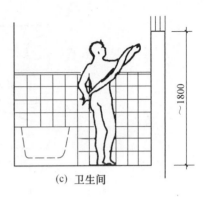

图 5.18 窗台高度示例

5.2.2.3 地面、顶棚、室内外地面高差

一般民用建筑中,地面与顶棚均以水平的平面形状最为有利,这是由于人的活动行为,以及家具和设备的布置要求所决定的。如住宅、宿舍、学校、办公楼及商店等剖面形状均采用矩形形状。但某些大型的公共建筑,如影剧院的观众厅、体育馆比赛厅、阶梯大教室,以及报告厅等,由于受视线和音响功能要求的影响,其地面与顶棚都不能做成水平的,如图 5.11 所示。这类建筑对剖面形状有着特殊要求,除了房间平面形状、大小要满足人的视距和视角外,在剖面设计时还应考虑到视线遮挡和音质要求。

建筑物为了防止室外雨水流入室内,防止底层地面潮湿,防止由于建筑物的沉降而使室外地面高于室内地面,在设计时,往往把室内底层地面设计得高于室外自然地面,一般要大于 150 mm,常取不小于 450 mm,有些重要建筑物则取得更高。室内外高差过大,不利于室内外联系,同时也会增加建筑造价。

室内外地面高差是指建筑物入口处室内地面到室外自然地面的垂直高度。对一些有特殊要求的建筑,室内外高差要根据使用要求、建筑物性质来确定,如仓库、工业建筑一般要求室内外联系要方便,常有车辆出入,高差要小一些,入口处不设台阶只做坡道;一些重要性建筑和纪念性建筑,为强调其严肃性,增加庄严、雄伟的气氛,常借助于室内外高差值的增大手法来增加建筑物基座的高度以获得效果。

5.2.2.4 楼梯间的高度

考虑到平台梁下通行活动的需要,其下皮距地面的高度不应小于 2 m,楼梯踏步中心至上部梯段下皮距离至少 2.2 m(图 5.19)。

5.2.2.5 建筑设计与结构选型的关系

由于建筑物的功能不同,必然影响到其结构选型。当建筑物的空间不大,纵横向支承构件的间距较小,且层数不多时,多采用砖混结构。这种结构其墙身自重大,墙体强度较钢筋混凝土强度低,整体性差,常用于建造七层及七层以下的大量性民用建筑,如多层住宅、中小学教学楼及办公楼建筑等等。八层以上的高层建筑,

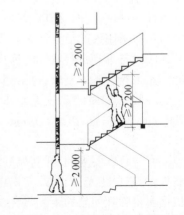

图 5.19 楼梯空间的高度

由于自身的垂直荷载较大,又受到水平风荷载及地震荷载的影响,要求建筑物既要有足够的强度,又要有较大的刚度和稳定性,而墙体较薄的砖墙,其强度较低,要么再加大砖墙厚度,减少使用面积,要么采用钢筋混凝土墙柱,这两种做法在技术经济方面是不够合理的。自出现高层和超高层建筑后,随即也就出现了相应的结构型式,如钢筋混凝土框架结构、框架剪力墙结构以及筒体结构等。设计超高层或高层建筑时,即可选择这类结构体系。

此外,在屋顶结构选型方面,对于一般跨度不大的房间,采用钢筋混凝土梁板或木屋架结构即可;跨度稍大时,可选一般钢屋架和钢筋混凝土屋架;当跨度更大时(如影剧院观众厅、体育场馆等),则应选用适合大跨度的结构体系,这种结构体系主要是悬索结构、空间网架壳体、折板结构等等。因此,钢及钢筋混凝土这些材料,以及由它们构成的结构类型不仅解决了高层和超高层建筑设计中的结构体系问题,同时也突破了难以解决的大空间、大跨度的难题。例如,北京人民大会堂的万人观众厅,采用了梯形钢屋架;北京工人体育馆,采用了圆形悬索结构;北京首都体育馆,采用了平板双向空间钢管网架。

5.2.3 立面设计

建筑立面设计是建筑物外部形象设计的内容之一,通常建筑物外部是由门窗、墙垛、柱子、阳台、雨篷、檐口、勒脚及线条等部件组成,因此,建筑立面设计的任务就是根据建筑功能要求,运用建筑构图法则,恰当地确定这些部件的比例、尺度、位置、使用材料与色彩的立面设计。立面设计时应从以下几个方面考虑:

5.2.3.1 比例与尺度

比例协调,尺度正确,是建筑立面完整统一的重要因素,要求设计者借助于比例尺度的构图手法,恰当地运用前人的经验以及在人们心目中留下的某种确定的尺度概念,以达到完美的建筑形象。

5.2.3.2 虚实与凹凸

建筑立面中的窗、空廊、凹进部分以及实体中的透空部分,给人以轻巧通透感,故称之为"虚";而结构支撑所不可缺少的构件,如墙、垛、柱、栏板等,厚重封闭,从视觉上给人以力的象征,称之为"实"。在立面设计中,没有实的部分整个建筑会显得脆弱无力,没有虚的部分则会使人感到呆板沉闷。只要结合功能、结构及材料要求,恰当地利用虚实凹凸的构件,就能获得轻重明暗的对比效果。

5.2.3.3 线条处理

建筑立面中的檐口、窗台、勒脚、窗间墙等组成的各种各样线条,会使人获得不同的感受。横线条让人感到舒展平静;竖线条则给人挺拔向上的气氛;而曲线条则给人以优雅流动的感觉。因此,立面线条处理应视建筑的性质及所处的环境而定,既要反映建筑的性格,又要使各部分比例处理得当。

5.2.3.4 色彩与质感

建筑立面色彩通常以一种颜色为主色调,局部运用其他色调以达到统一中求变化的目的。色彩运用不仅要符合建筑性格,还要与环境气氛、文化背景相协调,如医院建筑宜采用使人安定洁净感的白色或浅色调,商业建筑则常采用暖色调以增加其热烈气氛。此外还可通过建筑材料质感来加强和丰富建筑的表现力,如未经磨光的天然石材可获得粗糙的质感,金属、玻璃幕墙可获得精致与光亮的质感。

5.2.3.5 重点与细部处理

建筑立面设计中需要重点处理的部位通常选在建筑物的出入口、转角、檐口等处,细部处理主要是指窗台、勒脚、阳台、栏杆、雨篷等线脚部位。重点部分不可过多,细部处理要比例协调。

5.3 工业建筑设计

5.3.1 概述

工业建筑是指用以从事工业生产的各种房屋,也叫厂房或厂房建筑。工业建筑与民用建筑相比,在设计的基本原则上有许多共同之处。但在使用要求方面差别是很大的。工业建筑是为生产工艺服务的,它具有自身的特点,设计时除应满足工业生产要求外,还必须为工人创造良好的劳动环境,及使厂房适用、安全、经济、美观。

5.3.1.1 工业建筑的分类

(1)按工业建筑的层数,可分为三类

一是单层工业建筑(图 5.20),这种厂房用得最广泛,约占工业建筑总量的 75% 左右,一般多用于机械制造、冶金等工业部门。这类厂房便于水平方向组织生产工艺流程,适用于运输量大、设备、加工件及产品笨重、原料、燃料、成品及半成品堆放面积大的车间;尤其适用于工艺上需要有较深的地沟或地坑的车间。同时,单厂也便于工艺改革。但单厂占地面积大,围护结构面积多,道路和技术管网较长,维修管理费高,厂房建筑立面处理比较单调。

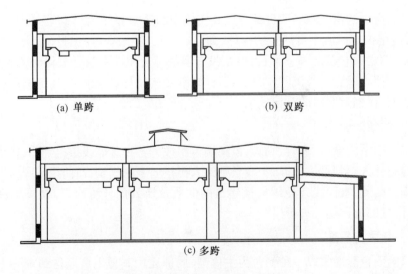

图 5.20 单层厂房

单层厂房按跨数有单跨与多跨之分。多跨大面积厂房在实践中采用的较多,单跨用的较少。但有的生产,如飞机装配车间和飞机库,常采用跨度很大(36~100 m)的单跨厂房。

二是多层厂房(图 5.21),多用于食品、电子、精密仪器、纺织、印刷、服装等轻工业部

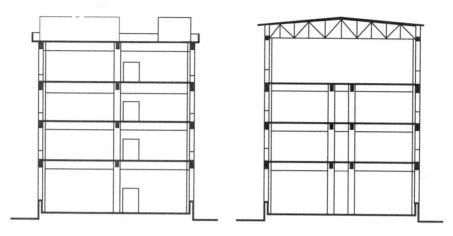

图 5.21　多层厂房

门,其设备和产品轮廓小、重量轻,并适合在垂直方向上布置工艺流程。多层厂房占地面积小,管道集中,厂房宽度都不很大,因此,这类建筑的天然采光、自然通风和屋面排水都易于解决,保温隔热措施也较经济。近年来一些中小型机械加工装配类厂房也有向多层发展的趋势。为了减轻厂房结构的荷载,可将重的生产设备布置在底层,轻的依次布置在上面各层。

三是层次混合的厂房(图 5.22),即在同一厂房内既有单层又有多层。

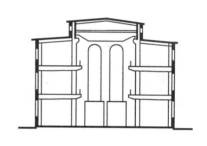

图 5.22　层次混合厂房

(2)按厂房内部生产状况,分为三类

一是冷加工车间,系指在常温下进行加工的车间,如机械加工、机械装配、机修车间等,这类车间中的生产热源比较少,室温比较正常,因此其围护结构一般需要满足保温隔热要求。

二是热加工车间,系指在高温状况下进行加工的车间,如铸工、锻工、炼钢车间等。这类车间发热量比较大,往往伴有烟尘污染,因此须有良好的通风条件,其围护结构一般不要求保温。

三是空气调节车间,系指在温湿度控制较严格的条件下进行生产的车间,如精密仪器、光学仪器等厂的某些车间(也称为恒温恒湿车间),和在温湿度控制为一般要求的条件下进行生产的车间,如纺织厂的车间。为了保证必要的温湿度状况,须备有空气调节装置。它的围护结构要求具有较高的保温隔热能力。

5.3.1.2　工业建筑设计中应考虑的问题

在设计方面,工业建筑与民用建筑相比有许多特点。在工业建筑设计中除应考虑人

流外,还要考虑原料、半成品和成品在车间内运行简捷,出入车间通行无阻等因素,以及在生产过程中,生产对人、对建筑物和对产品产生的各种影响因素,并在设计中采取相应的措施。

(1)生产工艺过程和建筑的关系

原料进入车间,经过一系列加工程序,制成半成品或成品,直到运出车间的全部过程,即为生产工艺过程。生产工艺过程和它的性质是确定工业建筑设计的基本依据。建筑的层数、平面形状、车间内的布置、结构形式的选择、建筑各部分的构造,都要满足生产工艺的需要。因此,工业建筑设计应该为合理地进行生产创造条件,以满足工艺对建筑的各种要求。

(2)设备与建筑的关系

车间内,在地面上有生产设备(如机械厂中的各种机床,炼钢厂的冶炼炉等),在上空有起重运输设备(如桥式吊车等)。在生产时,吊车吊运物品须要高过生产设备的高度,它们的尺寸是决定厂房高度的主要因素。而生产设备的轮廓尺寸和布置,则直接影响建筑物的平面形式和柱网尺寸,设备的重量及振动情况对建筑结构也有直接影响。

(3)生产状况对劳动卫生和建筑结构的影响

有些企业在生产中会产生一些对人体和建筑结构有害的因素:如高温、高湿、烟、灰尘、振动、噪声、有毒物质、化学侵蚀性气体和液体、火灾和爆炸等。设计时必须考虑这些因素,并应采取合理的防护措施,以免对人体或建筑结构产生影响。例如,在冶炼、铸造、金属热加工等热车间中,常设有巨大的熔炼炉及加热炉,在生产过程中,常散发出大量的余热,使室内气温升高,对工人的健康和建筑结构都有害处,这就需要在设计时合理布置平面和选择剖面形式,设置通风排气天窗和机械通风设备予以解决。

又如在化工厂某些生产中会散发出易燃易爆的气体,如氢、氧、乙炔、石油气等。在此类车间中,为了避免安全事故的发生,除应根据生产要求避免阳光直接射入车间和加强通风换气外,还应采取一系列防爆措施。

(4)生产环境对产品质量的影响

某些企业为保证产品的质量标准,对生产环境有特殊要求,如要求在恒温恒湿、防振、洁净、无菌等条件下进行生产。例如,纺织工厂就要求在一定的温湿度条件下进行生产。为创造此种条件,一方面须使用空气调节装置以使车间的室温和相对湿度控制在规定的标准值范围内;另一方面则在建筑上采取相应措施,如采用朝北向的锯齿形天窗来避免阳光直射,或采用无窗建筑。

(5)要满足有关技术要求

所设计的厂房必须具有坚固和耐久性,使其能经受外力、温度湿度变化、化学侵蚀等各种不利因素的作用。根据现场条件和材料供应情况积极采用先进技术、努力创造适合我国国情的新形式、新结构和新材料,使设计工作有所创新。

应使厂房具有较大的通风性和适应扩建的条件,以适应工艺的革新、改造和扩大生产规模的需要。

应遵守《建筑模数协调统一标准》(GBJ 2-86)与《厂房建筑模数协调标准》(GBJ 6-86)的规定,合理选择建筑参数(柱距、跨度、高度等),以便采用标准及通用构件,有利于建筑设计标准化、构配件生产工厂化、施工机械化和管理科学化,从而提高厂房建筑工业化的水平。

5.3.1.3 起重运输设备

为了减轻工人的体力劳动和提高劳动生产率,厂房内常备有起重运输设备,吊车是常用的一种,它与土建设计关系密切,它直接影响着厂房的平面布置和结构的选择。常见的吊车有单轨悬挂式吊车、梁式吊车、桥式吊车等。

(1)单轨悬挂式吊车

单轨悬挂式吊车有电动和手动两种,吊车轨道悬挂在屋架下弦,它可以布置成直线或曲线形(转弯或越跨时用)。这种吊车的起重量一般为 10~20 kN,见图 5.23。

(2)梁式吊车

梁式吊车由起重行车和支承行车的横梁组成,横梁断面为"工"字型,可作为起重行车的轨道,吊车轨道可悬挂在屋架下弦,或支承在吊车梁上,见图 5.24。梁式吊车的起重量一般不超过 50 kN。

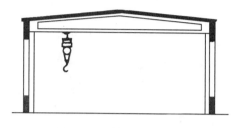

图 5.23 单轨悬挂式吊车

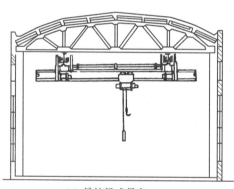
(a) 悬挂梁式吊车

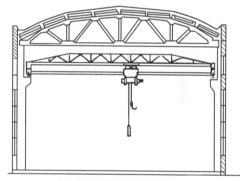
(b) 支承在吊车上的梁式吊车

图 5.24 梁式吊车

(3)桥式吊车

桥式吊车由起重行车及桥架组成,桥架上铺有起重行车的轨道(沿厂房横向运行),桥架两端借助车轮可在吊车轨道上运行(沿厂房纵向),吊车轨道铺设在柱子支承的吊车梁上,见图 5.25。根据工作班时间内的工作时间,桥式吊车分重级工作制(工作时间大于40%);中级工作制(工作时间为 25%~40%);轻级工作制(工作时间为 15%~25%)。桥式吊车的起重范围可由 50 kN 到数千 kN。由于吊车起重量大,对厂房结构是不利的,也影响厂房的空间设计。

除吊车之外,厂房内部根据生产特点不同还有各式各样的运输设备。如火车、汽车、拖拉机、吊链、辊道、传送带、汽垫等。

5.3.2 单层厂房设计

厂房的平面、剖面、立面设计是不可分割的整体,设计时必须统一考虑,在设计平面的同时,应考虑剖面和立面的设计问题,但为叙述方便和设计的先后顺序,现分项叙述。

5.3.2.1 单厂平面设计

单层厂房的平面设计是根据生产工艺要求,结合建筑、结构、总图、施工等方面的条件及要求进行的。

(1)平面设计的内容

①根据生产工艺的要求,选择合适的厂房平面布置形式,使其有利于组织生产,方便运输。

②创造良好的生产环境。结合总图布置考虑厂房方位,使各工段能获得足够的天然光线和自然通风。

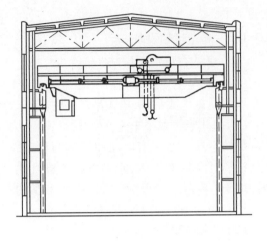

图 5.25 桥式吊车

③确定柱网。为选择经济合理、技术先进、方便施工的结构方案创造有利条件。

④组织车间人流。保证工人上下班和在车间内走动方便及安全。

⑤考虑厂房扩建的可能性。为以后变更生产工艺创造条件,以适应生产的不断发展和技术革新的需要。

⑥安排生活室及办公用房。

概括地说,单层厂房平面设计的内容,主要是配合工艺设计人员进行车间各生产工段和辅助房间的组合,确定平面形式,选择柱网,安排门窗的位置,布置车间内部通道,生活室、办公用房,划分变形缝,以及标注定位轴线等。

(2)车间的平面形式

车间的平面形式主要根据工艺流程、采光通风等要求决定,常见的形式如图5.26所示。小型车间可以采用单跨,面积大的车间可以采用多跨(图5.26(a)、(d)),车间的平面形状,以形体规整的矩形最好,其结构简单,施工也较方便。

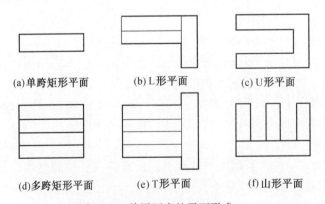

(a)单跨矩形平面　　(b)L形平面　　(c)U形平面

(d)多跨矩形平面　　(e)T形平面　　(f)山形平面

图 5.26 单层厂房的平面形式

在车间的生产过程中需要起重运输的物件较重时,多采用桥式吊车。采用桥式吊车时,生产线只能顺着各跨间布置,不能垂直于跨间。当为生产工艺的要求而须改为垂直于跨间运行时,可在平行跨的端部设一垂直跨,做成"L"形或"T"形平面(图5.26(b)、(e))。此种形式,构造较复杂。

炼钢、轧钢、铸铁、锻压等热车间中,为便于散发余热,不适于采用连续多跨的厂房。如采用矩形平面,不宜超过三跨。如厂房面积较大时,可采用U形或山形平面(图5.26(c)、(f))。由于增加了外墙面积和进风口面积,能使厂房获得良好的天然采光和自然通风,车间内的热量散发较快。

(3)确定工段及有关房间的位置

工段的性质和数量是由生产工艺本身所规定的,根据工段的作用和性质,可分为生产工段、辅助工段、仓库及服务性房间等,例如,图5.27所示为一金工装配车间工艺流程,图5.28所示为该车间各工段的平面布置。

图5.27 金工装配车间工艺流程

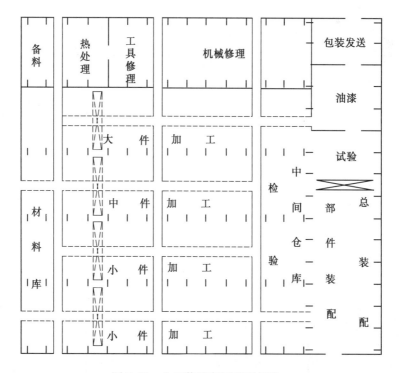

图5.28 金工装配车间平面布置

①生产工段 厂房的生产工段,如机械加工、部件装配、总装配、试验、油漆、包装等都是生产线上的组成部分。因此,生产线布置以后,也就决定了各生产工段相互的位置关

系。

工段的布置,应使生产主要零件及部件的工段布置在厂房的主要跨间,并使其整个工序尽可能在同一跨间内,同时应充分考虑到为车间创造良好的工作环境。例如,热处理工段,生产时会散发一定的热量、灰尘和蒸汽,应设置在边跨,以利自然通风;又如,油漆工段,经常布置在车间成品运出的一侧,使之与包装、出厂等工作相互连接,又使喷漆时产生油漆微粒及挥发性气体迅速排出室外,不致影响整个厂房。

②辅助工段　厂房的辅助工段,如机械修理、工具修理、检验部、磨刀部等工段应靠近主要服务对象,并有密切的联系。例如,机械修理及工具修理工段,往往布置在各个生产工段适中的边跨内,使之联系方便。

③仓库　车间内的仓库,按其用途可分为金属材料库、毛坯库、中间仓库、半成品库、工具仓库等。它们要求和服务的工段紧密联系,同时考虑到材料运输和使用方便。

④服务性房间　包括车间办公室、生活用室等。对一般冷加工车间来说,这类房间可以布置在厂房内,但应考虑不妨碍车间的生产、采光和通风。

(4) 柱网布置

平面布置中跨度和柱距的确定形成柱网。柱网的大小,是根据生产工艺要求所需要的面积和技术经济比较等因素来确定的。柱网的确定,对于选择厂房的主要承重结构方案,以及对厂房的造价都有很大的影响。柱网中,确定厂房的跨度是主要的。跨度是根据设备的尺寸,布置情况,以及运输和生产操作所需要的空间等来决定的。在确定跨度的具体尺寸时,还应符合《厂房建筑模数协调标准》(GBJ 6 - 86)中的有关规定。根据上述两项条件所得尺寸,最终调整符合模数标准的要求:厂房的跨度在 18 m 和 18 m 以下时,应采用扩大模数 30 M 的数列,即跨度尺寸是 18 m、15 m、12 m、9 m 和 6 m;当跨度在 18 m 以上时,采用扩大

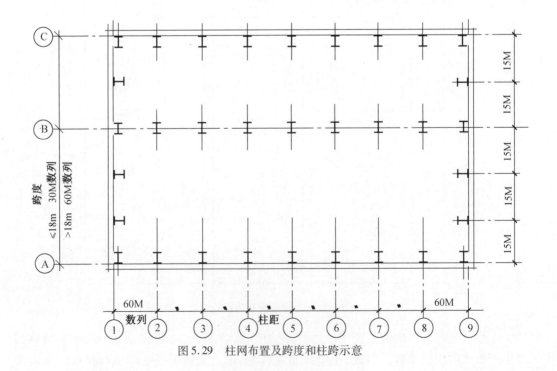

图 5.29　柱网布置及跨度和柱跨示意

模数60 M的数列,即跨度尺寸是 24 m、30 m、36 m 等。这个规定的作用是减少构件的类型(图5.29)。厂房的柱距,应采用 6 m,而相应的结构构件,如基础梁、吊车梁、连系梁、屋面板、横向墙板等,均已配套成型,并有供设计者选用的工业建筑全国通用构件标准图集,设计、制作、运输、安装都积累了丰富的经验。这种体系至今仍广泛采用。如遇到有较大型生产设备或运输设备以及当大型设备与柱基础发生冲突时,可以扩大柱距,采用 12 m、18 m 等。

(5)通道和门的设置

车间里的通道和门除了应满足平时生产运输和工人通行的需要外,还必须保证在发生事故时,工人能够很快地疏散出去。对于某些机械加工车间,这些通道还可以作为车间工段的分界线。车间通道有纵向通道和横向通道。通道的宽度取决于运输工具或运输物件的轮廓尺寸,行车线是单线还是双向。

车间外门的设置应该满足人流、货运和紧急疏散的要求。在贯通的横向通道的端部,都应该设有外门。每幢厂房的安全出口不应少于两个。工作地点到安全出口的距离应符合防火要求。

(6)生活间的布置

为了满足工人在生活和卫生等方面的要求,工业厂房中应设置一些生活间,通常生活间包括有:生产卫生用室,如浴室、存衣室、盥洗室等,其面积大小和卫生用具参照我国卫生部主编的《工业企业设计卫生标准》(TJ 36-79);生活卫生用室,如休息室、孕妇休息室、厕所、保健站、小吃部等;行政办公室,如计划调度室、财务室、检验室、值班室等;生产辅助用室,如工具室、材料库等。行政办公室等辅助房间常和生活卫生用室等设在一起。生活间的布置要保证一定的卫生要求,避免粉尘、毒气等有害物质及高温、噪声、振动的影响。生活间的位置应便于职工上下班,要有利于生产,不要妨碍车间的采光、通风、运输和发展。生活间的布置方式有三种:毗连式生活间、独立式生活间、车间内部式生活间。如图 5.30、5.31、5.32 所示。

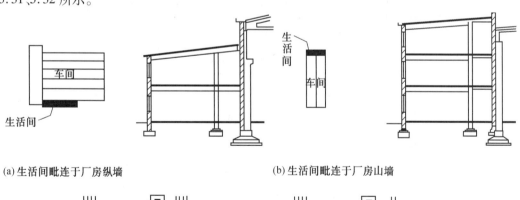

(a)生活间毗连于厂房纵墙　　　　　　(b)生活间毗连于厂房山墙

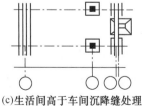　　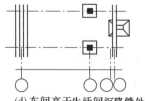

(c)生活间高于车间沉降缝处理　　　　(d)车间高于生活间沉降缝处理

图 5.30　毗连式生活间

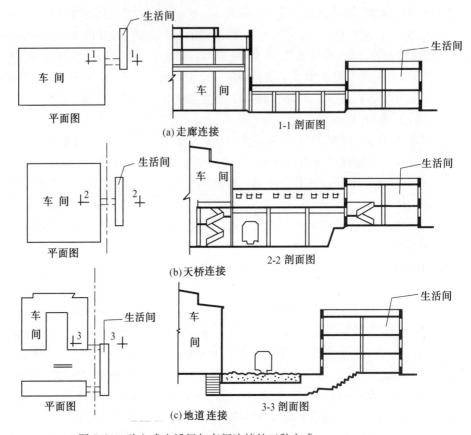

图 5.31 独立式生活间与车间连接的三种方式

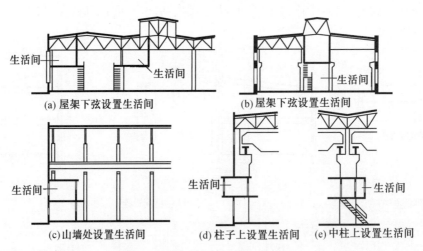

图 5.32 生活间在车间内部的布置

设在车间外面的毗连式生活间,可贴在车间的山墙或侧墙外,做成单层的或多层的,此种形式可以集中布置更多的房间。毗连式生活间与独立式生活间相比,它的优点是,与车间工作区接近,使用方便,与车间连接处合用一道墙,减少冬季采暖的散热面积,在总平面布置上用地也少。它的缺点是,当房间布置在车间侧面时,会影响车间的采光和通风,布置在车间端部时,对长度较大的厂房,这些生活间离车间另一端的工作地点要远一些。毗连式生活间因房间较小,荷载也不大,因此一般采用砖混结构。当厂房采用骨架结构时,由于二者的结构形式不同,荷载大小也悬殊,故在其连接处宜设置沉降缝(图5.30(c)、(d))。

独立式的生活间是布置在单独的建筑物内,与车间保持一定距离。它的优点是平面布置灵活,车间与生活间均能获得良好的采光和通风,便于集中布置而供几个车间合用。它的主要缺点是,使厂区用地增多,生活间与车间的距离较远时,联系不便,但对某些热加工车间,适于采用此种形式。

生活间设在车间内部,有分散或集中布置方式。可利用生产上不使用的上部剩余空间做成夹层,生活间布置在夹层内,夹层可支承在柱子上(图5.32(a)、(b));可利用柱与柱之间的空间布置生活间(图5.32(d)、(e));也可利用靠山墙处不使用的地方布置生活间(图5.32(c))。它的主要优点是,使用方便,节省建筑面积。缺点是,只能将生活间的部分房间布置在车间内。

5.3.2.2 单厂剖面设计

单层厂房的剖面设计是在平面设计的基础上进行的,它着重解决建筑空间如何满足生产的各项要求问题。因此,单厂剖面设计主要从剖面设计内容、剖面主要尺寸的确定、厂房横剖面的形式,这三方面来考虑。

(1)单厂剖面设计的内容

要根据生产工艺的要求和建筑结构条件,选择厂房剖面形式,确定厂房的高度,考虑厂房围护结构的方案,门、窗洞口的标高,以及定位轴线的标注等。其主要内容有:选择厂房剖面形式、高度和一些主要尺寸,应符合生产和运输设备布置及操作所需要的空间;保证车间内规定的采光条件,如侧窗口的布置、天窗形式的选择及布置、窗口尺寸的确定等;根据生产特点和当地气象条件,要满足车间内的保温隔热、通风换气,以及除尘等要求;处理好屋面雨水的排除;遵守《厂房建筑模数协调标准》。

(2)单层厂房剖面主要尺寸的确定

厂房剖面主要尺寸有:厂房室内地坪标高;厂房柱顶标高;吊车轨顶标高。

①单层厂房室内地坪标高的确定。一般情况下,厂房室内地坪与室外地面须设置高差,以防雨水流入车间内。但为了便于运输工具进出厂房和缩短门前坡道的长度,此高差不宜太大,一般为100~150 mm,否则会造成运输困难。

②单层厂房柱顶标高的确定。一般情况下,单层厂房屋架下弦底面至地坪的高度与柱顶距地面的高度基本相等,因此,常用柱顶标高来衡量厂房的高度。在没有吊车时,柱顶的标高一般是按最高的生产设备及安装检修时所需要的净空高度来确定的,同时厂房高度还必须满足采光和通风的要求,还应符合《厂房建筑模数协调标准》的扩大模数3 M数列的要求。无吊车厂房的柱顶标高不小于3.9 m。

③吊车轨顶标高的确定。当单层厂房内有吊车时,吊车轨顶标高的确定,须考虑到被吊物件与生产设备之间保持一定的距离,而柱顶标高的确定,还须考虑到吊车上端和屋架

下弦之间保持一定的距离(图 5.33)。

轨顶标高 $H_1 = h_1 + h_2 + h_3 + h_4 + h_5$

式中 h_1——生产设备或隔墙的最大高度;

h_2——被吊物件安全超越高度,一般为 400~500 mm;

h_3——被吊物件的最大高度;

h_4——吊绳最小高度,一般应大于 1 000 mm;

h_5——吊钩至轨顶的高度,由吊车规格表中查到。

由计算所得轨顶标高值 H_1 若不符合模数数列要求,应按 3 M 数列取值。

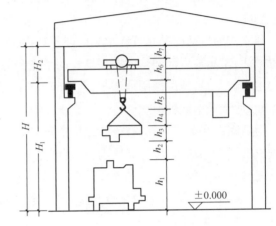

图 5.33 厂房高度的确定

柱顶标高 $H = H_1 + h_6 + h_7$

式中 h_6——轨顶至台车顶面的距离;

h_7——台车顶面至柱顶的净空尺寸,此值应保证屋架产生最大挠度或地基产生不均匀沉降时,吊车能正常运行。根据吊车起重量大小,将 h_7 分别定为 300、400、500 mm。按计算所得柱顶标高值若不符合 3 M 数列时,应将其调整符合扩大模数的数值。

当车间内有个别生产设备高度比较突出时,如果车间高度依据设备的高度而全部提高,则必然提高造价,为此可以考虑在不影响生产的条件下,将个别高大设备安装在地坑内,如图 5.34 所示。

(3) 厂房横剖面的形式

单层厂房屋顶部分一般采用的形式可分为两种:双坡屋顶和多坡屋顶,如图 5.35 所示。

双坡屋顶的厂房屋顶中部高而两侧低,便于采用外排水,其雨水处理最为简单。双坡屋顶的单层厂房可以单跨或多跨,在厂房的外墙开设侧窗来

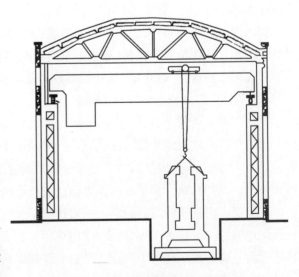

图 5.34 利用局部地坑降低车间高度

满足采光和通风的要求,如厂房较宽而侧窗不能满足设计要求时,则可在屋顶上设置天窗(图 5.35(a)),或将中跨提高,并将因生产而需要较高空间的工段布置在中跨里,利用高

侧窗或天窗兼作高侧窗采光和通风(图5.35(c)、(d))。双坡屋顶厂房是以采用外排水而节约投资为其优点,减少天沟、水落管及地下排水管网的数量,并能保证生产的正常进行。因此,双坡屋顶对某些生产有较大的适应性,如炼钢厂,若有水滴落入灼热的钢水中,会发生爆炸事故。双坡屋顶形式仅适用于宽度不大、跨度不多的厂房。

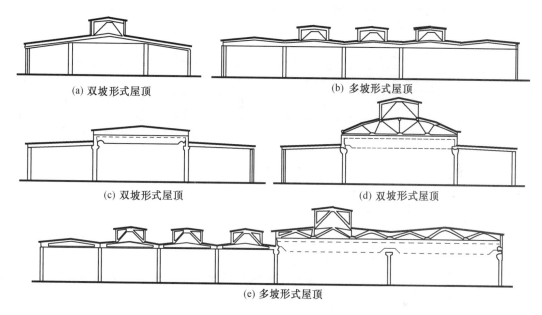

图5.35 单层厂房屋顶形式

多坡屋顶是几个双坡屋顶组合在一起,连接处形成天沟,在一般情况下,需要采用有组织内排水,雨水的管道与天沟的构造均较为复杂(图5.35(b)、(e))。多坡屋顶厂房各跨的高度最好做成相等,如图5.35(b)所示。边跨因靠近侧窗,一般可不设天窗。为保证有良好的采光和通风,中部各跨须设天窗。天窗的宽度一般为该跨度的1/3～1/2,可采用6 m、9 m、12 m等。当各跨因生产需要而高度不一致时,则可做成高低跨相连的厂房,如图5.35(e)所示。在高低跨连接处,其构造较复杂,在其上部须设联系梁,梁上设封墙,柱子形状也较为特殊,为了简化柱形,也可改为双柱。在封墙处,可开设高侧窗,这有助于车间内部采光和通风。高低跨连合在一起的形式,缺点较多。如果高度差较小且低跨数量不多时,则宜将低跨提高与高跨取齐,如图5.35(b)所示的形式。

无论是双坡屋顶,还是多坡屋顶,其屋面排水方式的选择主要依据当地的气候条件、生产方式、屋顶面积大小等综合考虑而定。如积灰多的重工业厂房(铸造、冶炼等),在生产过程中散发大量粉尘积于屋面,下雨时积灰粉尘被冲进天沟易造成管道堵塞,故应尽量采用双坡屋顶无组织排水,而有腐蚀性介质的厂房若使用铸铁雨水管,其装置材料易遭受侵蚀,因此,如果采用双坡屋顶,无组织排水,则更为合适。图5.36所示为屋面排水方式。排水方式的不同会对厂房屋顶形式产生较大影响。

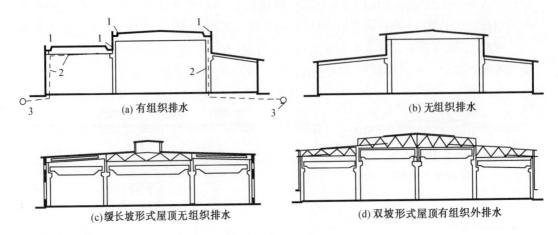

图 5.36 排水方式示意
1—天沟；2—雨水管；3—地下排水管网

5.3.3 多层厂房设计

5.3.3.1 多层厂房的特点

多层厂房在建筑平面布置和结构形式选择方面，都与单层厂房有很大区别。它的特点是：厂房内部各工段分布在各层，各工段之间不仅有水平联系，而且还有垂直联系。设计时须解决其相互关系，合理安排垂直方向交通枢纽的位置，以及各楼层之间生活辅助用室的相对集中等问题。

多层厂房的宽度，因受侧窗采光的限制，所以不能太大。它的柱网尺寸也不宜过大，因为除了底层以外，以上各层的荷载均由各层楼板来承担，然后传递到柱和基础上去，如柱网尺寸增大，对结构造价影响较大，所以选择柱网尺寸时，结构条件和限制较多。

为了更好地了解多层厂房以便进行方案选择，现把多层厂房的优点和缺点介绍如下。

(1) 多层厂房的优点

①占地面积小，节约用地，在城市中建厂此优点尤为突出。此外，由于节约用地，相应地缩短室外一切管网、道路、围墙等设施，因而全厂基本建设费用可以降低。

②对于一般轻型的工业厂房，在规模相同的情况下，其建筑造价较单层厂房低。

③外围护结构(外墙和屋顶)的面积比单层厂房小，故采暖和空气调节装置及经常使用费都比较经济。

(2) 多层厂房的缺点

①柱网尺寸小，工艺布置不如单层厂房灵活。

②为满足各层的通风和采光的需要，厂房宽度受一定的限制。

③工业产品和设备的荷载，除首层外，其余各层均由承重结构来承担，故楼板的荷载不能太大。

在现代工业企业的建设中，特别是化学工业、轻工业、食品工业、仪表工业、无线电工业及轻型制造工业等，由于工艺组织、经营管理、城市规划及节约用地等要求，多采用多层厂房。

(3) 多层厂房的适用条件
① 生产工艺流程适合于上下布置而垂直运输的。
② 设备及成品重量较轻,楼板荷载不大于 2 t/m²。
③ 建筑在市区或建筑基地较小时。
④ 跨度和净空高度要求不大,产品运输量较小时。

5.3.3.2 多层厂房平面设计

(1) 工艺过程与生产技术要求对平面布置的影响

多层厂房平面布置应在生产工艺设计的基础上进行。除满足生产工艺过程的需要外,还要考虑与生产有关的楼板荷载、恒温、恒湿、防尘、防振、防毒、防爆、采光、通风等技术要求。此外,还要合理布置门厅、楼梯间、生活间及辅助房间。

厂房平面布置除了考虑各层本身联系外,还应很好研究各层之间的垂直联系。若一般工段无特殊要求时,工艺路线可从底层开始,逐渐上升,直到顶层,完成全部生产过程。若原料较轻且体积不大,而成品又是大量生产,可将原料直接送到顶层,逐渐下降,顺序加工达到底层。但也有由于某些工段的生产技术条件和要求,生产路线不能按层次顺序进行,而必须在路线中途反复运行者。

平面布置时,应按下述原则进行。

① 根据工艺要求,可将运输量较大的,生产设备较重的及用水量较多的工段布置在厂房的底层,如此,可以节约垂直运输费用,减轻楼板的荷载,有利于排除地面污水。

② 设备轻、运输量不大的工段,或生产上联系较少的工段,以及辅助房间可布置在顶层。

③ 在生产中有烟尘及污浊空气的、有爆炸危险的、或向外散发热量的工段,宜布置在顶层,以便于开设天窗进行通风,和设置轻质屋面以利爆炸时泄压。

④ 按生产性质不同,可将某些技术条件相似的工段集中布置,如要求空气调节的,防振或防尘要求严格的,与一般生产工段分区布置。

⑤ 合理安排房间的朝向。生产工段应尽量争取南北向,要求空调的房间为减少太阳辐射热,宜朝北向。

多层厂房的平面形式,应力求简单,根据地形情况、生产需要和扩建要求,可组成多种形式,如图 5.37 所示。

(2) 生活间和楼梯间的布置

在一般厂房生活间中,备有存衣室、盥洗室、厕所等。在精密性生产厂房中要设更衣、更鞋室。防尘要求高的要设空气吹淋室等。在无窗厂房中要设太阳灯室。车间办公室等辅助房间一般是和生活间布置在一起的。

生活间的层高一般在 2.8~3.2 m 之间。如车间层高不很高时,生活间的层高可与车间取齐,这样布置的优点是使用较方便,结构与施工都简单,在实践中以采用这种布置方式较多,但缺点是生活间的空间常得不到充分利用。

当车间层高较高时,生活间可与车间层高不同,生活间与车间层高之比有 1∶2、2∶3、3∶4 等。降低生活间的层高,有利于增加生活间的层数,合理地利用建筑空间,但连接车间和生活间的楼梯,其结构和施工均较复杂,使用上也不大方便。图 5.38 为车间与生活间层数比为 2∶3 的举例。

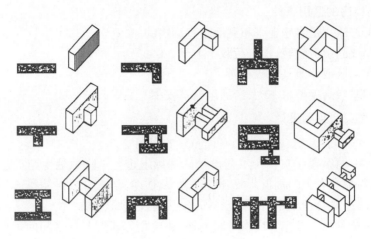

图 5.37 多层厂房形式

生活间布置在车间中的位置有许多种形式,如图 5.39 所示。

当车间不长时,生活间可设在端部或角部;如车间较长时,可在车间的两端设置生活间(图 5.39(a)、(b))。设在车间端部和角部的优点是生产面积可集中使用、工艺布置灵活性大、车间通风采光好。但设在端部对厂房扩建不利。

生活间可嵌在车间的中部(图 5.39(c)、(d)),此种布置与设在端部和角部来比,优点是可缩短车间工作地点至生活间的距离;缺点是把厂房面积分割开来,有时会影响工艺布置的灵活性,且会影响车间的通风和采光。

生活间可贴建于厂房外墙(图 5.39(e)、(f)),此种布置给工艺布置带来很大的灵活性,生活间和车间可采用不同的结构类型。如贴建在车间侧面时,它的位置较适中,便于与生产各部分的联系,但对车间的采光和通风影响较大;如贴建在车间端部时,则不影响车间的

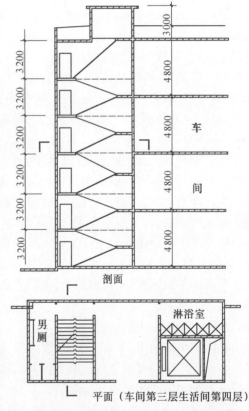

图 5.38 车间与生活间不同层高布置举例
(层数比 2∶3)

采光和通风,但当车间较长时,须在另一端增设辅助生活间。

生活间还有与车间离开,单独布置的形式(图 5.39(g)),车间与生活间可采用不同的结构类型、并可按不同的标准建造。此种布置的车间可进行封闭生产,对防尘有利,对车间的采光和通风影响甚小,但须设走廊或过街楼与车间联系,占地面积也较大,较少采用。

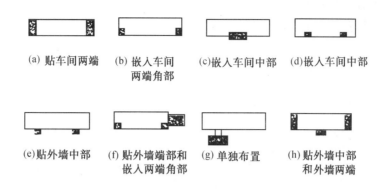

图 5.39　多层厂房生活间的位置

(3)柱网选择

多层厂房柱网尺寸的选择,应考虑生产工艺的需要、结构形式是否经济合理等因素来决定。一般多层厂房的柱网形式如图 5.40 所示。

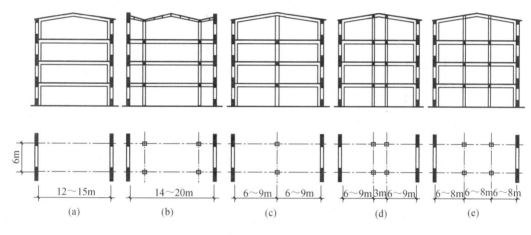

图 5.40　多层厂房平面柱网与剖面

图 5.40(d)的柱网称为内廊式,车间的走道固定在中间,走廊两侧可沿中柱修建隔墙,管道一般是布置在走廊内,悬挂在楼板下面。图 5.40(e)的柱网称为方格式,车间可整片布置生产设备,走道可根据工段位置布置,并不固定在中间。

在《厂房建筑模数协调标准》中,对多层厂房柱网尺寸有所规定:厂房的柱距应采用 6 m,当采用方格式柱网时,一般由 6 m×6 m 组成。在内廊式厂房中,房间的进深一般采用6.0 m、6.6 m 和 6.9 m,走廊的宽度一般采用 2.4 m 和 3.0 m。目前有一些工厂为满足工艺布置和设计的需要而采用较大的柱网尺寸,如 6 m×9 m,6 m×12 m,6 m×15 m 等(图5.40)。

(4)管线的布置

车间内需设置各种工程技术管网,如电力管网,上下水道,压缩空气、煤气、乙炔气、氧气管道等。有的可敷设在地下管沟中,有的需要架空敷设。这样就要求在结构构件的相应位置安装许多固定设施。在精密性生产厂房里,为了满足洁净要求,通常均为暗设,在作平面和剖面设计时均须有组织地进行布置。

暗设管线的布置方法主要有以下几种。

①技术夹墙　把内墙做成双层,如图5.41(a)、(b)所示,以备管线在夹墙内通过。宽度宜大于600 mm。可以开门以备工人进入检修;也可不开门,工人由技术夹层下来进行检修。

②技术走廊　沿外墙做技术走廊,如图5.41(d)所示。廊中设各种管线和工艺设备,在一般情况下可不必再设水平技术夹层了。车间可利用走廊进行天然采光。这种走廊对室内的恒温、防尘创造了有利条件。

③技术夹层　可在楼层的全部,或仅在走廊的顶部,水平方向做技术夹层,如图5.41(e)、(f)所示。

④管道井　通常设在多层厂房中竖向管线特别集中的地方,如图5.41(c)所示。

此外,还可以在地下室、地沟等处敷设各种管线。

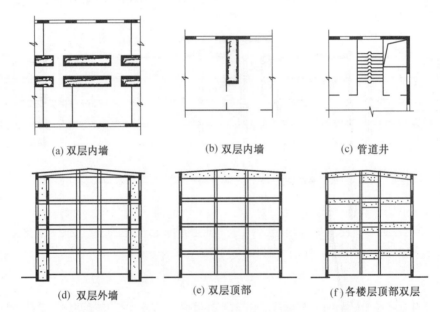

图5.41　多层厂房管道的布置

5.3.3.3　多层厂房剖面设计

(1)多层厂房层数的确定

多层厂房的层数,主要取决于工艺过程中的上下工序的划分,同时要考虑设备的布置、基地大小、地基承载力和经济条件等。例如,面粉厂的工艺过程是由上而下垂直运输的,由于竖向工艺过程的布置,确定了各层工段的位置,相应地也就确定了建筑物的层数。又如,某轻型机械加工厂,它的生产设备荷载重的比较多,适于布置在底层,由于底层面积加大,相应地层数少一些就可满足全部生产面积的需要。

多层厂房常用的层数为2～6层,其中以3～4层为最多。

(2)多层厂房层高的确定

多层厂房的层高,主要取决于能容纳车间内的最大生产设备、管道的敷设和满足运输的要求。在某些厂房内生产设备和运输要求高度不大时,厂房层高则要由采光、通风等要求来决定。

厂房的层高和厂房的宽度有密切关系。厂房的宽度一般以设备的尺寸和排列方式来决定。当厂房的宽度设计较大时,为了保证厂房中部有足够的天然光线,就要提高窗口的高度,因此厂房的层高就相应地加大,建筑造价也就随之增加。所以应根据车间不同的照度要求和厂房的宽度来选择合适的层高。一般多层厂房的层高为 3.9 ~ 6.0 m。

5.3.3.4 多层厂房结构形式

多层厂房结构形式,主要的有钢筋混凝土框架结构和钢筋混凝土内框架结构。现把这两种结构形式介绍如下。

(1)钢筋混凝土框架结构

钢筋混凝土框架结构主要分梁板柱结构(图 5.42)和板柱结构(图 5.43)两种,当多层厂房的层数较多,或跨度较大,或荷载较大时,须采用钢筋混凝土框架结构。按施工方法的不同,有现浇的和预制装配的,现以采用预制装配的较多。

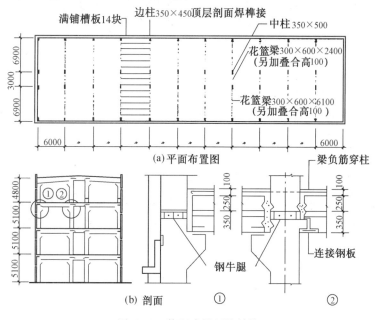

图 5.42 装配式梁板柱结构

现浇的钢筋混凝土框架具有良好的整体性,容易保证质量,主要缺点是模板耗用量大,施工时间较长。

在装配式钢筋混凝土框架结构中,梁板柱结构是由柱、梁、板等构件组成的;板柱结构则由柱、柱帽、板等构件组成。上述构件在工地上进行吊装,连接成一整体。

板柱结构的特点是没有梁,因此板底平整,可以改善室内的采光和通风,且易保持清洁,敷设管线也较方便。柱网宜采用正方形或接近正方形。当荷载较大时,其造价则较梁板柱结构经济。在一般多层厂房中,当采用方格式柱网,而荷载在 1 000 kg/m² 以上时,可以采用板柱结构。

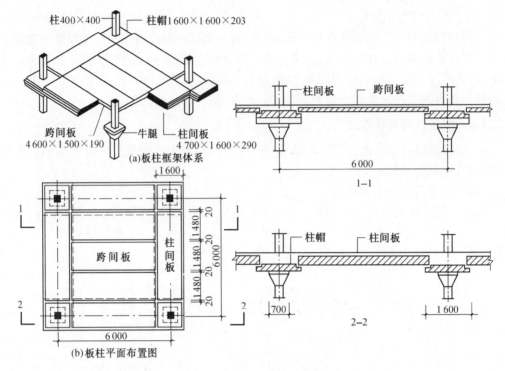

图 5.43 装配式板柱结构

(2)钢筋混凝土内框架结构

钢筋混凝土内框架结构的外围为砖墙承重,内部为钢筋混凝土柱承重。此种结构较节约钢材和水泥,造价较经济。当跨度在 6 m 以下,楼面荷载不大,层数在 4~5 层以下时,可以采用此种结构。但在地基较差,建筑物较长时,易产生外墙、内柱不均匀下沉,导致墙身、楼面开裂。在地震区建筑工厂应对此种形式慎重考虑选用。

第6章 环境工程土建设计

6.1 概　　述

环境工程土建设计主要是指以环境污染治理工程为主的各种房屋建筑物、构筑物的建筑设计及构造设计。

6.1.1 环境工程土建的特点

环境工程土建设计与其他类型的建筑设计相似，均具有建筑的共性。由于它主要是为环境污染治理工程服务的，因此，它又具有其自身的特点，主要反映在厂房的选址和平面布置、空间处理、建筑结构和构造、各种构筑物的选型和构造、污染物的运输处理以及建筑物或构筑物的采光和通风等方面。其特点主要如下。

建筑方面，它首先要满足生产工艺流程的需要，如污水处理工程中的土建设计，从污水的引入，经净化处理达标到再排入各种天然水体中去，整个土建设计是在污水处理工艺设计的基础上进行，是在适应生产工艺要求的前提下，为技术操作人员创造良好的工作环境，使污水处理厂满足"适用、安全、经济、美观"的要求。其次它还要根据生产工艺流程的需要，设置各种设备以及生产和检修时所必需的起重运输设备，要求建筑物面积和空间尺寸都必须满足各种设备的运行。因此，无论在平面布置、剖面设计，还是在构造处理上，环境工程土建设计都应首先满足生产工艺的要求。

结构方面，在污染治理整个过程中，会产生一些有害因素，使结构表面受到环境介质的侵蚀，这对土建结构极为不利。如在污水处理工程中，污水中的酸碱液、微生物、有机物质、处理污水过程中产生的臭气以及最终产生的污泥等，都会不同程度地侵蚀破坏各种建筑材料的耐久性能，从而降低结构的力学性能。因此，在环境土建设计中，结构上应考虑采取防腐措施，以满足结构耐久性的要求。

施工方面，环境工程土建施工的安装技术水平要求较高，各种管道的施工与管线的安装工程都比较复杂，一些构筑物与设备的基础埋置较深，基础土石方量大，精度要求高，在遇到地下水位较高时还需采取排水与防水等措施。因此，在环境土建设计过程中，这些因素都要予以考虑。

6.1.2 环境工程土建的类型

环境污染治理工程工艺复杂，类型较多，与之相配套的土建工程类型也较多。
通常按水、气、渣污染治理将工程分为：污水治理工程方面的土建工程，如各种类型污水厂的土建设计——包括厂房、各类贮水池、管道、泵房等设计；废气治理方面的土建工程，如建筑物中的烟道与构筑物烟囱的土建设计；固体废物最终处置方面的土建工程，如垃圾填埋场的土建设计等。

6.1.3 环境工程土建设计要求

环境工程土建设计与一般工业建筑设计要求基本相同,首先要满足污染治理工艺要求;其次要满足土建技术要求,根据土建构筑物所处的不同介质环境,采取不同的构造措施。如污水中的酸碱液、有机物及微生物等对贮水池体与输水管道都有不同程度的侵蚀作用,燃烧硫化物产生的酸性烟气对烟囱筒体也有侵蚀作用,这类构筑物需做防腐措施。而各种贮水构筑物均应满足防漏、防渗技术要求。设计时还要考虑到地形、气候、风向等自然因素以及污染源对整个污染治理工程土建设计的影响,防止出现新的污染源。

6.2 污水厂土建设计

6.2.1 污水厂平面设计

6.2.1.1 总平面布置的基本原则与要求

总平面布置就是在既定厂址和工业企业总体规划的基础上,根据生产、使用、安全、卫生等要求,综合利用环境条件,合理确定场地上所有建筑物、构筑物、交通运输线路、工程管线、绿化和美化等设施的平面布置。总平面布置是总图设计的重要组成部分,在进行总图布置时必须从全局出发,结合实际情况,进行系统的综合分析,经多方案的技术经济比较,择优选取,以便创造良好的工作和生产环境、提高建设投资的经济效益和降低生产能耗。

(1) 了解规划要求,使总平面布置与之相适应

一般情况下,对一个地区或一个城镇来说,都有自己的总体发展规划。在总体发展规划中,对该地区或城镇的用地进行了功能组织。对工业、农业、交通运输、居民用地都有一个合理的布局,在这些地区进行工业企业建设时,一定要了解该地区或该城镇的总体规划,以便了解拟建企业的环境情况和外部条件,使总平面布置与其相适应,使厂区、厂前区、生活居住区与城镇构成一个有机的整体。这样既有利于生产,又方便了生活。影响总平面布置的因素见表6.1。

表6.1 影响总平面布置的因素

方针政策	1.节约用地 2.环境保护 3.降低能耗 4.综合利用
企业的生产使用功能	1.生产工艺流程和使用功能要求 2.企业预留发展和扩建要求 3.生产管理和生活方便要求 4.安全、卫生要求 5.建筑艺术要求 6.环境质量要求
建设场地的条件	1.地形、地质、水文、气象等条件 2.交通运输条件 3.动力供应和给排水条件 4.施工建设条件 5.厂际协作条件 6.城镇或工业区、居住区规划条件

污水处理厂位置的选择,应符合城镇总体规划和排水工程总体规划的要求,并应根据下列因素综合确定:

①污水厂必须位于集中给水水源的下游,并应设在城市与工厂厂区及生活区的下游,同时保持300 m以上的距离;

②在城镇夏季最大频率风向的下风侧;

③有良好的工程地质条件,地下水位较低,当污水厂有可能污染地下水时应考虑防渗措施,除采用稳定塘等处理工艺外,厂址不宜设在雨季易受水淹的低洼处;

④少拆迁,少占农田,有一定的卫生防护距离;

⑤有扩建的可能;

⑥便于污水、污泥的排放和利用;

⑦厂区地形不受水淹,有良好的排水条件;

⑧有方便的交通、运输和水电条件。

(2)满足生产要求,工艺流程合理

总平面布置必须满足生产要求。因此要熟悉工艺,使总平面按工艺流程顺序布置,使工艺流程顺畅合理。如鼓风机房应位于曝气池附近,以节省管道和动力;化验室应远离污泥干化场和机器间,以保证良好的工作条件等。

图6.1所示为A市污水处理厂总平面布置图。该厂的处理构筑物有:机械格栅、曝气沉砂池、初次沉淀池、二次沉淀池、鼓风式深水中层曝气池、消化池及若干附属建(构)筑物等。

该厂平面布置特点是:流线清楚、布置紧凑。鼓风机房和回流污泥泵房位于二次沉淀池的一侧,节约了管道和动力费用,便于操作管理。

(3)充分利用地形地质,因地制宜进行布置

建厂地区的地形地质对总平面布置影响很大,所以,在进行总平面布置时要了解建厂地区的地形、地质情况,合理利用地形地质情况,因地制宜地进行总平面布置。

(4)风向、朝向、减少环境污染

在进行总平面布置时,考虑风向问题主要是为了利用风向条件合理地确定厂区建、构筑物的位置,如污泥处理构筑物一般设在污水厂的下风向;同时还应尽量使大多数建筑物都有良好的朝向。

(5)防火、防爆、防震、防噪

为了预防和减少火灾发生,总平面布置需要考虑并满足防火要求,防火应从以下几个方面着手:

①合理地确定火灾危险性较大车间的位置。

②合理地布置防火设施。

③合理地确定建、构筑物之间的距离。

总平面布置中的防爆要求,主要是针对有甲、乙类爆炸危险的厂房,要合理地确定其防爆距离。如消化池及其辅助构筑物的设计(包括平面位置、间距等)应符合现行的《建筑设计防火规范》的规定。防爆区内电机、电器和照明均应符合防爆要求。总平面布置时要考虑的防振问题,主要是为忌振设备的生产创造良好的条件。

噪声对人的危害很大。在进行总平面布置时要尽量选用低噪声的设备,同时要合理地确定高噪声的建、构筑物的位置。如泵房、鼓风机房的噪声问题。

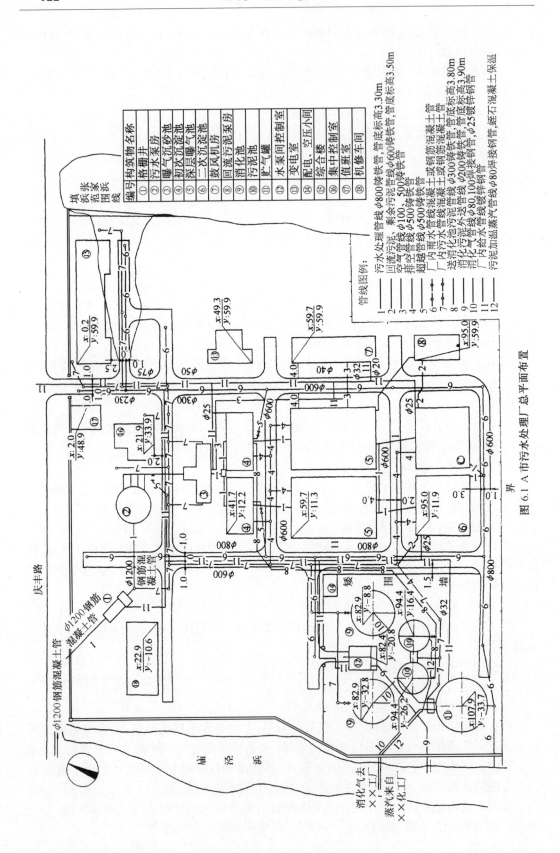

图 6.1 A市污水处理厂总平面布置

(6)适应内外运输,线路短捷顺直

要考虑厂外运输方式、接轨点的位置;

与厂内多种运输方式相适应;

在满足生产和运输要求的前提下,线路力求短捷、顺直、避免迂回、减少运输相互交叉;

要考虑厂内道路运输系统布局的合理性。

(7)重视节约用地,布置紧凑合理

节约用地是我国的一项基本国策。在生产上允许,技术上可能的前提下,力求使总平面布局紧凑合理。

(8)远近建设关系,全面统一考虑

工业企业的生产规模都是从小到大逐步发展的。企业建设就存在着近期建设和远期发展的关系问题,污水厂的设计同样如此。因此,在处理远期和近期关系问题时,要符合以下原则:

远近期建设结合,以近期为主;

远期方案尽可能按最终规模考虑;

估计远期变化和对策时要统一考虑。

对于远期发展一般采取预留的方式。

(9)建筑群体组合注重艺术效果

建筑群体的组合要注意艺术处理,考虑艺术效果。

(10)考虑施工问题

总平面布置时必须要考虑施工问题,为施工创造良好的条件。

6.2.1.2 功能分区

功能分区,就是把性质相同或相近的建筑物或构筑物就近布置,组成各区段。各区段布置的合理与否将直接影响工厂的生产效率、产品质量和工人的健康。

各功能区之间一般是以主要的或次要的道路或通道为界。较典型的厂区一般是由生产区、动力区、仓库区和厂前区组成。

(1)生产区

生产区是主体,它是由主要生产车间或生产构筑物或建筑物组成。在污水厂中,如果是采用传统的活性污泥法进行二级处理,那么生产区就包括沉砂池、初沉池、曝气池、二沉池、浓缩池、贮泥池、消化池、回流泵房、鼓风机房等。生产区的布置要求将有污染的车间布置在主导风向的下风向。一般污水厂中都将污泥处理构筑物布置在污水处理构筑物的下风向。

(2)动力区

动力区是为生产提供动力来源的设施。总平面设计时,应将其布置在厂区的能耗负荷中心或靠近能耗较大的车间位置,以减少能量的损耗。但需要考虑对环境的影响问题。如污水厂中的变电所应位于耗电量大的构筑物附近。生产中排放烟尘的动力设施——煤气站、锅炉房等应布置在处于常年最小频率风向的上风侧。

(3)仓库区

仓库区主要包括原材料区和发货成品库。应布置在货流运输方便处。

(4)厂前区

本区由行政办公用房和生活福利用房组成。一般包括工厂总出入口、厂办公楼、电子计算机控制中心、中心实验室、汽车库、职工食堂、收发室、宿舍、招待所等。在污水厂中,一般厂前区布置在主要出入口处,并由绿化带与处理构筑物间隔一定距离,同时在主导风向的上风向,尽量少受污水厂不良气味的影响。

一般污水厂的功能分区简称为厂前区、污水区和污泥区。一、二级污水厂生产和生活设施用地指标见表6.2。

表6.2 一、二级污水厂生产和生活设施建筑面积指标   m²

建设规模	一级污水厂			二级污水厂		
	生产与行政管理用房	生活福利设施用房	合 计	生产与行政管理用房	生活福利设施用房	合 计
Ⅰ	2 300~2 570	1 330~1 640	3 630~4 390	3 000~4 100	1 900~2 340	4 900~6 440
Ⅱ	2 000~2 300	1 220~1 330	3 220~3 630	2 670~3 000	1 740~1 900	4 410~4 900
Ⅲ	1 470~2 000	880~1 220	2 350~3 220	2 000~2 670	1 250~1 740	3 250~4 410
Ⅳ	920~1 470	480~880	1 400~2 350	1 300~2 000	680~1 250	1 980~3 250
Ⅴ	650~920	240~480	890~1 400	750~1 300	340~680	1 090~1 980

6.2.1.3 合理地组织人货流

厂内运输是指厂区范围以内的运输,是联系各生产环节的纽带。也就是说,各个生产加工环节只有通过各种运输线路的连接才能构成一个有机的能够顺利完成一定生产任务的整体。厂内运输是企业生产的重要组成部分,又是厂区总平面布置的骨架和大动脉,没有厂内运输系统就谈不上总平面布置的合理性。同时,厂内运输方式的选择及其线路布置对厂区总平面又有较强的制约性。

目前较为广泛采用的运输方式有:铁路运输、道路运输、带式运输、管道运输等。

在总平面设计时应将厂内的人货流分开,避免交叉迂回,使之井然有序。另外最好将主车道设计成环状,或在运输频繁的药库、机械间及车库前设停车场。

在污水厂中,各处理构筑物间的污水或污泥主要采用管、渠连接。构筑物的布置应使贯通连接其间的管、渠便捷、直通,避免迂回曲折。此外,还应设有能够使各处理构筑物独立运行的管、渠,当某一处理构筑物因故停止工作时,使其后续处理构筑物能够保持正常的运行。同时应设超越全部处理构筑物,直接排入水体的超越管。在厂区内还应设有:给水管、空气管、消化气管、蒸汽管以及输配电线路。这些管线有的敷设在地下,有的敷设在地上,敷设时要求紧凑、少占地、便于施工,也可以考虑架空方式。

6.2.1.4 厂区道路和绿化

(1)厂区道路

厂区道路一般分为主干道、次干道、辅助道、车间引道和人行道。道路的布置应能满足货流及人流运输的要求,并使货流通畅、运输短捷、人流方便、确保安全,而且要考虑安全、卫生消防等环境保护的要求。一般情况下,厂内主干道与主要通道、大多数建(构)筑物长轴和主要出入口的位置是相适应的。一般污水处理厂的污泥外运就不要经过厂前区的出入口,而是经由其他的出入口运走。

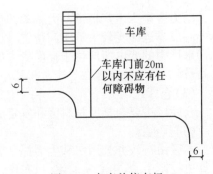

图6.2 车库前停车场

厂内道路布置形式有环状式、尽头式和混合式。

厂区道路一般为单车道和双车道两类。单车道宽以 3.5~4.0 m 为宜，双车道宽以 6~7 m 为宜。车道的转弯半径与车辆的型号和是否挂有拖车而定。汽车库前的停车场如图 6.2、6.3 所示。

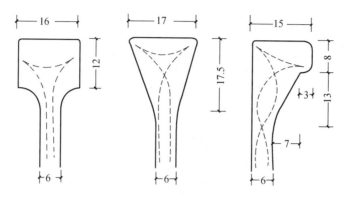

图 6.3　尽端回车场

(2)厂区绿化

①厂区绿化的作用。绿色植物在进行光合作用时，吸收二氧化碳，放出氧气。通常 1 hm² 阔叶林在生长季节每天可吸收 0.9~1.0 t 二氧化碳，放出 0.6~0.75 t 氧气。绿色植物还能吸收有害气体，净化空气。吸收有害气体和烟尘的树种有刺槐、悬铃木、冬青等。绿色植物能吸收声波，可降低环境噪声。一般绿化可降低 8~10 dB。另外，绿化还可以美化环境，焕发人们的精神。因此，绿化可以减少环境污染，创造良好的生产卫生条件，这不仅有利于人们的身心健康，还能大大地提高劳动生产效率。

②厂区绿化布置。污水厂的绿化，一般由行道树、绿篱、草地和花坛组成。按规定，污水厂厂区绿化面积不得小于 30%。根据厂区各地生产特点，使用功能，空气污染状况不同，绿化布置也要因地而宜。

散发可燃气体的建、构筑物，如油库附近，宜种植含树脂少、水分多、根系深、再生力强、不易燃烧的树种；发生强烈噪声的车间附近，如鼓风机房、空压机房、泵房等，应多种植树冠矮、分枝低、枝叶茂密的乔木、灌木，并高低搭配形成隔离绿带，以降低噪声强度，减低噪声对环境的干扰；要求防尘、清洁的建筑物附近，如化验室，四周宜种植一些高矮不等的乔木、灌木，起阻滞灰尘的作用。

6.2.1.5　自然条件对平面设计的影响

污水是生活污水、工业废水、被污染的雨水的统称。生活污水和生产污水（或经工矿企业局部处理后的生产污水）的混合污水称为城市污水。根据污水排入城市下水道水质标准，有些工业废水必须先经过处理，达到要求后，方可排入城市排水系统。

污水的处理主要包括城市污水处理和工业废水处理。城市污水处理厂水质一般较稳定、水量较大，为减少建设和运行费用，一般城市污水处理厂主要的污水和污泥处理构筑物都设在室外，如沉砂池、初沉池、曝气池、二沉池、消化池、浓缩池、贮泥池等；而工业废水一般水质波动较大、水量较小，其处理单元多设在室内。

(1) 气候对平面设计的影响

在炎热地区,为使厂房有良好的自然通风,厂房宽度不宜过大,最好采用长条形,并使厂房长轴与夏季主导风向垂直或大于45°。∩性平面的开口应朝向迎风面,见图6.4。并在侧墙上开设门窗,有利于组织车间内的穿堂风。

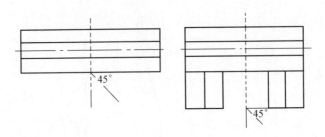

图6.4　厂房方位与风向

在寒冷地区,为避免风对室内气温的影响,厂房的长边应平行冬季主导风向,主导风向的墙上应尽量减少门窗的面积。停留时间较长的构筑物应考虑保温措施。

(2) 地形对平面设计的影响

为了降低运行费用,便于维护管理,污水在处理构筑物间的流动以按重力流动为宜,尽量减少提升次数。所以,污水与污泥的流向应充分利用原有地形。各构筑物之间的连接管渠应简单、便捷,避免迂回曲折,符合排水通畅、降低能耗、平衡土方的要求。

如当地拥有农业开发价值不大的河道、洼地、沼泽地等就可以采用稳定塘、土地处理等污水的自然生物处理系统,在寒冷地区采用适当的技术处理之后,在低温季节也能正常运行。

地形坡度的大小对厂房的平面形状也有着直接的影响,如图6.5中的地形是一个两边高、中间低的山谷地,如按图6.5(a)图将厂房布置为一字型平面,虽然能使厂房结构简单,平面规整,但土方量较大,造价也会提高。如平面形状按图6.5(b)图所示,在建筑面积相等的条件下布置为"L"形平面,则土方量较小,造价也会降低。所以,在地形变化较大的地区建厂应充分考虑地形对平面形状设计的影响。

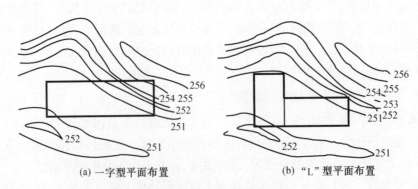

图6.5　地形对厂房平面形状的影响

当工艺流程自上而下布置时,将厂房建在坡地上,在生产工艺允许的情况下,可将厂房室内地坪设置在不同的标高上。

(3)其他条件对平面设计的影响

地下水位较高、地质条件较差的地区,不宜选用深度大、施工难度高的构筑物。

在地震、湿陷性黄土、膨胀土、多年冻土以及其他特殊地区设计排水工程时,尚应符合现行的有关部门规范的规定。

6.2.1.6 平面设计与工艺流程的关系

(1)工艺流程的选定

废水处理工艺流程是指对废水处理所采用的一系列处理单元的组合形式。一般与废水处理厂厂址的选择统一考虑,污水处理工艺的选择,应根据污水水质与水量、排放水体的环境容量与利用情况,并结合当地的实际情况,经技术经济比较后,优先选用低能耗、低运行费、低投入及少占地、操作管理方便的成熟处理工艺。污水处理工艺的选择具体考虑因素如下。

①原水的性质。原水性质是影响工艺流程选择的最重要的因素之一。对城市污水去除的对象主要是处于各种形态的有机污染物。因此,其处理流程是容易确定的。图6.6所示即为城市废水处理的典型工艺流程。

这一流程是国内外污水处理所普遍采用的,比较成熟的。所不同的地方主要是采用生物处理工艺不同,活性污泥法或生物膜法。处理单元的排列顺序原则是先易后难,易于去除的悬浮物的处理构筑物,如沉淀池等排列于前,而以去除溶解性有机物为目的的生物处理构筑物排列其后,消毒去除病原菌则排列在最后。因此,一般将处理工艺流程分为一级处理和二级处理,以去除悬浮物为主的系统为一级处理,污水一级处理常规工艺为除渣、沉砂、沉淀和出水消毒等;而二级处理则主要是以溶解性有机物作为去除对象,一般均属生物处理构筑物。经过二级处理的水,如以回用为目的进一步进行处理的系统称为深度处理系统。图6.7、6.8为天津纪庄子废水处理厂平面布置和工艺流程图。

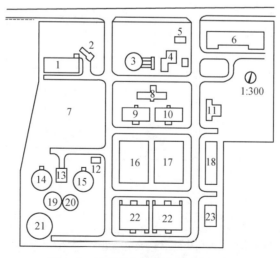

图6.6 城市废水处理典型流程

1—机修车间;2—格栅井;3—废水泵房;4—集中控制室;5—值班室;6—综合楼;7—保留用地;8—曝气沉砂池;9、10—初次沉淀池;11—变电室;12—配电间;13—水泵控制室;14、15—污泥消化池;16、17—深水中层曝气池;18—鼓风机房;19、20—污泥池;21—贮气罐;22—二次沉淀池;23—回流污泥泵房

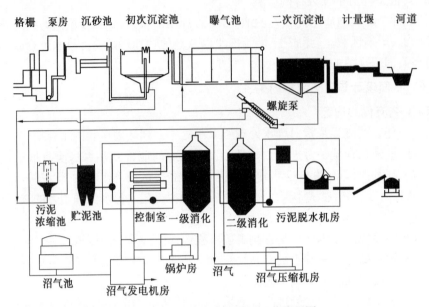

图 6.7 天津纪庄子废水处理厂工艺流程图

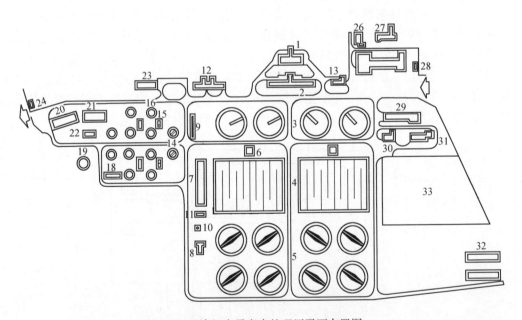

图 6.8 天津纪庄子废水处理厂平面布置图

1—废水泵房;2—沉砂池;3—初次沉淀池;4—曝气池;5—二次沉淀池;6—回流污泥泵房;7—鼓风机房;8—加氯间;9—计量槽;10—深井泵房;11—循环水池;12—总变电站;13—仪表间;14—污泥浓缩池;15—贮泥池;16—消化池;17—控制室;18—沼气压缩机房;19—沼气罐;20—污泥脱水机房;21—沼气发电机房;22—变电所;23—锅炉房;24—传达室;25—办公化验楼;26—浴室锅炉房;27—幼儿园;28—传达室;29—机修车间;30—汽车库;31—仓库;32—宿舍;33—试验厂

污水处理级别应根据污水水质,水体对排水的水质要求等因素,通过技术经济比较后确定。当要求悬浮物和五日生化需氧量处理效率为 40% ~ 55% 和 20% ~ 30% 时,可选用污水一级处理;当要求悬浮物和五日生化需氧量处理效率不低于 80% 时,可选用污水二级处理。污水二级处理的出水水质应满足下列要求：$BOD_5 \leqslant 30$ mg/l；$SS \leqslant 30$ mg/l；$COD_{cr} \leqslant 120$ mg/l。

对排放水体为封闭水域，现已富营养化或存在富营养化威胁的水域以及污水处理后进行再用的，可选用除磷脱氮工艺、三级处理或深度处理工艺。

至于工业废水，种类繁多，应去除的污染对象庞杂，可以采用的处理工艺繁多。工业废水根据不同的处理对象，能够采取的处理工艺见表6.3。

表6.3 废水处理与利用的基本方法

分类		处理与利用的工艺	去 除 对 象	作 用
物理法	重力分离法	调节	使水质、水量均衡	预处理
		沉淀	可沉物质	预处理
		隔油	颗粒较大的油珠	预处理
		气浮	乳状油相对密度接近于1的悬浮物	中间处理
	离心分离法	水力悬流器	相对密度大的悬浮物，如铁皮、砂等	预处理
		离心机	乳状油、纤维、纸浆、晶体等	中间处理
	过滤	格栅	粗大悬浮物	预处理
		筛网	较小的悬浮物	预处理
		砂滤	细小的悬浮物、乳状油	中间或最终处理
		布滤	细小的悬浮物、沉渣脱水	中间或最终处理
		微孔管	极细小的悬浮物	最终处理
		反渗透、超滤	某些分子和离子	最终处理
	热处理	蒸发	高浓度酸、碱废液	最终处理
		结晶	可结晶物质、硫酸亚铁、黄血盐	最终处理
	磁分离		弱磁性极性颗粒	最终处理
化学法	投药法	混凝	胶体、乳状油	中间处理
		中和	酸、碱	中间或最终处理
		氧化还原化学沉淀	溶解性有害物质，如CN、Cr、Hg、Cd、S等	最终处理
	传质法	蒸馏	溶解性挥发物质，如单元酚	中间处理
		吹脱	溶解性气体，如H_2S、CO_2等	中间处理
		萃取	溶解性物质，如酚	中间处理
		吸附	溶解性物质，如酚、汞	最终处理
		离子交换	可离解物质、盐类物质等	最终处理
		电渗析	可离解物质、盐类物质等	最终处理
生物	自然生物处理	土地处理	胶体和溶解性有机物质	最终处理
		稳定塘	胶体和溶解性有机物质	最终处理

②处理程度。污水处理程度也是影响工艺流程选择的重要因素之一。

确定污水处理程度要考虑的因素有很多，主要是受纳水体的功能、水环境质量要求、污染状况与自净能力，以及处理后污水是否回用等因素影响。如果处理后污水将回用，就必须使处理后的水质满足用户要求。根据水体的自净能力来确定污水处理程度时,既要考虑利用水体的自净容量,又要防止水体的生态平衡遭到破坏,同时,还要全面考虑水系流域或区域水污染防治规划和城市发展的总体规划等。工业废水的处理程度也是依据它来确定的,如回用则以满足回用水要求为准;如排入城市排水系统,其处理程度应使其处理水质达到"工业废水排入城市下水道的水质标准"。

③工程造价与运行费用。对于特定的废水,有可能采用多种工艺流程使其满足应达到的处理程度。这时处理系统的工程造价与运行费用的高低就成为工艺流程选择的重要因素。一般进行最优化工艺流程的选定时,应以原废水水质水量和其他自然条件作为原始条件,以要求的处理水水质作为约束条件,以处理系统最低的费用作为目标函数。总之,对于任何工程在满足要求的条件下,降低基建费用、节省能耗、降低成本都是人们追求的目标。

④当地自然条件。当地的地形、气候、水资源等自然条件,也对污水处理工艺流程的选择有较大的影响。如在寒冷地区应采用耐低温、冬季能正常运行的工艺方法,而且应尽可能地将处理设施建在室外,以节省基建和运行费用。此外,当地的建筑材料与电力供应等具体情况,也是工艺流程选择应当考虑的因素。

⑤污水水量及其变化动态。除污水水质外,污水水量和水质水量变化幅度的大小也是在工艺流程选择时应该考虑的问题,尤其是在选择处理构筑物时更应予以充分注意。如水质水量变化大的应该设均质池或事故贮水池,或选择耐冲击负荷能力较强的工艺。

⑥运行管理与施工。运行管理所需要的技术条件与施工的难易程度也是在流程选择时应考虑的问题。目前,我国污水厂的运行管理存在的问题较多。在选择运行管理复杂的工艺时要经过充分的可行性研究再决定。

另外,污水处理工艺与装备,应根据国情出发,因地制宜,合理确定。

(2)工艺流程对平面设计的影响

各构筑物和厂房的平面设计首先要满足生产工艺的要求,建筑设计人员必须与工艺人员密切配合,深入实际,调查研究,对工艺有相应的了解。

各处理构筑物之间,应保持一定的间距,以保证敷设连接管、渠的要求,一般间距可取 5~10 m,某些有特殊要求的构筑物,其间距可按有关规定确定。如消化池应距初沉池较近以缩短污泥管线,但消化池与其他构筑之间的距离不得小于 20 m。排水管道与其他地下管线(构筑物)的最小净距见表 6.4。贮气罐、余气燃烧装置、消化气管道与其他危险品仓库的位置与设计,应符合国家和地区现行防火规范的要求。

(3)平面设计的其他影响因素

不同性质的厂房在生产操作时会出现不同的生产状况,污泥脱水机房室内会有大量臭味,因此,平面设计要求有利于加强室内通风,同时应有除臭设施。

生产设备的大小和布置方式影响到厂房的跨度和间数。同时也影响到大门的尺寸和柱间距。如水泵机组采用横向排列可以大大地减少泵房的跨度,对于水泵机组较多的泵房可以考虑横向双行排列,这种排列更为紧凑,可以节省建筑面积。泵房的大门要求通畅,既能容纳最大的设备(泵或电机)的出入,又有操作余地(图 6.9)。另外,水泵的型号和泵房的布置方式又与起重设备相关。

第6章 环境工程土建设计

表6.4 排水管道与其他地下管线(构筑物)的最小净距

名　　称		水　平　净　距/m	垂　直　净　距/m
建筑物		见注③	
给水管		见注④	见注④
排水管		1.5	0.15
煤气管	低压	0	0.15
	中压	1.5	
	高压	2.0	
	特高压	5.0	
热力管沟		5.0	0.15
电力电缆		1.0	0.5
通讯电缆		1.0	直埋0.5;穿管0.15
乔木		见注⑤	
地上柱杆(中心)		1.5	
道路侧石边缘		5.0	
铁路		见注⑥	轨底1.2
电车路轨		0	1.0
架空管架基础		2.0	
油管		1.5	0.25
压缩空气管		5.0	0.15
氧气管		1.5	0.25
乙炔管		1.5	0.25
电车电缆		1.5	0.5
明渠渠底		1.5	0.5
涵洞基础底			0.15

注:①表列数字除注明者外,水平净距均指外壁净距,垂直净距系指下面管道的外顶与上面管道基础底间净距。
②采取充分措施(如结构措施)后,表列数字可以减少。
③与建筑物水平净距:管道埋深浅于建筑物基础时,一般不小于2.5 m(压力管不小于5.0 m);管道埋深深于建筑物基础时,按计算确定,但不小于3.0 m。
④与给水管水平净距:给水管管径小于或等于200 mm时,不小于1.5 m;给水管管径大于200 mm时,不小于3.0 m。与生活给水管道交叉时,污水管道、合流管道在生活给水管道下面的垂直净距不应小于0.4 m。当不能避免在生活给水管道上面穿越时,必须予以加固,加固长度不应小于生活给水管道的外径加4 m。
⑤与乔木中心距离不小于1.5 m;如遇现状高大乔木时,则不小于2.0 m。
⑥穿越铁轨时应尽量垂直通过。沿单行铁路敷设时应距路堤坡脚或路堑坡顶不小于5 m。

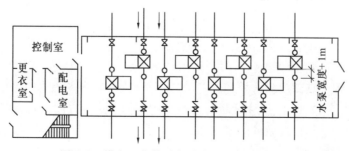

图6.9 横向双向排列水泵站平面布置简图

(4)平面设计举例

北京高碑店污水处理厂是北京市建设的第一座大型城市污水处理厂,其设计规模为近期 100 万 m^3/d,分两期建设,第一期 50 万 m^3/d 于 1993 年完成投产,第二期 50 万 m^3/d 于 1999 年通水运行;按远景规划,其最终规模为 250 万 m^3/d。该厂位于东郊高碑店村南,距旧城广渠门约 8 km。该厂址地处城市边缘,但水、电、交通等条件均甚为便利。

①一期工程 污水水量 100 万 m^3/d。污水水质:COD 一般在 500~600 mg/l,可生化性较差;SS 值偏高,特别是降雨初期高得惊人。出水作为水资源回用,根据回用途径确定出水水质标准如下:BOD_5<16 mg/l,SS<30 mg/l,NH_3-N<3 mg/l。针对出水要求,通过实验研究,选用先进的前置缺氧段推流式活性污泥法,延长曝气时间,使出水完全硝化。污泥处理采用两级中温消化工艺。回用水的深度处理考虑在二级处理的基础上,增加混凝、沉淀和砂滤两种简单工艺。

全厂分为五个区:水处理区、泥处理区、中水处理区、试验场及管理区。各区之间用较宽的绿化带分隔以美化环境。厂区管网繁多,为节约用地并便于维修,设置了环状通行管廊。

其工艺流程和平面布置见图 6.10、6.11。

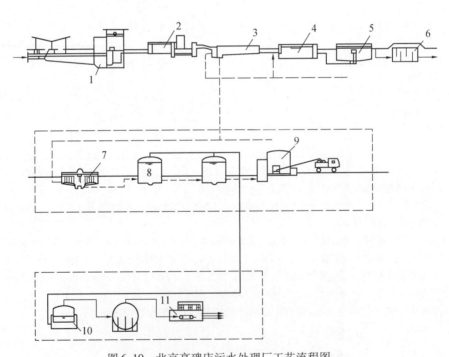

图 6.10 北京高碑店污水处理厂工艺流程图

1—污水泵房;2—曝气沉砂池;3—初次沉淀池;4—曝气池;5—二次沉淀池;6—接触池;
7—污泥浓缩池;8—污泥消化池;9—脱水机房;10—气柜;11—沼气发电机

②二期工程 高碑店污水处理厂一、二期工程是一个整体,二期工程是一期工程的延续,在总平面布置、处理工艺、主要设计参数和构筑物形式等方面都是相同的,具有协调一致性。但是由于外部设计条件的变化和总结一期工程实践与运行经验,在某些关键部位作了必要的调整和改进。

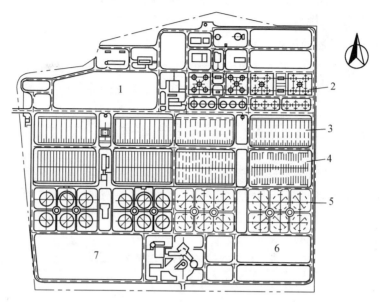

图 6.11 北京高碑店污水处理厂平面布置图
1—中试厂;2—污泥消化池;3—初次沉淀池;4—曝气池;5—二次沉淀池;6—中水区;7—厂前区

进水水质:BOD_5 为 200 mg/l;SS 为 250 mg/l;TN 为 40 mg/l;NH_3-N 为 30 mg/l。

处理程度:由于处理出水排放通惠河和通惠灌渠,根据污水综合排放标准(GB 8978-96),应执行二级标准,同时考虑到处理水将作为工业冷却水使用,故增加氨氮指标,则处理后出水为:BOD<20 mg/l,SS<30 mg/l,NH_3-N<3 mg/l。

工艺特点及主要改进内容:

污水处理工艺采用传统活性污泥法二级处理工艺,分两个系列,一个采用前置缺氧段推流式活性污泥法,另一个采用缺氧好氧脱氮活性污泥法。

污泥处理采用重力浓缩、中温两级消化和机械脱水工艺。

土建设计:主要构筑物采用钢筋混凝土结构,除二沉池采用预制壁板、装配式结构及污泥消化池采用无粘结预应力工艺外,均为现浇混凝土。附属建筑物立面和外装修均与一期工程相协调,结构形式采用排架式或砖混结构。

采暖通风:采暖热媒为 95~70 ℃热水,由锅炉房供给。变压器室、高低压变配电室采用轴流通风机;砂水分离间、鼓风机房、管廊、脱水机房、沼气发电机房采用屋顶风机。

6.2.2 污水厂剖面设计

污水厂剖面设计是在平面设计的基础上进行的。它基本上可分为构筑物剖面设计和厂房剖面设计两部分。构筑物的剖面设计即确定各构筑物的标高、各构筑物之间连接灌渠的尺寸及标高、各构筑物的水面标高。构筑物剖面设计在满足工艺流程的同时,为了降低运行费用和便于维护管理,污水在处理构筑物之间的流动,以按重力流考虑为宜,要做到尽量少提升,节省土方量,施工方便,满足力学、保温、防渗等的要求。厂房的剖面设计主要是确定泵房的标高,同时确定鼓风机房,污泥脱水机房等厂房的剖面形式及标高。厂房的剖面设计在满足生产工艺要求的前提下,要经济合理地确定生产需要的空间和剖面形式,妥善解决厂房的采光、通风和屋面排水,合理地选择结构形式和构造方案,以满足力学、保温、隔热、防水、排水等要求。

6.2.2.1 处理构筑物的高程布置

污水厂平面布置确定了各处理构筑物的平面位置,而其相对的标高则由污水厂的高程布置来确定。为了使污水与污泥尽可能按重力流循处理流程中各构筑物通畅流动,应避免使某些构筑物和泵房的有关标高及其相应的水面标高产生矛盾。因此,污水厂高程布置的主要任务是确定各处理构筑物和其他构筑物的标高,正确选定各连接管渠的尺寸和标高。

应精确计算污水在各处理构筑物之间流动过程中的水头损失,避免不必要的跌水。水头损失包括:水流流过各处理构筑物的水头损失、构筑物间的连接管渠中的沿程与局部损失,以及水流流过计量设备的水头损失等。在做初步设计时,水流流过各处理构筑物的水头损失可按表 6.5 估算。

表 6.5　污水流经各构筑物的水头损失

构筑物名称		水头损失/cm		构筑物名称	水头损失/cm
格　栅		10~25	生物滤池（工作高度为 2 m 时）	1.装有旋转式布水器	270~280
沉砂池		10~25		2.装有固定喷洒布水器	450~475
淀池	平流	20~40			
	竖流	40~50			
	辐流	50~60		混合池或接触池	10~30
双层沉淀池		10~20		污泥干化场	200~350
曝气池	污水潜流入池	25~50			
	污水跌水入池	50~150			

各处理构筑物的高程布置应注意以下情况:

① 水力计算时,应选择一条距离最长、水头损失最大的流程进行较准确的计算。并适当留有余地,以防止淤积时水头不够而造成的涌水现象,影响处理系统的正常运动。

② 计算水头损失时,以最大流量(涉及远期流量的管渠与设备,按远期最大流量考虑)作为构筑物与管渠的设计流量。还应考虑当某构筑物停止运行时,与其并联运行的其余构筑物与有关连接管渠能通过全部流量

③ 高程计算时常以受纳水体的最高水位作为起点,逆污水处理流程向上倒推计算,以使处理后污水在洪水季节也能自流排出,而水泵需要的扬程则较小,运行费用也较低。但同时应考虑构筑物的挖土深度不宜过大,以免土建投资过大和增加施工上的困难。还应考虑到因维修等原因需将池水放空而在高程上提出的要求。

④ 如果污水厂处理水应用于灌溉,应尽可能保证自流至灌区,如不可能则采取抽升等措施。

⑤ 在高程布置与平面布置时,都应注意污水流程与污泥流程的相互呼应,尽量减少提升的污泥量,并考虑污泥处理设施排出的污水能自流流入泵站集水池或其他处理构筑物。

6.2.2.2 污水厂房高度的设计

在一般情况下,污水厂房高度的确定取决于设置于室内的各污水构筑物的高程,以及最大生产设备在使用、安装和检修时所需的净空高度。而污水厂中被起吊的生产设备大多为不同型号的泵、风机等,荷载不大,故采用单轨悬挂式吊车,这种吊车的起重量一般为10~20 kN,见图 6.12 所示。

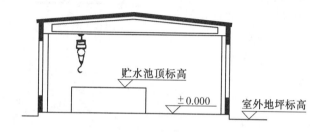

图 6.12　厂房高度的确定

在一般情况下,单层厂房室内地坪须与室外地面设置高差,以防雨水入侵室内。这个高差一般为 100~150 mm。通常在地势较平坦的情况下,为了便于工艺布置和生产运输,整个厂房地坪采取统一标高。在山区建厂时应考虑因地制宜。

6.2.2.3 天然采光与自然通风

(1) 天然采光

天然采光是指白天室内利用天然光进行照明。天然光可分为:①直射光——太阳光穿过约 100 km 的大气层直接透射到地面的那一部分光;②扩散光——太阳光在大气中受到灰尘云雾等影响,不能直接照射到大地上,而在天空中形成的扩散光。二者的比例因气候的变化而异。直射光所占的比例可由 0%~90%;扩散光可由 0%~100%。扩散光没有一定的方向性,也不会形成阴影。采光设计就是根据室内生产对采光的要求确定窗子的大小、形式及其位置,以保证室内采光的强度和均匀度,并避免眩光。

(2) 自然通风

厂房通风分为机械通风和自然通风两种。机械通风是以风机为动力造成厂房内部空气流动,达到通风、降温目的。它要消耗大量电能,设备投资及维修费用也很高,但其通风稳定、可靠、有效。而自然通风是靠自然力作为空气流动的动力来实现厂房通风换气的。它是一种既简单又经济的通风方法,但易受外界气象的直接影响,通风效果不稳定。由于自然通风经济,所以进行厂房设计时尽可能采用自然通风。

① 原理。自然通风是利用热压和风压来实现通风换气的。

a. 热压作用下的通风　由于厂房内部的各种热源,使空气体积膨胀,相对密度变小而自然上升。而室外空气温度相对较低,相对密度较大,便由外维结构下部的门窗洞口进入室内,加速了室内热空气的流动,进入室内的冷空气不断被热源加热、变轻、上升由天窗排出,如此循环不已,形成川流不息的空气对流,达到通风的目的。这种利用室内外冷热空气产生的压力差进行通风的方式,称为热压通风,如图6.13所示。

b. 风压作用下的通风 当风吹向建筑物时,建筑物迎风面的空气压力增加,超过一个大气压,为正压区。当风越过建筑物迎风面时,根据单位时间流量相等的原理,则风速加大,使建筑物顶面、背面和侧面形成负压区。在正压区设进风口,在负压区设排风口,风从进风口进入室内,把室内的热空气或有害气体从排风口排至室外,达到通风换气的目的。这种由于风而产生的压力差称为风压通风,如图6.14所示。

②设计。

a. 总体规划 在做总平面设计时,应按生产特征将不同性质的厂房进行适当分区。热车间和散发有害气体的车间设置在厂区内的下风向。为避免东西晒,厂房最好南北向,与主导风向最好垂直,或风向与墙面夹角不小于60°;多排并列时可为30°~60°。热车间宜将生活间单独设置。如毗连厂房设置,应尽可能不建在进风或排风面。若在进风或排风面布置生活间,遮挡长度应不大于30%。

b. 建筑形体 一字型单跨厂房通风最好。多跨厂房,若工艺允许,最好将纵跨拉开做成Ⅱ形或ⅢⅢ形。

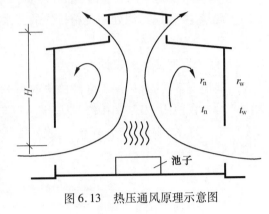

图6.13 热压通风原理示意图

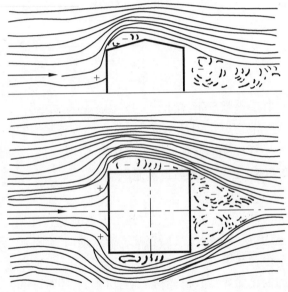

图6.14 风绕房屋流动时车间剖面及平面示意图

c. 通风组织 当厂房通风主要靠风压时,可将热源单排布置在下风侧;如以热压为通风的主要推动力时,热源应集中在中央。以热压通风为主的热车间是利用下侧窗进风,通过天窗排气。以风压通风为主的冷车间,完全可以利用侧窗组织通风。大跨或多跨冷车间可利用采光天窗和侧窗共同组织通风。以热压通风为主的厂房,下部侧窗开启作为进风口,上部天窗作为排风口,但为减少厂房上部的热滞留,上部侧窗也宜开启。

污水管道、合流管道、污水厂、泵站等建(构)筑物应根据需要设计通风设施。如机械脱水间、格栅间均应考虑通风设施。

6.3 生活辅助用房土建设计

6.3.1 生活间的组成

车间生活间一般由卫生用室、行政办公及生产辅助用房组成。按工业企业设计卫生标准规定,不同卫生特征级别的车间对生产卫生用室有不同的要求,见表6.6。

浴室、盥洗式、厕所的设计计算人数按最大班工人人数的93%计算。卫生设备计算方法见表6.7、6.8。

表6.6 生产卫生特征分级及对卫生用室要求

卫生特征	有 毒 物 质	粉 尘	其 他	需设置的卫生用室
1级	极易经皮肤吸收引起中毒的剧毒物质(如有机磷、三硝基甲苯等)	—	处理污染性材料、动物原料	车间浴室必要时设事故淋浴、便服存衣室、工作服存衣室、洗衣房、盥洗室
2级	易经皮肤吸收或有恶臭的物质,或高毒物质(如吡啶、苯酚等)	严重污染皮肤或对皮肤有刺激的粉尘	高温作业、井上作业	车间浴室必要时设事故淋浴、便服及工作服可同室分存的存衣室、盥洗室
3级	其他毒物	一般粉尘	重作业	车间附近设置的集中浴室,便服及工作服可同室存放的存衣室、盥洗室
4级	不接触有毒物质或粉尘,不污染或轻度污染身体(如仪表、机械加工等)			浴室可在厂区或居住区内设置。工作服可在车间适当地点存放或与休息室合并,盥洗室

表6.7 淋浴器及洗面池龙头使用人数

卫生特征级别	每一淋浴器使用人数	每一水龙头使用人数	备 注
1	3~4	20~30	1. 设浴池时,每1 m² 浴池面积可按1~1.5个淋浴器换算
2	5~8		2. 淋浴器内一般安4~6个淋浴器,设1具盥洗器
3	9~12	31~40	3. 接触油污的车间,有条件时盥洗器应供应热水
4	13~24		

表6.8 大、小便池使用人数

使 用 人 数	大 便 池 蹲 位 数		小 便 池 数
	男 厕	女 厕	
100人以下	每25人设1个	每20人设1个	厕所内小便器数应与大便池数相等
100人以上	每增50人设1个	每增50人设1个	

一般污水生活间根据具体情况可按生产卫生特征分级中的3级或4级计算。

6.3.2 生活间的布置

与其他工业厂房一样,污水厂生活间的布置既要保证一定的卫生要求,避免粉尘、毒气等有害气体及潮气、噪声、振动的影响,又要便于职工上下班,有利于生产、方便生活。其布置方式主要有毗连式、独立式、车间内部式三种(见图5.30、5.31、5.32)。

污水厂生活间最好采取独立式方案(图6.15),此方案可避免毗连式、车间内部式的缺点,如鼓风机的振动、泵运转时的噪声,以及污水产生的有害臭气等。

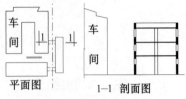

图6.15 独立式生活间与车间连接示意图

6.4 泵房土建设计

泵房是给水和排水工程中必不可少的组成部分,它为整个给水排水系统正常运转提供了重要保障。泵房作为一个独立的建筑物而服务于各种不同的工程项目,例如,给水泵房、排水泵房、消防泵房、污水泵房等,这些泵房在不同的工程中发挥着重要作用。随着现代化工业的发展,采矿、冶金、电力、石油、化工、市政以及农林等部门中,各种形式的泵房很多,它们在整个系统中,常常是规模大,投资大,地位也很重要。本节仅以市政工程为例,对泵房的土建设计做一简要叙述。

6.4.1 泵房的作用与类型

泵房的作用就是为各种泵、管道、电机的正常运行与设备维修提供建筑空间保证。

泵房的分类可按泵站的工艺条件和泵站的不同用途分为多种,例如,给水泵站中的取水泵房(图6.16、6.17、6.18)、送水泵房、排水泵站中的污水泵房(图6.19、6.20)、雨水泵房(图6.21)、污泥泵房等;按泵启动前能否自流充水分为自灌式泵房(图6.22)和非自灌式泵房(图6.23);按泵房的平面形状可以分为圆形泵房(图6.24、6.25、6.26)和矩形泵房(图6.27);按集水池与机器间的组合情况可以分为合建式泵房(图6.27、28)和分建式泵房(图6.29);按泵机组设置的位置与地面的相对标高关系可分为地面式泵房、全地下式泵房和半地下式泵房;泵房按建筑材料不同,还可以分为钢筋混凝土结构泵房和砖砌体泵房、泵房地下部分为圆形钢筋混凝土结构,地上部分用矩形砖砌体即下圆上方形泵房等(图6.30)。在泵房设计中,究竟采用哪种类型,应依据工艺流程,经多种方案技术经济比较后再作决定。

6.4.2 泵房的设计原则与要求

6.4.2.1 设计原则

泵房的土建设计,首先要考虑到工艺流程的需要,其次,还应保证具有足够的安全性。

泵房属于一般工业建筑,设计时尽量做到平面、立面简单,体形规整,土建结构应保证满足工艺上的具体要求,不做局部突出的建筑,泵房地面以上的形式,应与周围建筑相适应。此外,泵房设计时还要考虑到城市人口的增长、城市的扩建与发展,以及工程项目的规模发展等问题,应该认识到泵房的扩建比新建难度高,所以设计时应考虑泵房的"百年大计,需要一次完成"的特点。有关泵房的土建设计应遵守《泵站设计规范》(GB/T 50265-97)的规定。

第6章 环境工程土建设计

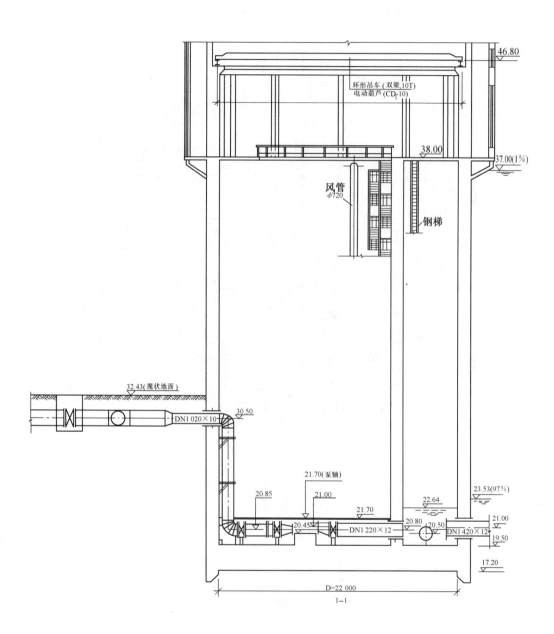

图 6.16 某厂取水泵房剖面

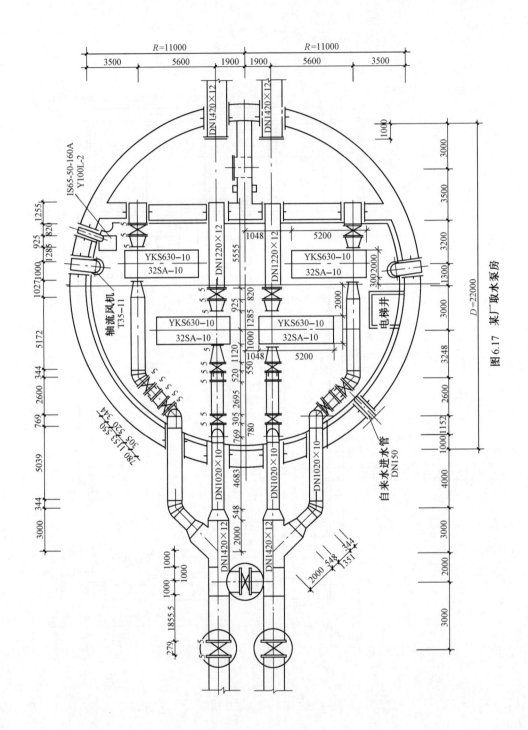

图6.17 某厂取水泵房

第6章 环境工程土建设计

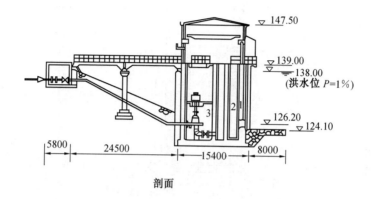

剖面

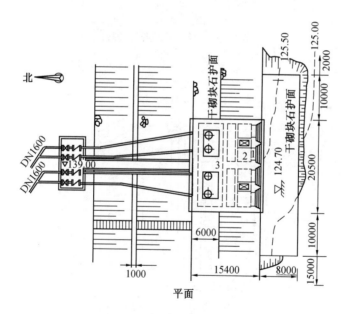

平面

图 6.18 立式泵的地下式取水泵房
1—进水间;2—转动格网间;3—机器间

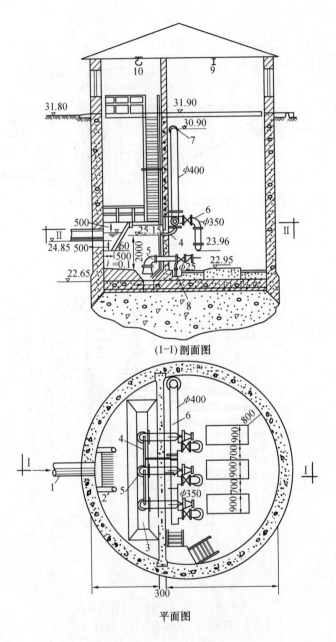

(I-I)剖面图

平面图

图 6.19 6PWA 型污水泵房
1—来水干管;2—格栅;3—吸水坑;4—冲洗水管;5—水泵吸水管;6—压水管;
7—弯头水表;8—ϕ25 吸水管;9—单梁吊车轨道;10—吊钩

第6章 环境工程土建设计

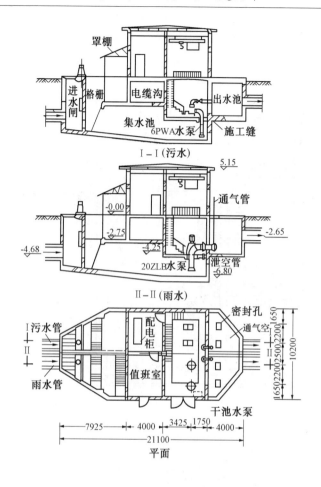

图 6.20 立、卧式水泵合流泵房

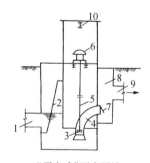

"干室式"雨水泵站
1—来水干管；2—格栅；3—水泵；4—压水管；
5—传动轴；6—立式电机；7—拍门；8—出水井；
9—出水管；10—单梁吊车轨道

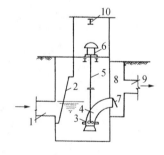

"湿室式"雨水泵站
1—来水干管；2—格栅*；3—水泵；4—压水管；
5—传动轴；6—立式电动机；7—拍门；8—出水井；
9—出水管；10—单梁吊车轨道

图 6.21 雨水泵房

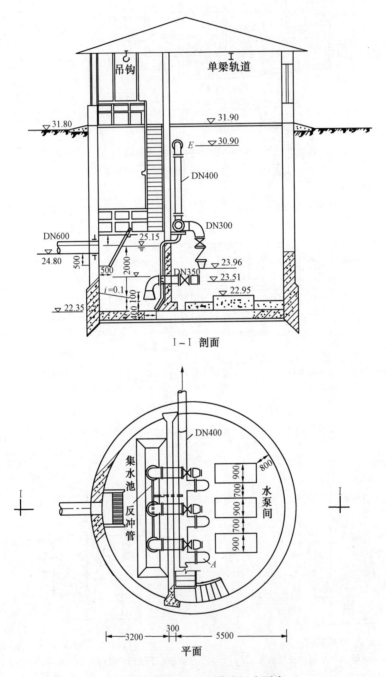

图 6.22 自灌式污水泵房

第6章 环境工程土建设计

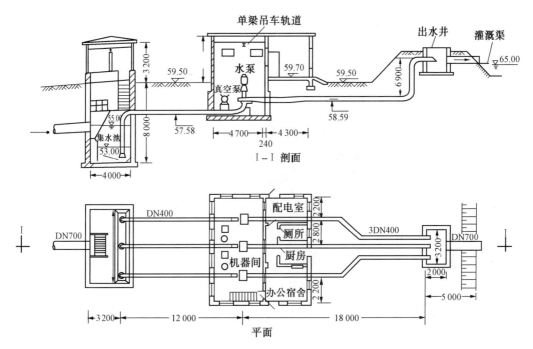

图 6.23　非自灌式污水泵房

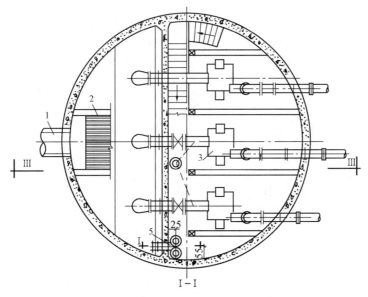

图 6.24　上下圆形污水泵房地面以下平面示意图

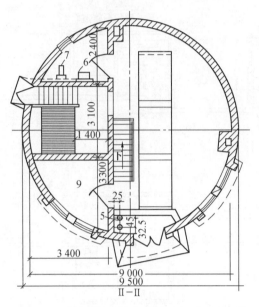

图 6.25 上下圆形污水泵房地面以上平面示意图

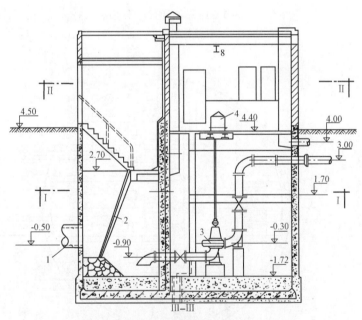

图 6.26 上下圆形污水泵房Ⅲ-Ⅲ剖面示意图
1—来水干管;2—格栅;3—水泵;4—电动机;5—浮筒开关装置;
6—洗面盆;7—大便器;8.单梁手动吊车轨道;9—休息室

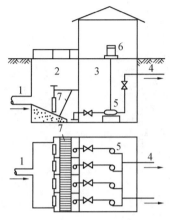

图 6.27 合建式矩形排水泵房
1—排水管渠;2—集水池;3—机器间;4—压水管;
5—立式污水泵;6—立式电动机;7—格栅

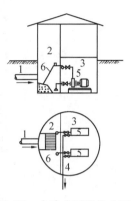

图 6.28 合建式圆形排水泵房
1—排水管渠;2—集水池;3—机器间;
4—压水管;5—卧式污水泵;6—格栅

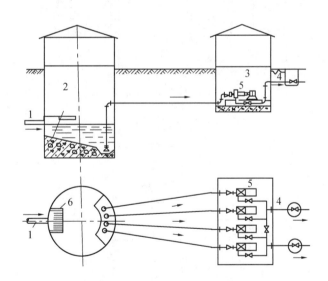

图 6.29 分建式圆形排水泵房
1—排水管渠;2—集水池;3—机器间;4—压水管
5—水泵机组;6—格栅

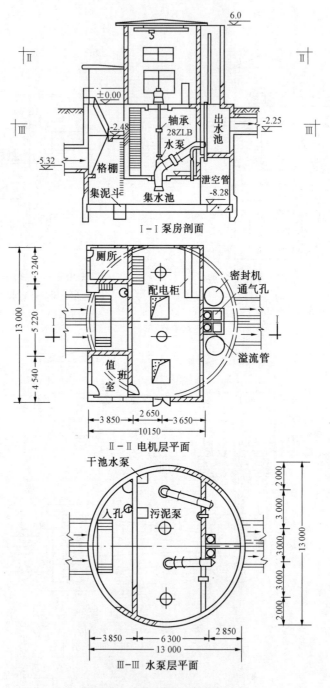

图 6.30 上方下圆污水泵房

6.4.2.2 泵房的设计要求

泵房的选址设计与结构形式不仅取决于生产工艺条件,还要依据泵房所处的地质与水文条件以及工程造价等。例如,地下式泵房,在结构上要求承受土压和水压,泵房筒体和底板要求不透水,有一定的自重以抵抗浮力,因此泵房筒体的水下部分用钢筋混凝土结构,水上部分可采用砖砌体。再如,给水工程的取水泵房,由于它具有靠江临水的特点,它的结构形式常受到河道的水文、水运、地质等因素的影响,土建设计时要在江河岸边的稳定性、泵房筒体的抗裂、抗浮、防倾覆、防滑坡等方面做周详的计算,同时还要考虑到它能在最枯水位时抽到水的可能性以及保证在最高水位时泵房筒体不被水淹没的特点。对这类泵房,平面设计时应尽可能充分利用泵房内的面积,机组与电动闸阀的控制可以集中在泵房顶层集中管理,底层尽可能做到无人值班,仅定期下去抽查。而送水泵房,由于它的工艺特点是水泵机组台数、附属电气设备及电缆线等占地面积远远大于取水泵房占地面积,因此,大多数这类泵房建成地面式或半地下式。

泵房设计时还应注意到让集水池尽可能和机器间合建在一起,并用无门窗的不透水的隔墙分开,使吸水管路缩短,如图 6.27、6.28 所示。只有当水泵台数较多,且泵站进水管渠埋设又很深时,二者才分开修建,以减少机器间的埋深,如图 6.29 所示。机器间的埋深标高取决于水泵的允许吸上真空高度。分建式的缺点是水泵不能自灌充水。

泵房内设置的扶梯通常沿着房屋周边布置。如果地下部分深度超过 3 m 时,扶梯应设中间缓台。

6.4.3 给水泵房的设计

给水泵房主要是为供应城镇中各类建筑所需的生活、生产、市政(如绿化、街道洒水)和消防用水等设置的建筑物。

6.4.3.1 给水泵房的选址

由于水泵工作时会产生振动和发出噪声,通过管道系统传播,影响人们的工作和生活,所以设在建筑物内的给水泵房应设置在远离要求安静的房间,如精密仪器室、病房、卧室、教室、客房等,并在水泵的基础、吸水管和出水管上设置隔振减噪装置(消防水泵房除外),以便使水泵与建筑结构部分隔开。而独立给水泵房的选址尽量靠近取水构筑物,其服务半径一般不大于 50 m。

6.4.3.2 给水泵房的土建要求

①泵房建筑应为一、二级耐火等级。

②有条件或必要时,泵房可采取隔振和吸音措施,如泵房采用双玻璃窗、门和墙面及顶棚安装多孔吸音板等。在一些设计中也有把水泵房整个空间用隔音材料封闭起来。

③泵房建筑净高除应考虑通水、采光条件外,还应遵守下列规定:①当采用固定吊钩或移动吊架时,其净高不小于 3.0 m。②当采用固定吊车时,应保证吊起物底部与吊运所越过的物体顶部之间有 0.5 m 以上的净距。③当采用桁架式起重机时,除应遵守②条规定外,还应考虑起重机安装和检修的需要。

④泵房的大门应能保证其最大设备进入,且应比其宽 0.5 m。

⑤泵房应当干燥、光线充足,泵房的窗户采光面积要求等于地板面积的 1/6~1/7。

⑥泵房冬季应有防冻措施,即泵房内的采暖温度一般为16 ℃,辅助间采暖温度为18 ℃。泵房内应考虑通风,每小时应有2~3次的换气。

⑦泵房内地面应设排水沟,地面应有0.01的坡度,并坡向排水沟,排水沟以0.01的坡度坡向集水坑。

6.4.3.3 给水泵房内的设备要求

(1)水泵的选择

应根据逐时、逐日和逐季水量变化情况,水压要求,水质情况,调节水池大小,机组的效率和功率等因素,综合考虑水泵的型号和水泵的台数。当供水量变化大时,应考虑水泵大小搭配,但型号不宜过多,电机的电压宜一致。水泵的选择还应符合节能的需要,当供水水量和水压变化较大时,宜选用叶片角度可调节的水泵或采取机组调速及更换叶轮等措施。

水泵备用泵的设置应视建筑物的重要性,由供水安全性要求和水泵装置运行可靠性等因素确定,泵房一般应设1~2台备用水泵,备用水泵型号宜与工作水泵中的大泵一致,生产水泵的备用量应按工艺要求确定。

(2)泵房中水泵的布置尺寸

相邻两个机组及机组至墙壁间的净距应符合如下要求,如图6.31所示。

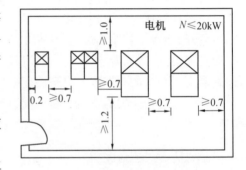

图6.31 水泵机组的布置间距

电机容量小于及等于20 kW或水泵吸水口直径小于及等于100 mm时,机组的一侧与墙面之间可不留通道;两台相同机组可设在同一基础上,彼此不留通道;机组基础侧边之间和距墙应有不小于0.7 m的通道。不留通道的机组突出部分与墙壁间的净距及相邻两个机组的突出部分间的净距不得小于0.2 m,以便安装维修。

电机容量在20~55 kW时,水泵机组间净距不得小于0.8 m;电机容量大于55 kW时,净距不得小于1.2 m。

水泵机组的基础端边之间和至墙面的距离不得小于1.0 m。电机端边至墙的距离,还应保证能抽出电机转子。

(3)泵房的通道尺寸

泵房内主要通道宽度不得小于1.2 m;配电盘前通道宽度,在低压时,不得小1.5 m,高压时不得小于2.0 m。泵房内一般应设有检修场地,其面积应根据水泵或电动机外形尺寸确定,并在周围留有宽度不小于0.7 m的通道。

(4)其他要求

水泵的基础标高,应高出地面0.1~0.3 m,其基础尺寸及做法一般可由厂家样本查得。水泵基座下宜安装隔振装置,如橡胶隔振垫等,具体做法可参见《水泵隔振及其安装》图集。泵房如果不允许间断供水,应设两个外部独立电源,如果不能满足该条件时,则应设置备用动力设备,其能力应能够满足发生事故时的用水要求。

(5)泵房起重设备的选择

起重量小于0.5 t时,设置固定吊钩或移动吊架;起重量在0.5~2.0 t时,设置手动单轨吊车;起重量在2.0~5.0 t时,设置手动桥式吊车;起重量大于5.0 t时,设置手动或电动桥式吊车。

6.4.4 消防水泵房的设计

消防水泵房可分成为低层建筑服务的消防水泵房和为高层建筑服务的消防水泵房两种,这两种泵房均应符合前面介绍的给水泵房的规定。另外,由于消防水泵房主要是为了保证人们生命财产安全而设置的,所以它们还有一些特殊的要求。

6.4.4.1 为低层建筑设置的消防给水泵房的土建要求

消防水泵房应采用一、二级耐火等级的建筑。

附设在建筑内的消防水泵房,应用耐火极限不低于1 h的非燃烧墙体和楼板,并与其他部位隔开。消防水泵房应设直通室外的出口。设在楼层上的消水防泵房应靠近安全出口。

6.4.4.2 为高层建筑设置的消防水泵房的土建要求

独立设置的消防水泵房,其耐火等级不应低于二级。在高层建筑内设置消防水泵房时,应采用耐火极限不低于2.00 h的隔墙和1.50 h的楼板与其他部位隔开,并应设中级防火门。消防水泵房设在首层时,其出口宜直通室外;当设在地下室或其他楼层时,其出口应直通安全出口。另外,建筑高度超过100 m的超高层建筑中的中间加压泵房应设在避难房。

6.4.4.3 水泵的吸水管、出水管的要求

无论是为高层设置的消防水泵房,还是为低层设置的消防水泵房,其一组消防水泵的吸水管不应少于两条,当其中一条损坏或检修时,其余吸水管应仍能通过全部用水量。高压和临时高压消防给水系统,其每台工作消防水泵应有独立的吸水管,为使泵能很快启动,消防水泵最好采用自灌式的。

消防水泵房必须有两条以上的出水管与环水管网连接。当其中一条因损坏检修时,其他的出水管应能保证全部的消防用水量。出水管上宜设检查用的放水阀门。

6.4.4.4 备用水泵要求

固定的消防水泵应设置备用水泵,其流量扬程不应小于一台主要泵的工作能力。但符合下列条件之一可不设备用水泵:①7~9层的单元式住宅;②室外消防用水量不超过25 l/s的工厂、仓库。

6.4.4.5 报警的要求

消防水泵应保证在火警5 min内开始工作,并在火场断电时仍能正常运行。设有备用泵的消防水泵房应设置备用动力,若采用双电源或双回路供电有困难时,可采用内燃机作动力。消防水泵与动力机械应直接连接。另外,消防水泵房最好有与本单位消防队直接联络的通讯设备。

6.4.5 排水泵房的设计

城镇中排放的生活污水、生产污水、废水和降雨(雪)径流,是几种类型不同的污水。

为了减少污水对环境的污染,应对这几种类型的污水进行有组织的、及时的排放。当它们不能自流排泄时,应设置排水泵房。

6.4.5.1 排水泵房的选址

排水泵房应设在靠近集水池的位置,最好是独立的、地下的,它应根据废水对大气污染程度、机组的噪声等情况,结合当地环境条件,与居住房屋和公共建筑保持大于 25 m 的距离,并在它的周围设置围墙,进行绿化,尽量减少其对环境的不良影响。对易燃易爆和有害气体的独立排水泵房,还应采取相应的防护措施。

6.4.5.2 排水泵房的土建要求

①泵房的标高。无吊车起重设备者,室内地面以上有效高度不小于 3 m;有吊车起重设备者,应保证吊起物体底部与所越过的固定物体的顶部有不小于 0.5 m 的净空;有高压配电设备的房屋高度,应根据电气设备外形尺寸确定。

受洪水淹没的地区,其排水泵房入口处地面标高应比设计洪水水位高 0.5 m 以上,当不能满足要求时,可在泵房入口设置闸槽等临时防洪措施。

②泵房至少应有一个能容最大设备或部件出入的门。

③泵房应采取消声、减振设施。

④泵房除应有良好的通风采光外,还应设有采暖设备以保证冬季不冰冻,采暖温度根据是否有人值班而定,自动化无人值班的泵房室温不小于 5 ℃。

⑤泵房前应设置事故排出口。

⑥泵房内应有排除积水的设施。

⑦在经常有人管理的泵房内,应设有通风、通讯设施的隔声值班室,对远离居民区的泵房,应根据需要适当的设置工作人员的生活设施。

6.4.5.3 排水泵房内的设备要求

(1)水泵的选择

水泵的选择应根据水量、水质和所需扬程等因素确定。泵房内的工作水泵不宜少于 2 台,一般选用同一型号,只有当水量变化大时,才采用不同型号或采用可调速电动机,但型号不宜过多,应考虑到水泵大小搭配。

排水泵房内的备用泵台数,应根据地区重要性、泵房特殊性、工作泵型号和台数等因素确定,但不得少于 1 台。雨水泵房一般不设备用泵。

抽送具有腐蚀性污水的泵房,其水泵和管配件应考虑防腐措施。

(2)水泵的抽水方式

排水泵房的水泵一般设计为自灌式吸水;当为非自灌式吸水时,泵房内应设置引水设备,并考虑备用。

(3)水泵的吸水管与出水管

①吸水管流速为 0.7~1.5 m/s;出水压力管流速为 0.8~2.5 m/s;

②当水泵为自灌式吸水时,在吸水管上应设有闸阀;

③当两台或两台以上水泵合用一条出水管时,两台水泵的出水管上均应设置闸阀,并在闸阀和水泵之间设止回阀。

(4)泵房中水泵的布置尺寸

①相邻两机组基础间的净距,当电机容量大于 55 kW 时,不得小于 1.2 m;当电机容量小于 55 kW 时,不得小于 0.8 m。

②无吊车起重设备的泵房,一般在每个机组的一侧应有比机组宽度大 0.5 m 的通道,但不得小于①的规定。

③相邻两机组突出基础部分的间距,以及机组突出部分与墙壁的间距,应保证水泵轴或电动机转子在检修时能够拆卸,并不得小于 0.8 m。如电动机容量大于 55 kW 时,则不得小于 1.0 m。

(5)泵房的通道尺寸

泵房内主要通道尺寸不得小于 1.2 m,配电箱前面通道的宽度,低压配电时不小于 1.5 m,高压配电时不小于 2.0 m。当采用在配电箱后面检修时,后面距墙不宜小于 1.0 m。在有桥式起重设备的泵房内,应有吊运设备的通道。当需要在泵房内检修设备时,应留有检修设备的场地,其面积应根据最大设备(或部件)的外形尺寸确定,并在周围设宽度不小于 0.7 m 的通道。

(6)其他要求

①自灌式吸水的排水泵房,宜按集水池的液位变化自动控制运行。

②泵房供电宜按二级负荷设计。

③泵房地面敷设管道时,应根据需要设置跨越设施。若架空敷设时,不得跨越电气设备和阻碍通道,通行处的管底距地面不宜小于 2.0 m。

(7)起重设备的选择

起重的设备应根据泵房内水泵最重部件或电机的重量确定。

①起重量小于 0.5 t 的地面式泵房,采用固定吊钩或移动吊架;

②起重量在 1 t 以下时,采用手动单轨单梁起重设备;

③起重量在 1~3 t 时,采用手动或电动单轨单梁起重设备;

④起重量在 3 t 以上时,采用电动单梁桥式起重设备;

⑤起吊高度大、吊运距离长或起吊次数多的泵房,可适当提高起吊的机械化水平。

6.4.6 污水泵房的设计

污水泵房是设在建筑物内的排水泵房,民用建筑和公共建筑的地下室、人防建筑以及工业建筑内部标高低于室外地坪的车间和其他用水设备房,其污(废)水不能自流排入室外管网时,需设抽升排泄的污水泵房,以保持室内良好的环境卫生和保证生活和生产活动的正常进行。污水泵房的设计应遵循排水泵房的设计原则。

6.4.6.1 污水泵房的选址

污水泵房一般设在建筑物地下室或底层,最好靠近集水池,但不应设在有特殊卫生要求的生产厂房和公共建筑内。污水泵房不得设在有安静和防振要求的房间下面和邻近地点。对生活粪便污水和可能散发大量蒸汽或有害气体的工业废水,集水池必须与泵房分设在不同房间内,或集水池设在室外。

6.4.6.2 污水泵房的土建要求

①污水泵房应有良好的通风、充足的光线、干燥,在冬季,为使泵房不冰冻,应设有采

暖设施。

②污水泵房因检修和冲洗设备管道,会使地面积水,因而应设集水坑,并采用手摇泵等设备措施予以排除。

③泵房应有一个允许最大设备或部件出入的大门。

6.4.6.3 污水泵房内的设备要求

(1)水泵的选择

抽升室内污水所使用的水泵有离心泵、空气扬液器等多种。一般根据污水水质情况,水量大小,排水特点和抽升高度情况等选定。在高层建筑内普遍采用离心泵;当污(废)水量小,且提升高度不大于10 m时,可采用手摇泵和水射器等提升设备,当污水量较少,而卫生条件要求高的建筑,也可采用气压扬液器,利用压缩空气的压力,通过密闭系统提升污水。

当污水泵为自动控制启动时,其流量应按排水的设计秒流量确定。集水池的容积不得小于最大一台水泵5 min的出水量,但水泵启动次数,每小时不得超过6次。

当人工启闭污水泵时,按排水的15~20 min最大小时流量选定,水泵每小时启动次数不大于3次。这时集水池的容积应视流入的污水量和水泵的工作情况而确定。

污水泵房应设一台备用机组。

(2)水泵的抽水方式

污水水泵的装置应设计成自灌式。在地下室内设置污水水泵时,泵房内应设集水坑,并有抽吸、提升装置。

(3)水泵的吸水管与出水管

每台污水泵应有单独的吸水管。每台污水泵的出水管上应装设阀门,当水泵装置设计成自灌式的时候,吸水管上也应该加设阀门。

(4)泵房卧式水泵的布置尺寸

卧式水泵的布置参见表6.9。

表6.9 污水泵房内卧式污水泵的布置

要求	自	至	最小距离/m
整齐紧凑	一台水泵基础长边	另一台基础长边	0.8~1.0
整齐紧凑	水泵基础长边	泵房壁面	0.3~0.7 1.2
便于安装维修	水泵基础短边	泵房壁面	1.0~1.5
便于安装维修	水泵进水管法兰	泵房壁面	1.0
安全工作	水泵基础边	配电箱	2.0
安全工作	水泵基础边	配电盘	1.5
安全工作	水泵基础边	楼梯口	0.8

(5)其他要求

污水泵的基础及隔振做法可参阅给水泵房的水泵基础隔振做法。当集水池不能设事故排出管时,污水泵应有不间断的动力供应。污水泵的控制最好采用自动控制启闭的装置。

(6)起重设备的选择

起重设备的选择参见表6.10。

表6.10　污水泵房内的起重设备

最大起重量/t	污水泵数/台	环链手拉葫芦 移动三角架	手动单梁吊车	手动单梁(双轨)起重机	电动单梁(双轨)起重机
<0.5	1~5	建议采用			
	>5		建议采用		
0.5~2	1~5		建议采用		
	>5			建议采用	
>2	1~5			建议采用	
	>5				建议采用

6.5　贮水池土建设计

贮水池是市政给水工程与污水治理工程中通用性构筑物。在污水处理过程中,通常用它来贮存各类污水,包括生活污水、工业废水以及各种液体等。贮水池的作用不只是提供污水在处理工艺流程中所必须的贮水空间,而且还具有调节水质的作用。本节仅对污水处理过程中的构筑物贮水池的设计要求做一简要叙述。

6.5.1　贮水池的土建设计原则

贮水池一般由池基础、池壁,有的贮水池还有池顶盖和一些附属设施组成,这些附属设施包括进水管、出水管、爬梯和平台、水位控制泵等。贮水池的设计是在满足安全性、适用性、耐久性和经济性的前提下进行的。设计中应综合考虑污水处理工艺、贮水池所处的水文地质条件与气象条件、施工单位的施工技术与施工设备等条件,以此来确定合理的贮水池形式和结构。

6.5.2　贮水池的类型

污水处理厂中各类贮水池按不同工艺处理过程来分类,有调节池、沉淀池、初沉池、污泥浓缩池、气浮池、滤池、曝气池、集水井等;按贮水池的外形分类,有矩形池、圆柱锥底形池、单室池、多室池、矩形柱锥底形池、有盖板的池及敞口池等;按贮水池所采用的材料不同,可分为钢筋混凝土池、砖砌体池、钢板池等,如图6.32、6.33所示。按贮水池与地面相对位置不同,可分为地下式贮水池、半地下式贮水池及地面贮水池。

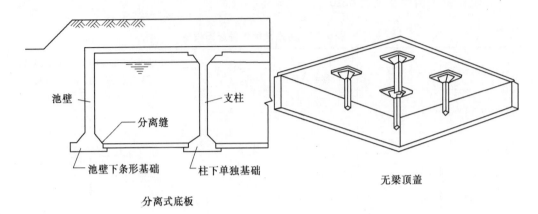

图 6.32 贮水池类型(一)

圆柱形池受力合理、节省材料,在大、中、小型池中广泛使用。矩形池施工方便,在中、小型池中常被采用。由于现浇钢筋混凝土贮水池整体性好,防渗、防漏性能好,因此,目前各类贮水池大都采用现浇式钢筋混凝土结构,也有在矩形贮水池设计中,采用装配整体式池壁,例如,北京东郊一个 2 500 m^3 容积的清水池就是采用了装配整体式的结构。

6.5.3 贮水池的尺寸设计

贮水池的截面选型与容积大小主要依据污水处理工艺来确定。贮水池的容积,小则几十立方米,大则近万立方米。通常是先由工艺确定出贮水池的容积,然后根据容积定出贮水池的高度,例如,圆型贮水池,当容积为 50~500 m^3 时,高度一般取 3.5~4 m;当容积为 600~2 000 m^3 时,高度常用 4.0~4.5 m;当容积大于 2 000 m^3 时,贮水池高度取 4.5~6.0 m。最后,依据贮水池的容积和高度推算出贮水池的底面积或池子内径。池壁厚度主要按池壁的抗裂要求来确定,一般池壁最小厚度不小于 120 mm,当池壁高度较大时,可以做成变厚池壁,变厚池壁的厚度一般按线性变化,变化规律一般为 2%~5%,即每米高增加厚度 20~50 mm。

6.5.4 贮水池设计的其他要求

由于贮水池内壁要长年浸泡在污水里,因此,设计时不仅要考虑到池壁应具有足够的抗渗性,同时还要考虑到具有腐蚀性的污水对贮水池内壁的浸蚀作用,使贮水池抗渗等级、抗冻等级及防腐设计等都应符合专门的规范要求。此外,由于地下贮水池受大气环境和季节温差的影响较小,贮水池壁外部的土压力还可以抵消部分池内液体产生的侧压力,从而使池壁长期处于较低的拉应力状态,这对池子的抗渗、防腐和耐久性都有好处,因此,在条件许可下,尽可能设计成地下或半地下贮水池。地下贮水池埋置深度不宜过大,一般情况下埋土厚度不小于当地的冻结深度即可。

第6章 环境工程土建设计

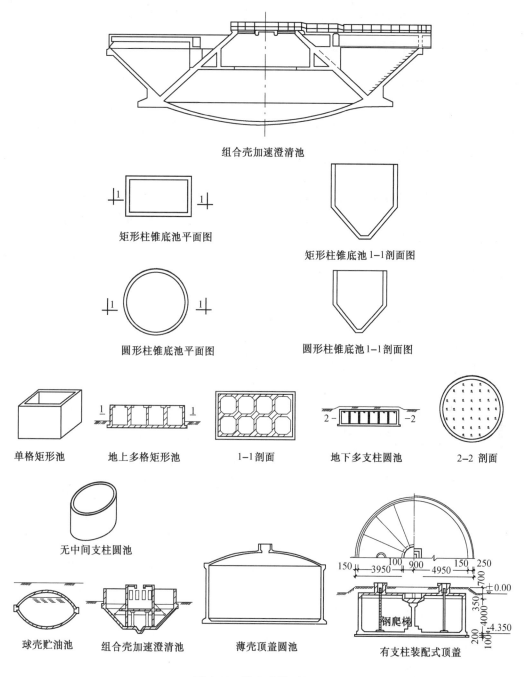

图 6.33 贮水池类型(二)

6.6 管道沟土建设计

在土木建筑、污水处理厂等工程中,有许多管道需要敷设。为了保持建筑环境的整洁与美观,通常采取将各种给水、供热等管道集中敷设在管道井或管道沟内。因此,管道沟是土木建筑中常用的附属构筑物,在设计中,根据各种管道的功能,管道沟应满足有关的尺寸要求。本节仅从管道沟的几种形式,并以供热管道沟为例,来叙述它的设计要求。

6.6.1 管道沟的作用与类型

6.6.1.1 管道沟的作用

管道敷设形式很多,有水平敷设、垂直敷设、架空敷设、埋入敷设,有的将管道集中水平布置在管道沟内,有的将管道集中垂直布置在管道井内。因此,管道沟(井)的作用就在于保护管道不受外界因素干扰破坏。设置管道沟既便于管道检修,又美化了建筑环境。

6.6.1.2 管道沟的类型

按管道沟的使用功能分,有通行管道沟、半通行管道沟、不通行管道沟。

按管道沟的使用材料和所处位置的不同分,有砖砌体管道沟、钢筋混凝土管道沟以及室内管道沟和室外管道沟。

按管道沟的截面形式分,有矩形管道沟、梯形管道沟、圆形管道沟、椭圆形管道沟、拱形管道沟等。

6.6.2 通行管道沟

所谓通行管道沟就是指检修人员可以在管道沟内行走。

6.6.2.1 通行管道沟的设置条件

通行管道沟(也称为通行地沟)由于它的土方量大、造价高,根据我国的国情一般不常采用。但当管道较多时,例如,管道在地沟内任一侧的高度(保温层计算在内)大于或等于1.5 m时,或是需要经常检修或当管道沟通过重要交通运输,不允许开挖破坏路面时,可采用通行管道沟或局部通行管道沟。

6.6.2.2 通行管道沟的尺寸要求

(1)通行管道沟的净高应不小于1.8 m。通道的净宽一般为 0.6 ~ 0.7 m。当采用横贯管道沟断面的支架时,支架下面的净高不应小于1.8 m,如图 6.34 所示。

(2)管道保温层外表面到管道沟面的距离不宜过大,一般采用距沟壁100 ~ 150 mm,距沟底 150 ~ 200 mm。

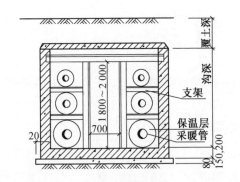

图 6.34 通行地沟

(3)管道沟内管道之间的净空距离,根据管径大小,管道安装和维修的需要确定。对保温管道,相邻两根管保温层表面之间的净距离应大于或等于 150 mm。对不保温管道相邻两根管表面之间净距应大于或等于120 mm。

6.6.2.3 通行管道沟的其他要求

①为了保证检修或劳动条件,通行管道沟内的空气温度不宜超过 40 ~ 50 ℃,沟内一般应尽量利用自然通风,特殊情况下才使用机械通风。自然通风塔应根据总体规划,可直

接放在管道沟上或沿建筑物设置,通风竖塔应有调节闸板。机械通风的排风塔和进风塔必须沿管沟长度方向交替进行。通风塔的横截面积可根据换气 2~3 次/h 和风速不大于 2 m/s 确定。

②沟内管道应有良好的保温。

③通行管道沟每隔 100~150 m(不得大于 200 m)应设置检查孔(即人孔),检查孔应高出周围地面,出入口的孔口直径不得小于 600 mm,并应设有固定的铁爬梯或绊钉。当管道沟内热力管道的分支点装有阀门和仪表、疏水器及排水装置、除污器等附件时,应设检查孔,这样可以使运行人员出入方便。

④管道沟沟底应有与沟内主要管道的坡度及坡向一致的坡度,并坡向集水坑,集水坑应设置在检查井内。

⑤通行管沟的照明设备应根据检修的频繁程度和经济条件确定,一般宜设置永久性照明,照明电压不高于 36 V。当以采暖为主的可采用临时性的照明设备。

6.6.3 半通行管道沟

半通行管道沟是指检修人员可在管道沟内弯腰行走。

6.6.3.1 半通行管道沟的设置条件

从工作安全上说,低温低压采暖管道,管道根数较多,考虑能进行一般的检修工作,应采用半通行管道沟。当蒸汽压力小于 4 个表压的生活及供暖管道,或 130 ℃ 以下的高温热管道,亦可采用半通行管道沟。因此,在决定敷设方案时,应充分调查当时当地的具体情况,并应征求管理、运行工人的意见。

6.6.3.2 半通行管道沟的尺寸要求

①半通行管道沟一般是为了节省造价,所以管道沟的断面尺寸,依据工人能弯腰走路并进行一般的维修工作的要求而定出。半通行管道沟的净高一般采用 1.2~1.4 m。当管道排至高度超过 1.2 m 时,净高按需要增高。如采用横贯管道沟内的管道,应尽量采用沿沟壁任一侧单排,上下布置。通道宽度一般采用 0.5~0.7 m,如图 6.35 所示。

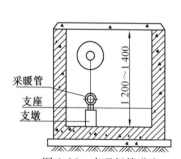

图 6.35 半通行管道沟

②半通行管道沟内管道距沟顶净空距离一般采用 200~300 mm;距沟底净空距离 100~200 mm;距沟壁净空距离 100~150 mm。

6.6.3.3 半通行管道沟的其他要求

①半通行管道沟长度超过 60 m,应设检查出入口。

②为了避免管道及保温层受潮损坏,应考虑自然通风措施。

③管道沟应考虑排除沟内积水,在坡度最低处设集水坑,集水坑应设置在检查井内。

6.6.4 不通行管道沟

不通行管道沟是指沟内只敷设管道,而检修人员不能行走的管道沟。

6.6.4.1 不通行管道沟的设置条件

在城市街区及中小型厂区内,通常应用不通行管道沟。它适用于管道根数不多,又是同向坡度的热水采暖管道、高压蒸汽、凝结水管道,以及低压蒸汽的支管部分,均应尽量采用不通行管道沟以节省造价。

6.6.4.2 不通行管道沟的尺寸要求

①不通行管道沟其断面尺寸应能满足装管施工的需要,如图 6.36 所示。

②不通行管道沟宽度不宜超过 1.5 m,超过时宜用双槽。管道沟内管道一般应为单排水平布置。

③管道沟内管道或保温层外表面到沟壁表面的距离为 100～150 mm,地沟内管道或保温层外表面到沟底的距离 100～200 mm,到沟顶 50～100 mm,管道外表面间距 100～150 mm。

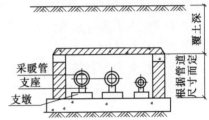

图 6.36 不通行管道沟

6.6.4.3 不通行管道沟的其他要求

①不通行管道沟也可考虑自然通风措施。

②管道沟应防止地面水浸入,并考虑排除沟内积水,在坡度最低处设集水坑并设检查井。

6.6.5 预制钢筋混凝土椭圆拱形管道沟

预制钢筋混凝土椭圆拱形管道沟可以是通行的或不通行的形式,它适用于较大管道沟。具体作法是,在素土夯实的地面上,现场浇灌钢筋混凝土底板,厚度 200 mm,打好底板后,便可安装管道,并对管道做保温,最后吊装预制拱形沟壳,厚度为 250 mm。它的椭圆长轴以下是直线段。拱壳脚基用豆石混凝土浇注,使之与底板紧密嵌接。拱壳之间的接缝用膨胀水泥填空。这种管道沟比普通砖砌矩形管道沟施工方便,节省材料,造价低,防水性能较好。

6.6.6 室内管道沟的尺寸要求

室内管道沟应尽量采用半通行管道沟,沟内高度一般为 1.0～1.2 m,宽度不宜小于 0.8 m。在室内管道沟内,除了敷设供暖管道外,有时还要将一些生活给水管、消防管、生活热水管等敷设在沟内,管道数量较多,管径大小不一,在这种情况下,就要求室内管道沟宽度应保证通道净宽度为 0.4～0.5 m,沟内的高度可根据管道安装的需要来确定。此外,确定管道沟尺寸时,还应考虑到采暖管道与热水供应管道保温材料的厚度,管道保温材料的厚度可以从相关资料中查到。室内半通行管道沟布置形式,如图 6.37 所示。

从图中可以看出,管道以分几层布置,一层中也可布几根管道(在保证管沟净距的前提下),管道支架可根据管道的根数和管径选择角钢或槽钢的规格和型号。

如果管路短,管径小,也可设置不通行地沟,如图 6.38 所示。

室内管道沟的支墩、盖板可以在标准图中选用。

管道沟应留有通风孔。孔洞尺寸最好能便于带有保温层的管道抽换,一般不小于 250 mm×200 mm,通风孔应有花格铁箅,在严寒地区应有防寒措施。

在管道沟的盖板上,每隔一定距离应设活动盖板,即检查口;过门地沟也应设活动盖板,以便于检修。

对于室外管道沟,在设计时除应考虑到上述因素外,还应考虑到地下水位、建筑环境及交通等因素。如当地下水位较高时,常采取提高管道沟标高,这就可能会出现个别地段高于设计地面,可把地沟布置在路旁绿化带后面或隐蔽处,在管道沟通过道路时,以不影响交通为原则。

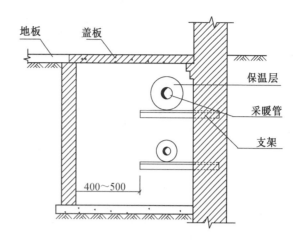

图 6.37　室内半通行管道沟

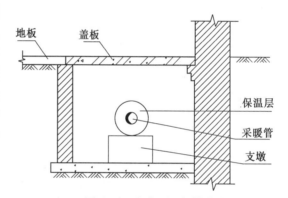

图 6.38　室内不通行管道沟

6.6.7　检查井的设置要求

在半通行管道沟、不通行管道沟及直埋敷设的管线上,应在管道分支处设有控制阀或调节阀,并在需要经常检修的附件(如疏水器、套筒伸缩器)或管道设有放气设备、阀门、排水处,需设计检查井(或称小室)。

检查井的尺寸应根据通过其中的管道根数和直径,以及阀门附件的数量和大小决定,既要维修方便,又不要造成浪费。一般,净高不应小于 1.8 m,通道宽度不小于 0.5 m。

检查井的面积等于和大于 4 m^2,应在相对的角隅处设 2 个人孔。常用人孔直径为 ϕ700 mm,人孔应设有固定的爬梯或绊钉。

检查井底部应设有尺寸为 400 mm×400 mm×300(高)mm 的集水坑,检查井底应坡向集水坑。所有支管都应坡向检查井,坡度不小于 0.001。所有分支水管(热水管及凝结水管)在检查井内应设排水装置或排水管,以便在分支管发生事故时,排除管道中积水。

检查井的位置及数量应与管道平面定线时一起考虑。在保证管道的运行可靠,检修方便的情况下,应尽量减少检查井数目。并应注意到避开交通要道和车辆行人频繁的地方。有关排水检查井的一些规定可参照表 6.11、6.12。

表 6.11 排水检查井一般规定

项 目	一 般 规 定
位 置	1. 管道方向转折处 2. 管道坡度改变处 3. 管道断面(尺寸、形状、材质)及基础接口变更处 4. 管道交汇处 5. 直线管道上每隔一定距离设一处 6. 特种用途处
井身高	1. 位于铺装的路面或地面上时,应完全相平 2. 位于土路上或有人群通行的土地上时,宜高出 50~100 mm,但须连接平顺 3. 位于无人群通行的土地上或农田内时,宜高出 100~300 mm 4. 位于尚未改建的洼地上时,宜高出大雨时的积水水面
井 室	1. 作用:检查井的关键部位是井室,其主要作用为: 　(1)妥善处理各方向不同管道的交汇,顺畅地汇流并转输各路流量 　(2)承装特种用途的设施 2. 构造:井室内主要构筑物是流槽 　(1)流槽的平面形状决定于水流情况 　(2)曲线转输的流槽中心线弯曲半径一般不宜小于下游大管管径 　(3)流槽顶宽为 150~200 mm 　(4)流槽高度:雨水管道的流槽顶与上游管道的 1/2 内径(即管中心)平;污水管道的流槽顶与下游管道的内顶平,井室高度一般为 1.8 m,雨水井由下游管内底起算,污水井由下游管内顶起算,退到浅覆土情况,可酌情降低标准

表 6.12 直线管道上检查井间距

管 别	管径或暗渠净高/mm	最大间距/m	常用间距/m
污水管道	≤400	40	20~35
	500~900	50	35~50
	1 000~1 400	75	50~65
	≥1 500	100	65~80
雨水管道合流管道	≤600	50	25~40
	700~1 100	65	40~55
	1 200~1 600	90	55~70
	≥1 800	120	70~85

6.7 烟囱土建设计

直接燃烧燃料是产生大气污染的一个最大问题,而各种燃烧锅炉又是工业或民用广泛采用的获得能量的燃烧设备,烟囱正是这种燃烧设备的附属构筑物。在我国十万台工业锅炉中,小锅炉占 80%,这些锅炉有的因烟囱偏低,形成低空排放,使污染物不易扩散,尤其冬季在北方人口稠密居民区,大气污染更为严重。本节就是从利用大气对污染物的扩散稀释能力,防止大气污染的角度,对烟囱的设计做一简介。

6.7.1 烟囱的作用与工作原理

烟囱的作用在于保证锅炉内气体的正常流动和热交换过程,即提供锅炉内燃料充分燃烧所需要的空气,并排出燃烧过程中所产生的废气,如烟气中含有的有害物质硫氧化物、氮氧化物及飞灰等。受大气稳定度的影响,从烟囱排放出的废气形状主要有波浪型、锥型、平展型、爬升型及漫烟型等五种典型形状,见图 6.39。其中,波浪型烟气在大气中污染物稀释扩散能力最好,漫烟型烟气稀释扩散能力最差。

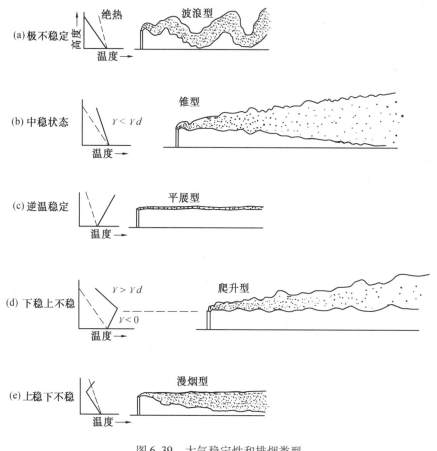

图 6.39 大气稳定性和排烟类型

一般从烟囱排放出的废气比外部大气中的空气轻,二者之间存在静压差,因此,在烟囱内部造成负压,促使外部空气流入炉膛,并经由烟道及烟囱排出。烟囱的工作原理如同一个倒置的虹吸,具有一种自然抽引和排放作用。烟囱与其他机械类处理污染有害气体的通风设备相比,具有通风可靠、不易出故障、可以不消耗动力,也不需经常维修等优点。

6.7.2 烟囱的类型及优缺点

烟囱按建筑材料分,有砖砌烟囱、钢制烟囱和钢筋混凝土烟囱三种类型。其中钢筋混凝土烟囱比砖砌烟囱耐久、重量轻、造型美观、抗震性能好，与钢制烟囱相比，后期维修量小，因此，钢筋混凝土烟囱使用最为广泛，目前，一些发达国家对高大的烟囱越来越趋向采用钢筋混凝土烟囱。

烟囱按结构形状分，有单管式烟囱、多管式烟囱；内衬有独立自重式、分段承重式、悬挂式等类型。

烟囱按筒壳截面形状分，有圆形、矩形、三角形三种类型，实际工程中多为圆形截面烟囱。

设计中常会遇到选用什么类型的烟囱才能满足锅炉燃烧与防止大气污染的要求等问题。无论是哪种类型的烟囱，都有各自的优缺点，表6.13给出了烟囱按使用的建筑材料不同进行分类及不同烟囱类型的优缺点。

表6.13 烟囱类型优缺点

类 型	优 点	缺 点
钢制烟囱	1. 便宜、易制造 2. 安装方便、应用灵活	1. 外部防护不当易腐蚀 2. 内部无衬里时，易被烟气中有腐蚀性气体腐蚀 3. 热损失大
砖砌烟囱	当有耐火砖内衬时，寿命较长	1. 造价较高 2. 基础不坚固，易下沉裂纹，往往需要用铁箍加固 3. 当烟气温度大于400 ℃时，内衬应沿烟囱全高设置
钢筋混凝土烟囱	1. 建造速度快 2. 造型美观 3. 与砖砌烟囱相比，结构较轻、抗震性能好，密实性好	1. 造价高 2. 要求内衬较高，一般应沿烟囱全高设置

6.7.3 烟囱的设计原则

在烟囱设计中，首先要遵循适用、安全、经济合理的原则，做到技术先进，确保质量。再根据烟囱的使用条件、烟囱高度、烟囱所处的地质条件及地震裂度、材料供应和施工条件等因素来确定烟囱筒壁的使用材料。

6.7.3.1 砖砌烟囱的设计要求

砖砌烟囱筒壁用砖宜采用强度等级不低于MU7.5的普通粘土砖；筒壁用砂浆宜采用M25混合砂浆，在其顶部5 m范围内，宜将砂浆强度提高到M50；配筋砖筒壁，应采用不低于M50的水泥石灰混合砂浆。砖砌烟囱的内衬材料和高度应满足下列要求：

①烟气温度低于400 ℃时，可采用MU7.5普通粘土砖和M25混合砂浆；内衬高度不小于烟囱高度的一半。

②烟气温度为400～500 ℃时，可采用MU7.5普通粘土砖和耐热砂浆；内衬高度与烟囱外筒体高度一样。

③烟气温度高于500 ℃时，可采用粘土质耐火砖、耐火混凝土预制块；其高度与烟囱外筒体高度一样。

为了便于施工,砖砌圆形烟囱的出口内径不宜小于 800 mm。当直径较小时,宜做成方形。

6.7.3.2 钢筋混凝土烟囱的设计要求

钢筋混凝土烟囱筒壁宜采用强度等级不低于 C20 的混凝土;混凝土的水灰比不宜大于 0.5,每立方米混凝土水泥用量不应超过 450 kg;混凝土的骨料应坚硬致密,粗骨料最大粒径不应超过 60 mm,骨料粒径不应超过筒壁厚度的 1/5 和钢筋间距的 3/4;沿筒壁高度宜采用相同等级的混凝土。钢筋混凝土烟囱与砖烟囱一样,应设置内衬。设内衬的目的一是减小由于烟囱内外温差所引起热膨胀而造成对烟囱的损害;二是避免烟气中含硫化物对烟囱的腐蚀。因此,烟囱内衬起到了对烟囱筒体的保护作用,延长了烟囱构筑物的使用寿命。有关钢筋混凝土烟囱内衬的具体规定见表 6.14。

表 6.14 烟囱内衬材料和高度

烟气温度/℃	内衬材料	内衬高度	内衬厚度	备 注
>500	耐火粘土砖耐热混凝土块	与烟囱外筒体一样高	底段 20 m 内不小于一砖厚,其余部分厚度不小于半砖	①建筑物内的烟囱内衬应与烟囱一样,或超出建筑物屋顶,并不低于独立烟囱内衬高度 ②使用含硫较高的燃料时,烟囱应用耐腐蚀材料,或烟囱内壁敷设耐热砖衬,粉刷耐酸水泥
400～500	不低于 MU7.5 红砖	不小于烟囱高度的一半		
250～400				
<250		不小于烟囱高度的 1/3		

钢筋混凝土烟囱除满足上述要求外,还应符合下列要求:
①烟囱的下部应设清灰孔,清灰孔在锅炉运行期间应严格密封(可用黄泥砖密封)。
②烟囱的底部应设积灰坑,积灰坑比水平烟道入口底部低 0.5～1.0 m。
③当烟囱与水平烟道有两个接口时,两接口一般应相对布置,并用与烟道成 45°角的隔墙分开。隔墙应高出水平烟道入口顶部且不小于烟道高度的 1/2。
④烟囱与烟道连接处,应设沉降缝。
⑤烟囱顶部通常应刷耐酸漆。
⑥烟囱应设置检修爬梯和安装避雷针。
⑦飞机场和飞机航道附近的烟囱,应装设信号灯、刷标志色。
以上 7 项设计要求不仅钢筋混凝土烟囱要满足,砖砌体烟囱也应满足。

6.7.3.3 钢板制烟囱的设计要求

钢板制烟囱简称钢烟囱,在设计钢烟囱时应符合下列要求:
①要有足够的强度和刚度,筒体壁厚还应考虑有一定量的防腐蚀程度。一般当烟囱高 20～40 m,直径 0.2～1.0 m 时,无内衬的烟囱壁厚取 4～10 mm,有内衬的烟囱壁厚取 8～18 mm。
②当烟囱高度与其直径之比大于 20 时,必须沿烟囱圆周等弧度布置 3 根或 4 根牵引拉绳。

③烟囱内外壁应刷耐热防腐油漆。

④当采用带内衬的钢烟囱时,内衬可分段支承,每段长 4~6 m,内衬和筒壁宜保持 2~5 cm 间隙(图 6.40)。

⑤对有内衬的钢烟囱,为了加强烟囱顶部和保护内衬不受雨淋,需在钢烟囱顶部装环状护板,如图 6.41 所示。

⑥钢烟囱应设避雷装置。当避雷针以钢烟囱本身作引下线时,在被非金属垫层圈分开的两段筒体间,应焊钢筋作引桥导电。

⑦钢烟囱一般应设置检修爬梯。

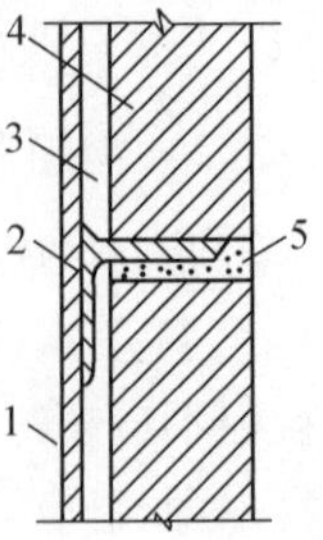

图 6.40 带内衬的烟囱结点
1—外筒;2—刚性环梁;
3—空气间隙;4—内衬
5—掺粘土的石棉

6.7.4 烟囱位置的选择

烟囱排放的烟气受风向、风速、温度层结及地形等不同因素影响,使烟气污染物在大气中呈现出不同的扩散形式。为了降低烟气对周围环境的影响,在确定烟囱位置时,应从以下两方面来考虑。

①建筑物空气进口不应该放置在主导风向下侧,即烟囱的背风侧通常考虑到主导风向,烟囱应当放置在建筑物的背风侧。

②在锅炉房的设计中,砖砌或钢筋混凝土烟囱一般放在锅炉房的后面。烟囱中心与锅炉房后墙的距离应能使烟囱地基不碰到锅炉房的地基,同时,还需考虑烟道的布置及是否有半露天布置的风机、除尘器等设备,如不布置这类设备时,其距离一般为 6~8 m。

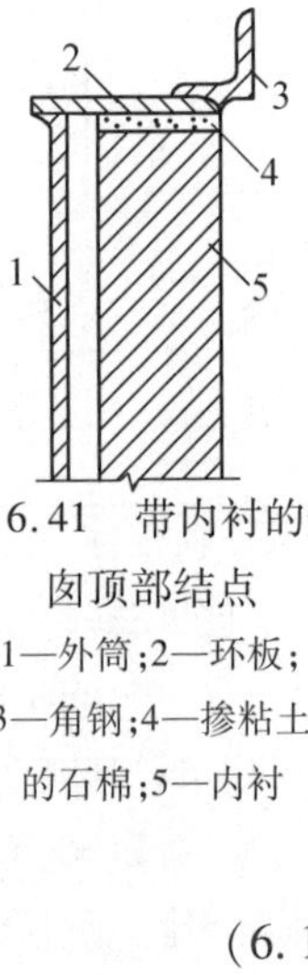

6.7.5 烟囱阻力的确定

烟囱的阻力损失主要是由沿程摩擦阻力和局部(即出口)阻力损失组成。

图 6.41 带内衬的烟囱顶部结点
1—外筒;2—环板;
3—角钢;4—掺粘土的石棉;5—内衬

6.7.5.1 烟囱沿程阻力

烟囱的沿程摩擦阻力考虑烟囱的锥度 i 可按下式近似计算,即

$$\{\Delta P_m\}_{Pa} = \frac{\lambda}{8i} \cdot \frac{\rho\omega^2}{2} \tag{6.1}$$

式中　λ——沿程摩擦阻力系数;砖砌和钢筋混凝土烟囱 $\lambda=0.05$;金属烟囱 $\lambda=0.03$;
　　　　ρ——烟气的密度,kg/m³;
　　　　ω——烟囱出口处的烟气流速,m/s;见表 6.15;
　　　　i——烟囱的锥度通常为 $i=0.02~0.03$。

6.7.5.2 烟囱局部阻力

烟囱出口的局部阻力用下式计算

$$\{\Delta P_j\}_{Pa} = \varepsilon \frac{\rho\omega^2}{2} \tag{6.2}$$

式中　ε——烟囱出口阻力系数,采用 1.1;
　　　　其他符号意义同式(6.1)。

第6章 环境工程土建设计

表6.15 烟囱出口处烟气流速   m/s

通风方式	运行情况	
	全负荷时	最小负荷
机械通风	10~20	4~5
自然通风	6~10	2.5~3

注：1.选用流速时应根据锅炉房扩建的可能性取适当数值，一般不宜取用上限。
  2.应注意烟囱出口烟气流速在最小负荷时不宜小于2.5~3.0 m/s，以免冷空气倒灌。

6.7.6 烟囱高度的确定

烟囱过高将造成经济浪费，过低烟气又会污染大气，因此，烟囱的高度应由综合考虑多种因素后确定。

6.7.6.1 自然通风烟囱的高度

(1)烟囱的抽力

一般烟囱外部的冷空气与烟囱内部的热烟气之间所产生的密度差，使烟囱内部造成负压，即烟囱的抽力。烟囱的抽力计算公式按下式确定，即

$$S_y = H\left(\rho_k^0 \frac{273}{273 + t_k} - \rho_y^0 \frac{273}{273 + \bar{t}_y}\right) \frac{9.8}{C_p} \tag{6.3}$$

式中 H——烟囱的高度，m；
　　ρ_k^0、ρ_y^0——在标准状态下空气和烟气的密度，分别取1.293和1.340 kg/m³；
　　t_k、$\bar{t}_y$——分别为外界空气温度和烟囱内烟气的平均温度，℃；
　　C_p——大气压力修正系数，见表6.16。

表6.16 大气压力修正系数 C_p

海拔高度/m	0	200	400	600	800	1 000	1 500	2 000	2 500	3 000	4 000	5 000
大气压力 b/Pa	101 325	99 325	96 259	94 392	92 526	90 526	84 660	79 060	74 934	70 394		
$C_p = \frac{101\ 325}{b}$	1	1.02	1.05	1.07	1.10	1.12	1.20	1.28	1.36	1.44	1.62	1.82

注：除用上式进行计算外，烟囱的抽力还可用后面提到的表6.24查得。

(2)烟囱中烟气的平均温度

烟气离开锅炉后，在沿烟道及烟囱的流动过程中，由于漏风和散热，会使烟气温度不断降低，一般估算时，每米烟道或烟囱的温度降可采用下列数值：砖砌烟囱约0.5 ℃/m，铁皮烟囱约2 ℃/m。计算公式如下

$$\bar{t}_y = t_{y1} - \frac{H\Delta t}{2} \tag{6.4}$$

式中　t_{y1}——烟囱入口温度,℃；

Δt——烟囱每米高的温降,℃/m,见表6.17。

表6.17　烟囱每米高度的温降 Δt　　　　　　　　　℃/m

烟囱条件		蒸发量 D (t·h^{-1}) 　　Δt/℃·m^{-1}	1	2	4	6	8	10	计算公式
铁烟囱	无内衬		2	1.41	1	0.82	0.71	0.63	$2/\sqrt{D}$
铁烟囱	有内衬		0.8						$0.8/\sqrt{D}$
砖或钢筋混凝土烟囱	厚≤0.5 m		0.4	0.28	0.2	0.16	0.14	0.13	$0.4/\sqrt{D}$
砖或钢筋混凝土烟囱	厚>0.5 m		0.2	0.14	0.1	0.08	0.07	0.06	$0.2/\sqrt{D}$

（3）自然通风烟囱的高度 H

$$\{H\}_m = 29 \frac{S_y}{\left(\dfrac{1}{273+t_k} - \dfrac{1}{273+\overline{t_y}}\right) b} \tag{6.5}$$

式中　S_y——烟囱抽力,Pa；自然通风时应使 $S_y \geq 1.20 \sum \Delta h_y$（$\sum \Delta h_y$ 为烟气系统总阻力）；

b——当地大气压力,Pa；

其他符号意义同前。

6.7.6.2　机械通风烟囱的高度

机械通风烟囱高度的数据可由表6.18中查得。

表6.18　烟囱推荐尺寸

锅炉容量及台数						单位	自然通风	机械通风	
1	2	4	6	10	20	(t/h)	烟囱上口直径/mm	烟囱	
0.7	1.4	2.8	4.2	7	10.5	14 MW		上口直径/mm	高度/m
1						台	ϕ400	ϕ280	20～25
2	1					台	ϕ600	ϕ360	30
3						台	ϕ700	ϕ450	30
4	2	1				台	ϕ800	ϕ560	35
5						台	ϕ1 000	ϕ630	35
6	3		1			台	ϕ1 000	ϕ700	35
	4	2				台	ϕ1 200	ϕ800	35
	5			1		台	ϕ1 200	ϕ800	40
	6	3				台	ϕ1 400	ϕ1 000	40

续表 6.18

		2			台	φ1 000	40
	4		1		台	φ1 000	40
5~6	3	2		1	台	φ1 200	45
	4~5	3	2		台	φ1 400	45
	6	4		2	台	φ1 600	45
		5	3		台	φ1 800	(≥45)
6	6	4	3		台	φ2 000	(≥45)
		5	4		台	φ2 200	(≥45)
		6	5		台	φ2 500	(≥45)
			6		台	φ2 800	(≥45)

注：带括号烟囱高度应按环境影响评价要求确定，但不低于 45 m。

6.7.6.3 烟囱高度的其他要求

烟囱高度除按上述要求计算、查表确定外，还应符合下列设计要求：

(1)烟囱高度的确定

必须符合锅炉大气污染物排入标准(GB 13271－91)中的规定，见表 6.19、6.20。

表 6.19 生产、采暖及生活用锅炉烟囱高度的规定

锅炉房总容量	t/h	<1	1~<2	2~<4	4~<10	10~<20	20~<40
	MW	<0.7	0.7~<1.4	1.4~<2.8	2.8~<7	7~<14	14~<28
烟囱最低高度	m	20	25	30	35	40	45

表 6.20 锅炉大气污染物排放标准

区域类别	适用地区	烟尘浓度 (mg·m^{-3}·N^{-1})	二氧化硫浓度/(mg·m^{-3}·N^{-1})	林格曼黑度/级	锅炉安装年限
1	国家规定的自然保护区、风景游览区、名胜古迹和疗养地等	≤200			1992 年 8 月 1 日之前安装或立项
2	居民区、商业交通居住混合区、文化区、名胜古迹和广大农村	≤300		≤1	
3	大气污染较重的城镇和工业区，以及城市交通枢纽干线等	≤400			
1	同上	≤100			1992 年 8 月 1 日起立项新安装或更换的锅炉
2		≤250	≤1 200 ≤1 800	≤1	
3		≤350			

(2)自然通风的锅炉

烟囱高度除满足上述要求还应使其产生的抽力能克服锅炉本体及烟道系统的压力损失，并能保证炉膛出口有 40~80 Pa 的负压。烟囱每米高度产生的抽力见表 6.21。

表 6.21　烟囱每米高度产生的抽力　　　　　　　　　（×9.8 Pa）

烟囱内烟气的平均温度/℃	在相对温度 $\varphi=70\%$，大气压力为 1.01×10^5 Pa 下的空气相对密度										
	1.420	1.375	1.327	1.300	1.276	1.252	1.228	1.206	1.182	1.160	1.137
	空　　　气　　　温　　　度/℃										
	−30	−20	−10	−5	0	+5	+10	+15	+20	+25	+30
140	0.565	0.515	0.470	0.442	0.415	0.391	0.368	0.345	0.320	0.300	0.277
160	0.597	0.550	0.503	0.475	0.451	0.427	0.403	0.381	0.357	0.335	0.312
180	0.631	0.585	0.537	0.510	0.486	0.462	0.438	0.416	0.392	0.370	0.347
200	0.665	0.620	0.572	0.545	0.521	0.497	0.473	0.451	0.427	0.405	0.382
220	0.698	0.650	0.602	0.575	0.551	0.527	0.503	0.481	0.457	0.435	0.412
240	0.728	0.678	0.630	0.603	0.579	0.555	0.531	0.509	0.485	0.463	0.440
260	0.755	0.705	0.657	0.630	0.606	0.582	0.558	0.536	0.512	0.490	0.467
280	0.780	0.728	0.680	0.653	0.629	0.605	0.581	0.559	0.535	0.513	0.490
300	0.800	0.751	0.703	0.676	0.652	0.628	0.605	0.582	0.558	0.536	0.513
320	0.820	0.772	0.724	0.697	0.673	0.649	0.625	0.603	0.579	0.557	0.534
340	0.842	0.792	0.744	0.717	0.693	0.669	0.645	0.623	0.599	0.557	0.554
360	0.862	0.810	0.762	0.735	0.711	0.687	0.663	0.641	0.617	0.595	0.572
380	0.880	0.827	0.779	0.752	0.728	0.704	0.680	0.658	0.634	0.612	0.589

全年运行的锅炉房,应分别以冬季、夏季室外温度和相应的最大蒸发量时的烟气阻力来确定烟囱高度,取其中较大的值。采暖锅炉应分别按采暖期室外计算温度和采暖期结束时的室外温度,及其各自相应的最大蒸发量时的烟气阻力来确定烟囱高度。

当烟囱周围 200 m 内有建筑物时,烟囱出口应比其最高建筑物的顶层窗户上弦高 3 m 以上,当烟囱附近有飞机场或因其他原因,烟囱高度不能满足要求时,应取得当地环保等有关部门的同意。

6.7.7　烟囱尺寸的确定

6.7.7.1　出口内径的确定

烟囱出口内径 d_2 的确定,可按下式计算

$$d_2 = \sqrt{\frac{B_j \cdot n \cdot V_y \cdot (\bar{t}_y + 273)}{3\,600 \times 273 \times 0.785 \times \omega}} \tag{6.6}$$

式中　V_y——通过烟囱的总烟量,m^3/h;
　　　n——利用同一烟囱的同时运行的锅炉台数;
　　　ω——烟囱出口烟气流速,m/s,按表 6.18 选用;
　　　B_j——燃量消耗量,kg/h;
　　　$\bar{t}_y$——烟囱出口处烟气温度,℃。

烟囱出口内径除按计算求得外,也可通过查表方法来确定(见表 6.21)。

6.7.7.2　烟囱进口内径的确定

烟囱底部进口内径 d_1 的确定,可按下式计算

$$d_1 = d_2 + 2i \cdot H \tag{6.7}$$

式中　　d_2——烟囱顶部出口内径,m;
　　　　i——烟囱的锥度;
　　　　H——烟囱的高度,m。

6.7.7.3　烟囱外径的确定

烟囱外径尺寸的确定,是由结构设计决定。砖砌烟囱顶部厚度一般为 240 mm,有内衬时为 410 mm。烟囱底部外径由烟囱高度和外部壁坡度决定,外壁坡度一般为 2.5%。

6.8　垃圾土地填埋场设计

城市居民及工农业产生的固体废弃物已成为主要环境问题之一,尽管一些固体废弃物可资源化,但总还会有部分残余污染物存在,并将长期地停留于环境中,是一种潜在污染源,因此,为了控制其对环境的污染,必须进行固体废物的最终处置,使之最大限度地与生物圈隔离。目前,固体废物处置方法主要有海洋处置和陆地处置两大类。现实中,可根据固体废物的种类和经济条件来选择具体处置方法。本节仅就陆地处置方法之一,土地填埋方法中的有关土建设计方面的问题做一简要介绍。

6.8.1　土地填埋法的设计原则与分类

6.8.1.1　土地填埋处置的概念

土地填埋处置是为了保护环境,按照工程理论和土工标准,对固体废物进行有控管理的一种科学工程方法,它不是单纯的堆、填、埋,而是一种综合性土工处置技术,目前已成为固体废物最终处置的一种主要方法。

6.8.1.2　土地填埋场规划设计的标准

一个成功的土地填埋场应具有良好的环境效益、经济效益和社会效益。但同时获得这三个效益并不容易,比如资金与填埋场处理标准之间就存在着矛盾,一些发达国家在填埋场的处理标准上,有严格的法律法规,而我国由于环境法规不健全,又受资金的限制,若在规划和设计时单纯因经费问题而忽略了处理标准,有可能使填埋场在运行中对周围环境造成无法弥补的污染,或需投入更多的资金来治理污染,所以只有严格的设计、合理的投资,才能使有限的投入发挥最大的效益。因此,填埋场规划设计的标准应以确保被掩埋的废弃物不再污染环境为准。我国制定的部颁标准《城市生活垃圾卫生填埋技术标准》(GJJ 17 - 88)(从 1989 年 7 月 1 日实行)中明确指出:"卫生填埋主要是防止对地下水及周围环境的污染。"

6.8.1.3　土地填埋处置的分类

土地填埋处置的种类很多。依据不同,有不同的分类方法。通常为便于管理,可依据处置废物的种类分为以下四类:

①惰性废物填埋:是土地填埋处置中最简单的方法,实际上就是把建筑废石等惰性废物直接埋入地下。

②卫生土地填埋:适于处置一般固体废物,主要是处置城市垃圾,使其不会对环境造成危害。

③安全土地填埋:是一种改进的卫生填埋方法,主要用来处置有害废物,因此对场地的建造技术等要求更为严格。

④工业废物土地填埋:适于处置工业无害废物,因此,场地的设计操作等不像安全填埋场那么严格。

本节主要是讲城市垃圾填埋场的设计,因此,主要介绍卫生土地填埋场的设计。

6.8.2 土地填埋场的设计

土地填埋场设计主要包括场地的选择与勘察、环境影响评价、场地工艺与土建设计、场地土建施工、垃圾填埋操作、封场、场地的维护与监测管理等设计内容。其中,环境影响评价主要是确定场地的选址是否合理、技术上是否可行,填埋场建成后是否会对周围环境产生影响等。

6.8.2.1 场地的选择

场地选择是全面设计规划填埋场的第一步,选址既要从安全角度考虑,防止对周围环境的污染,又要从经济方面考虑,尽可能利用场地的天然地形条件,使填埋场地设计做到"安全可靠、经济合理"。场地的选择一般应考虑的诸因素见表6.22。

表6.22 填埋场地选择要求

因 素	要 求
固体废物的种类、数量	对卫生土地填埋场地,应依据垃圾来源、种类、性质和数量确定场地的规模,同时,要考虑至少可处置20年填埋的废物量
地质条件与地理环境	避开洼地,泄水能力要强;避开地震区、断层区、溶岩洞及矿藏区;避开动植物保护区和文物古迹;土壤要容易压实,防渗,对安全土地填埋场,土壤渗透率小于等于10^{-7} cm/s;对工业废物土地填埋场,土壤渗透率小于等于10^{-5} cm/s;距居民点或重要设施800 m以外
水文、气候	地下水位应尽量低,距填埋场最下层至少1.5 m;避开地下蓄水层;在100年一遇洪泛区之外;蒸发要大于降水;避开高寒区;位于城市下风向。
噪声、交通	运输及操作设备噪音不影响附近居民;交通要方便,要有全天候公路
土地征用与开发	土地容易征得且经济,同时便于开发利用
法律和社会	符合有关法律、法规,注意社会影响

6.8.2.2 场地的勘察

场地的勘察包括现场调查和实地勘测两部分。在场址选择时,首先要进行现场调查,了解场地的地形地貌、水文地质、工业布局、人口分布等,以判断该地区是否适合建造填埋场。在此基础上,通过测量和钻探技术对场地进行实地勘测。其目的是了解场地的地质结构,地层岩性,地下水位、分布及走向等数据资料,为填埋场提供设计依据。

填埋场基部岩石以具有抗酸、碱等有害溶液浸蚀能力的花岗岩或混合花岗岩为好;填埋场底部以均匀分布的粘土层为好,因粘土层抗渗性优于沙土层。

6.8.2.3 填埋场面积与容量的确定

卫生土地填埋场的面积与城市人口、垃圾的产率、废物填埋的高度、垃圾与覆盖材料量之比及填埋后压实密度等有关。通常,覆盖材料与填埋垃圾之比为1:4或1:3,填埋后的废物压实密度为500~700 kg/m³,填埋场的容量至少维持20年使用时间。如按卫生土地填埋场填埋垃圾,则每年填埋的废物体积可按下式计算

$$V = 365 \cdot \frac{W \cdot P}{D} + C \tag{6.8}$$

式中　　V——一年填埋的垃圾体积,m³;
　　　　W——垃圾的产率,kg/(人·d);
　　　　P——城市人口数,人;
　　　　D——填密后废物的压实密度,kg/m³;
　　　　C——覆盖材料体积,m³。

则每年所需土地面积为

$$A = V/H \tag{6.9}$$

式中　　A——一年填埋垃圾所占的面积,m²;
　　　　H——填埋废物的高度,m。

如果按安全土地填埋场考虑,则每年填埋的固体废物体积计算方法与卫生土地填埋场的计算方法相似,即

$$V = 365 \cdot \frac{S}{D} + C \tag{6.10}$$

式中　　S——固体废物的填埋率,kg/d;
　　　　其他符号意义同上。

每年所需填埋场面积的计算同式(6.9)。

在确定场地面积的同时,还要考虑到周边土地的使用,如垃圾处理辅助设施所占的面积,适当的缓冲区以及垃圾现场暂存的面积。确定场地边界时,场地边界距饮用水井的距离必须大于150 m;填埋场地同场地边界至少保留15 m的距离。

6.8.2.4　卫生填埋体的结构

我国《城市生活垃圾卫生填埋技术标准》规定:填埋体由衬里、导流层、垃圾层、填土层(中间覆盖土层)和最终顶部覆盖层构成,其中天然衬里厚度大于2 m,渗透系数不大于10^{-7} cm/s,导流层由卵砾石铺设,厚度30 cm,垃圾层厚2~3 m,最终覆盖层厚80 cm以上。具体填埋体结构分述如下。

(1)场底基础

场底必须能支撑和承受设计容量的全部垃圾的压力。对采用人工防渗衬里来说,场底还应对其有保护作用和便于施工。

(2)填埋场地及四壁的防渗衬里

由于固体废物本身含有水分,地下涌出水、降水及地表径流水的渗入,使填埋场内产生相当数量的渗滤液。渗滤液的组成与固体废物的种类、地质及填埋方式等多种因素有关。对卫生填埋场,渗滤液不仅是一种高浓度的有机废水(可能存在的有机物超过百种,并存在相当数量的致癌物质),而且含有大量的植物营养物质及多种金属离子。若不采取措施,一旦渗滤液渗出,就会造成地下水等污染。

①防渗材料:作为防渗材料有无机和有机的两大类。常用的无机材料有粘土、水泥

等;有机材料有沥青、橡胶、聚乙烯和聚氯乙烯塑料等。现在防渗性能好、价格低、耐用的防渗材料不断地被研究出来,如聚硅氧烷、胶态硅等特制新材料。无论选择哪种防渗材料都必须符合有关标准。

②衬里系统的设计:衬里系统的结构主要有三种,天然粘土衬里、人工合成有机衬里和由以上两种衬里材料构成的复合双层衬里。图6.42是具有渗滤液收集系统的双衬里结构示意图。

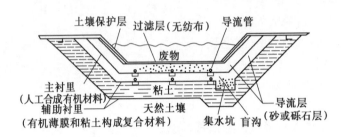

图6.42 双衬里系统示意图

由图6.42可见,在防渗衬里上铺设砂或砾石层作为导流层,在导流层底部的盲沟内设置导流管,垃圾渗滤液多选用高密度聚乙烯多孔管为导流管,渗滤液通过导流管汇集到积水坑,积水坑中的渗滤液定期用泵送入废水处理场进行处理。

③防渗技术:我国目前主要采用帷幕灌浆垂直防渗法和水平防渗法。国外采用喷射灌浆结合定向钻探技术,该技术可建造垂直的、倾斜的或卷曲的任意形状的衬里,它们的深度或长度可达1 000 m以上。

(3)垃圾堆放系统

卫生填埋一般都采用机械化作业,垃圾运输车卸料,推土机推运布料,垃圾压实机碾压,每天操作完成后,覆盖土层并压实平整。废物层和土壤覆盖层共同构成一个填筑单元,具有同样高度的一系列相互衔接的填筑单元构成一个升层。完成的填埋场是由一个或多个升层构成的。

(4)填埋气体控制系统

垃圾一旦进入填埋场,微生物的分解过程就开始了。首先是好氧分解,填埋场中的氧气耗尽后就进行厌氧分解产生CH_4、CO_2、N_2和H_2,以及其他微量气体。微量气体中的H_2S和RSH(硫醇)不但会强烈刺激人的眼睛和呼吸系统,而且产生恶臭,影响周围环境卫生。产生的大量CH_4和CO_2都是产生温室效应的气体,并且当有氧存在时,CH_4浓度达到5%~15%时就可发生爆炸,所以,必须对填埋场内产生的气体进行控制。填埋气体是一种高能可燃气体,可在气水分离、气体净化后供给用户做燃气或用于发电。

在人工气体控制中,为导排场内气体,需设置许多沟槽和气井。虽有多种方式,但一般可归为两大类,即横向水平收集方式和竖向收集井方式。

①横向水平收集方式:沿填埋场纵向逐层横向布置水平收集管,直至两端立导气井将气体引出。水平收集管采用耐腐性强的多孔塑料管,其周围铺砾石透气层。该方式适于小面积、平地建造的窄形填埋场,在垃圾填埋过程直至封场时使用都很方便。但因收集效果较差,投资高等原因,应用不是很多。

②竖向收集井方式:竖向收集井或竖井加横斜向收集管的导排收集方式用的比较多。

竖井由多孔内管、外套管、井顶密封盖和输气管等组成,竖井随垃圾填埋过程依次加高。该方式又分为竖井向上收集和竖井向下横斜向收集两种。前者即气井所收集的气体沿气井向上流动引出地面点火焚烧或收集利用;后者是输气管从气井下半部接出,该种方式可在垃圾填埋过程中安全有效地收集气体,控制气体散发,并与垃圾填埋作业不发生矛盾。竖井结构示意图见图6.43。

(5)封场

封场是土地填埋设计操作的最后一环,是在固体废物之上建造一个与下部填埋场结构配套的顶部覆盖系统。其设计应有利于水流的收集、导排;有利于填埋气体的控制与收集;应尽量减少垃圾渗滤液的产生。垃圾渗滤液的产生量与覆盖层材料、厚度及整体性密切相关。顶部覆盖系统以深圳市玉龙坑垃圾填埋场为例,见图6.44所示。

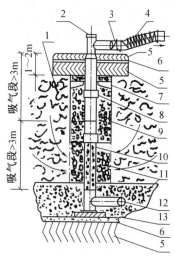

图6.43 竖井结构示意图
1—垃圾;2—接点火燃烧器;3—阀门;4—柔性管;
5—膨润土;6—HDPE薄膜;7—导向块;
8—管接头;9—外套管;10—多孔管;
11—砾石;12—排渗滤液管;13—基座

根据填埋场地的特点,在设计上可做适当的简化。在顶部土壤层要修筑一定的坡度,但一般不超过30%。防渗层要求和衬里系统采用相同的结构,这样填埋场才能形成一个完整的封闭式结构。基础层空隙一般很大,填埋气体会沿着基础层面迁移,鉴于其导气作用,有时基础层也可设计为排气层。

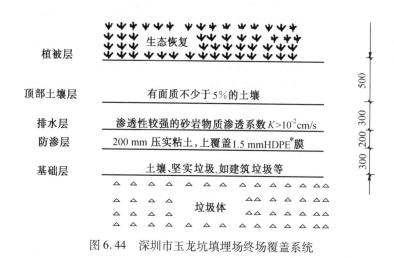

图6.44 深圳市玉龙坑填埋场终场覆盖系统
HDPE*—高密度聚乙烯

(6)地表径流控制

地表径流控制目的是把可能进入场地的水引走,防止场地排水进入填埋区和接收来自填埋区的排水。主要有导流渠和导流坝等。导流渠一般是环绕整个场地挖掘,这样使地表径流汇集到导流渠中,并经过填埋场地下坡方向的天然水道排走。常用结构材料有植草的天然土壤、土衬沥青和碎石混凝土等。导流坝是在场地四周修筑堤坝,拦截地表径流,把其从场地引出流入排水系统。导流坝一般用土壤修筑并机械压实。

6.8.2.5 辅助设施设计

为保证土地填埋操作的顺利进行,填埋场必须建造配套的辅助设施。它包括有铺建全天候道路系统;建造车库、设备维修车间、办公室和卫生设施;配备动力、水、电供应及通讯系统;设置磅站,以便统计场地接收处置废物的数量。

此外,还要建造渗滤液处理车间,填埋气体回收、净化车间,以便对填埋气体进一步利用。同时,要对渗滤液、地下水、地表水进行监测,以确保场地正常运行。

6.8.2.6 填埋场的结构

根据场地地形、水文地质条件及填埋特点,填埋场结构主要分为以下三种方式。

(1)人造托盘式

适用位于平原地区的填埋场地,防渗衬里形成托盘式壳体结构。为增大场地的处置容量,一般都设置在地下。如果场地表层土壤较薄也可设计成半地上式或地上式。其结构示意如图 6.45 所示。

(2)天然洼地式

采石场坑、露天矿坑、山谷、凹地或其他类型的洼地均可采用此种填埋结构。它是利用地形构成盆地状的容器。由于充分利用地形,所以,挖掘工作量小,处置容量大,但场地的准备工作较复杂,地表水和地下水的控制较困难。

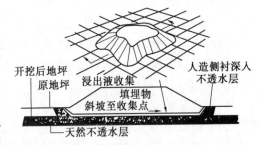

图 6.45 人造托盘式土地填埋

(3)斜坡式

特点是依山建场,山坡为填埋场结构的一个边。该方式是把固体废物直接撒在斜坡上,压实后用工作面前的土壤直接覆盖,挖掘工作量小,能更有效地利用处置场地。

第7章 环境工程土建构造

建筑构造是研究建筑物各组成部分的构造原理和构造方法的科学,在土木建筑及环境工程中有广泛的应用。它具有实践性强和综合性强的特点。在内容上不仅反映了对实践经验的高度概括,而且还涉及到建筑材料、建筑物理、建筑力学、建筑结构、建筑施工,以及建筑经济等有关方面的理论。因此,研究的主要任务在于根据环境工程对建筑物的功能要求,提供符合适用、安全、经济、美观的构造方案,以作为建筑设计中综合解决技术问题及进行施工图设计的依据。

一座建筑物由许多部分组成。这些组成部分在土木建筑工程中被称为构件。例如,基础、墙、楼板、楼梯、屋顶、门窗及工艺构筑物等。建筑构造原理就是综合多方面的技术知识,根据多种客观因素,以选材、选型、工艺、安装为依据,研究各种构件及其细部构造的合理性,以及有效发挥建筑功能的理论。而构造方法则是在构造原理的指导下,进一步研究如何运用各种材料,有机地组合各种构件,并提出解决各构件之间相互连接的方法和这些构件在使用过程中的各种防范措施。

7.1 基 础

地基与基础对房屋建筑物或构筑物的安全和使用年限占很重要的地位。如基础设计不良、地基处理考虑不周,可使建筑物下沉过多或出现不均匀沉降,致使建筑物墙身开裂,严重的可导致建筑物或构筑物倾斜、倒塌,造成很大的损失。如果建筑物建成之后,才发现基础有问题,其补救措施也较困难。因此,在设计之前,必须对地基进行钻探,充分掌握并正确地分析地质资料,在此基础上进行妥善的设计,以免造成后患。

7.1.1 地基与基础概念

基础是建筑物或构筑物埋在地面以下的承重结构,它承受房屋上部的全部荷载并传递到土层上去。基础下面承受压力的土层称为地基。

7.1.1.1 地基

在作基础设计时,首先须掌握当地土的性质,以及地下水的水质与水位。作为地基土,其单位面积能承受基础传下来的荷载的能力,叫做地基的允许承载力,也称为地耐力,以 kN/m^2 或 kPa 来表示。

地基土分为岩石类、碎石类、砂类、粘性土等多种,它们的允许承载力差别很大,即使是同一类土,由于它们的物理力学性质不同,其允许承载力也不相同。

如果建筑物高大而地基土较弱,基底压力与地基允许承载力不相适应时,则必须设法加固地基。如果基础下面仅局部是松软土层时,则可将该土挖去,换上砂或低标号的块石混凝土。如果弱土层深度很深,则可做桩基,一般多采用预制的钢筋混凝土桩或就地灌注的混凝土桩,以提高地基的允许承载力。

在建筑工程的地基内有地下水存在时,地下水位的变化、水的侵蚀性等,对建筑工程的稳定性、施工及正常使用都有很大的影响,必须予以重视。

7.1.1.2 基础

图 7.1 所示为一外墙基础剖面。基础的最底面(与地基接触部分)称为"基底",由室外地面到基底的深度称为"基础埋置深度"(简称"基础埋深")。在寒冷地区的冬季结冻期,土壤的冻结层厚度被称为"冻结深度"(是根据当地多年测定得来的最大冻结深度的平均值来确定的。例如,北京为 0.8 m,哈尔滨为 2.0 m,上海为 0.06 m)。冻结层的下边缘被称为"冰冻线",地下水的上表面称为"地下水位"。

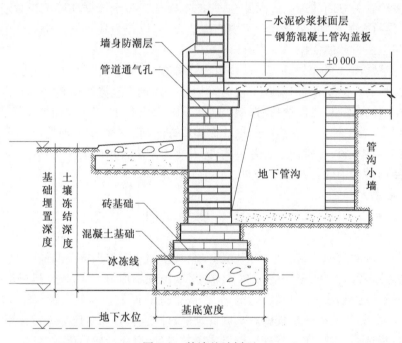

图 7.1 外墙基础剖面

基础的底宽与其底面积有关,而基底面积的大小则由基础所承受的荷载和地基的承载能力来决定,也就是

$$P \leqslant R$$

式中　　P——基础底面传给地基的平均压力,kN/m^2;

　　　　R——地基允许承载力,kN/m^2。

如果建筑物高大或地基的允许承载力小时,为满足上述条件,基础底面积就要加大,基底的宽度也就随之加大。

7.1.2　基础的类型和材料

7.1.2.1　承重墙下的基础

以砖石砌筑的承重墙多用条形基础,所采用的材料常与墙身相同(图 7.2),或墙身用砖,基础用石(图 7.3)。这种基础的最下部分可用灰土或三合土代替(图 7.4)。灰土是用石灰和黄土(亚粘土较好),按 3∶7 或 2∶8 体积比,略加水拌合而成,造价低廉,在我国北方应用较多。三合土的成分是石灰、砂、碎砖,或矿渣、碎石等按1∶2∶4或1∶3∶6的体积比,加水拌合而成,在我国南方应用较广。当地下水位较高、槽底湿软或见水时,则用混凝土或毛石混凝土(即在混凝土中掺入毛石以节约水泥用量)代替灰土或三合土(图7.5)。当遇到地质软弱而荷载又较大的房屋时,常用抗弯性能较高的钢筋混凝土基础(图7.6)。

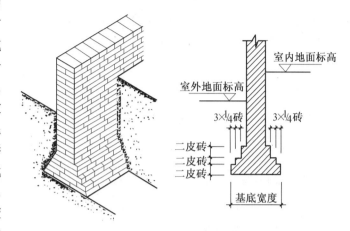

图7.2 砖砌条形基础

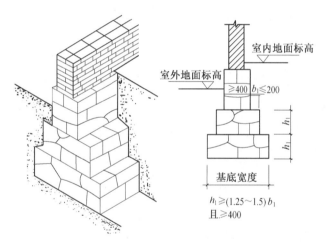

图7.3 石砌条形基础

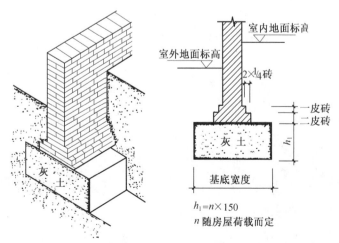

图7.4 灰土(或三合土)基础

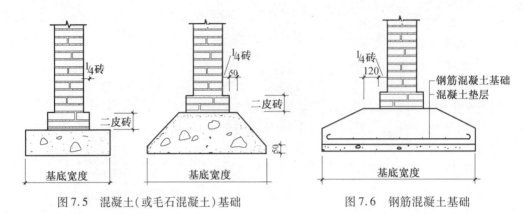

图 7.5　混凝土(或毛石混凝土)基础　　　　图 7.6　钢筋混凝土基础

7.1.2.2　骨架结构的基础

由于骨架结构的垂直承重构件是柱,所以它的基础一般做成单独的基础,其材料常用钢筋混凝土(图 7.7)。

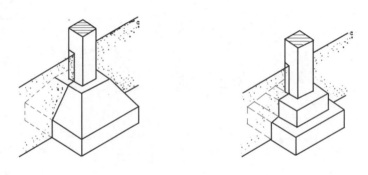

图 7.7　单独基础

在比较软弱的地基上建造单独基础时,由于基底面积为适应地耐力而需扩展,以致相邻的基础靠得很近。这时,为施工方便和加强上部结构的整体性,常将这些单独基础连接起来,做成柱下的钢筋混凝土条形基础(图 7.8)。如土质更弱,单向联合也无法保证房屋的整体性时,可考虑在纵横双向都采用条形基础,做成十字形相交的井格基础。这样,不但可以进一步扩大基础的底面积,而且能够增强其刚度,有利消除房屋的不均匀沉陷(图 7.9)。

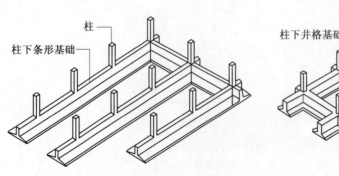　　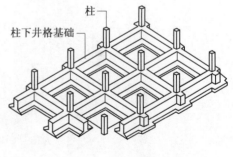

图 7.8　柱下的钢筋混凝土条形基础　　　　图 7.9　柱下的钢筋混凝土井格基础

当土质很弱而上部荷载又很大,如果采用井格基础仍不能满足要求时,可将基础做成整片的钢筋混凝土筏式基础(图7.10)。

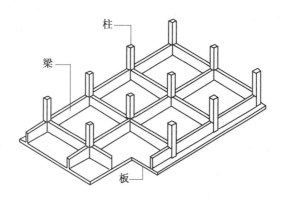

图7.10 柱下的钢筋混凝土筏式基础

7.1.3 基础的埋深

基础的埋置深度,在保证坚固安全的前提下,从经济方面考虑应尽量浅埋,但地表面有一层松散的腐植土,不宜用作地基,故埋深一般不得浅于 0.5 m。

基础埋深与建筑物的用途有关,当有地下室、地下管沟或设备基础时,基础就要埋得深些。

基础埋深还与地基土层分布的状况有关,如上层土的承载力小于下层土时,则要深埋;如上层土的承载力大于下层土时,则要浅埋,利用上层土作为地基的持力层。

冻结深度对基础埋深也有影响,在冬季结冻地区,一般地说,在冻结深度内的土壤都要冻结,但因土的种类不同,冻结后有两种情况。①属于粗颗粒的土(如岩石类、大块碎石类、砾砂、粗砂、中砂)在冻结后不膨胀或膨胀很少,对基础影响不大,建造在这类土上的基础,其埋深不受冻结深度的影响。②属于细颗粒的土(如细砂、粉砂、粘土等),在地下水位较高的情况下(含水量很小和地下水位很低的情况除外),冻结后其体积膨胀增大,这类土称为冻胀性土。当基础底面放在这类土的冻结深度以内时,则由于地基土冻胀而引起基础上升,解冻时基础又会下沉。若房屋各部基础下的地基土冻融情况不同,将会产生不均匀沉降,甚至造成上部结构砖墙等的断裂和破坏。因此,在确定这类土上的基础埋深时,应仔细考虑,在冻结深度不大的地区,如北京市,一般习惯做法是使基础埋深大于冻结深度。但在冻结深度很深的严寒地区,如一概将基础埋深大于冻结深度,则必然使造价显著提高。为此,可根据土的情况,将基础提高至当地的冰冻线以上,但应以基础下面所保留的一部分冻土(其厚度按土的情况和冻结深度而定),在冻胀时所产生的压力不致影响建筑物的安全为限。这样,就可使基础的造价大为降低。

7.1.4 基础与管道的关系

给排水管道和供热采暖管道都与房屋的基础有关系。这些管道可分为与室外相通的管道和室内的管道两种,经常分别穿过外墙基础和内墙基础。

7.1.4.1 外墙基础与管道的关系

室外给排水管网一般都埋在地下,所以,通向房屋内的给水干管(水平的)和由房屋内通向室外的排水干管(也是水平的)都须穿过房屋外墙的基础。

房屋采暖的热力来源有两种:一种是由独立锅炉房供热;一种是由设在采暖房屋内的锅炉房供热。由独立锅炉房通向采暖房屋的室外供热管网有两种敷设方式:一种是敷设在地下的(有敷设在地下特设的管沟中的和埋入土内的两种),通向房屋内的供热水平干管和由房屋内通向室外的回水水平干管,都须穿过房屋外墙的基础;一种是架空的管道,则只穿过房屋的外墙。

由采暖房屋内锅炉房供热的采暖系统管道就没有穿过房屋外墙及其基础的问题。

关于穿过外墙下基础的管道施工,应在基础施工时按照施工图纸上标明的管道位置(包括平面位置和标高位置),预埋管道(给排水干管常用这种方法)或预留孔洞。如果疏忽大意,漏掉预埋管、预留孔洞或放错了线,将会给以后的管道施工带来很大困难。

7.1.4.2 内墙基础与管道的关系

采暖系统中的布置形式有上行式、中行式和下行式几种。

下行式采暖系统的水平供热干管和各种形式采暖系统的回水干管一般敷设在首层地面下的管沟内,这道管沟须穿过内墙基础。

地下管沟一般是沿外墙基础的内侧布置的,利用外墙下基础作为管沟的一个侧壁,另外再砌置一道管沟小墙,上面铺放沟盖板。管沟通过内墙的基础时,应设置过梁或发券。为防止管沟内的潮湿腐蚀管道,一般应在外墙勒脚处隔一定距离开设通气孔,在采暖期间应将通气孔堵塞,以防热能的损耗(图7.1)。

多年来的实践说明,这种设置地下管沟的采暖系统,存在缺点较多,使房屋基础的构造和施工复杂了,且因地下潮湿的腐蚀,大大影响了管道的使用期限,给管道的检修工作造成很大困难。

由于以上种种缺点,近年来已很少采用设管沟的采暖系统,而采用上行式或中行式,把回水干管敷设在地面之上,这样使用比较耐久,检修也很方便。

7.2 墙

墙是房屋的主要组成部分,它起着承重、围护和分隔等作用。按它所处的位置不同,可分为内墙和外墙。按方向的不同,可把墙分为纵墙、横墙。纵墙是平行于房屋长度方向的墙,横墙与纵墙相互垂直。按结构的受力不同,还可把墙分为承重墙和非承重墙。

外墙有承重的和非承重的。承重外墙承担屋顶和楼板等传递下来的荷载;非承重外墙,只承担墙身自重,不承担屋顶、楼板等荷载,仅起围护作用,也称围护墙。

内墙也有承重的和非承重的。承重内墙承担屋顶和楼板等传递下来的荷载;非承重内墙,只承担墙自重,不承担屋顶与楼板等荷载,仅起房间分隔作用,也称为隔墙。

对于外墙,因其外表面接触外界,受外界的气温变化、风吹、雨淋、日晒等大气侵蚀的影响,故除承重要求外,还需考虑保温、隔热、坚固、耐久、防水等围护要求。

对于内墙,因其两面均处于室内,故除承重要求外,还要求它具有一定的隔声性能,以免相邻房间互相干扰。当相邻房间需保持一定温差时,应考虑采取相应热工措施,若相邻房间湿度相差较大时,还应考虑隔潮要求。

根据墙体用料的不同,有土墙、石墙、砖墙、硅酸盐砌块墙、混凝土板材墙等。目前,粘土砖墙的使用仍占较大的比重,因粘土砖抗压强度高、制作方便,但它存在着很多缺点,如自重较大、制砖须用大量粘土,因而存在同农业争夺耕地的矛盾,以及施工多采用手工砌筑,效率较低等。

选择墙体材料时,要贯彻"勤俭建国"的方针,因地制宜,就地取材,力求节约,降低造价,在工业城市中,应充分利用工业废料。

7.2.1 承重墙的布置方式

7.2.1.1 横墙承重方案

如图 7.11 所示,楼板的荷载由横墙承重,纵墙只起围护作用。这种方案的优点是房屋抵抗水平风力的横向刚度较好,纵墙面可以开较大的窗洞,立面处理比较灵活。但因横墙较多,结构的面积与自重也相应增大,而且平面布置和房间划分的灵活性很受限制。一般多用于开间不大且重复排列的房间,如住宅、宿舍、办公用房等建筑仔。

在一些房间的开间较大,不宜设置过多横向承重墙,且房间划分要比较灵活的平面设计中,常常采用纵墙承重方案,如图 7.12 所示。

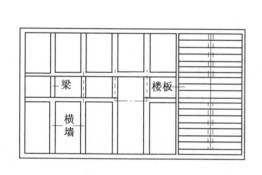
(a)横墙承重结构平面布置图

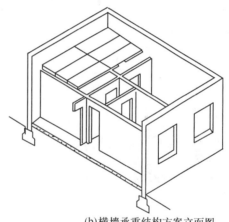
(b)横墙承重结构方案立面图

图 7.11 横墙承重结构

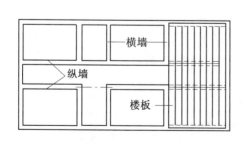
(a)纵墙承重结构平面布置图

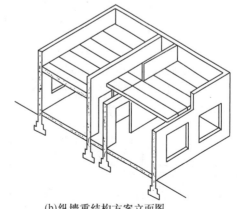
(b)纵墙重结构方案立面图

图 7.12 纵墙承重结构

7.2.1.2 纵墙承重方案

纵墙承重方案(图7.12)的优点是,平面布置分间灵活,但房屋的横向刚度较差,设计时应根据规范要求适当地设置横向拉墙,或从纵墙与楼板的锚拉方面来加强房屋的横向刚度,以抵抗风的水平推力。此外,由于纵墙作为承重构件,因此,在外纵墙立面处理开设门窗的问题上,会受到一定的限制。

7.2.1.3 纵横墙承重

根据对房间的开间进深要求的不同,有时需要纵横墙都承重(图7.13)。这种方案的房间布置比较灵活,房屋的刚度也较好,但构件类型较多。

总之,在进行结构方案选型时,应在满足使用要求的前提下保证墙体的强度与稳定。

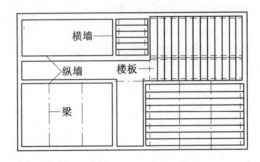

图7.13 纵横墙承重结构平面布置

7.2.2 砖墙的尺度和构造

7.2.2.1 砖墙的尺度

砖墙的一些尺度,须适应砖的尺寸,尽量避免砍砖,以节约材料,提高砌筑效率。现行砖的规格为240 mm×115 mm×53 mm,是以125 mm为模数制定的(砖宽加灰缝,115+10=125 mm),它不符合我国以100 mm为基本模数的统一模数制。所以在设计砖墙的尺度时,对于较小的砖墙(如墙的厚度、墙垛、窗间墙及门窗洞口等),要考虑符合砖的尺寸,较大的砖墙,则不需考虑砖的尺寸,而应符合统一模数制的规定。

砖墙的厚度是由砖的尺寸确定的,如图7.14所示,有半砖墙(亦称一二墙,实际尺寸为115 mm);3/4砖墙(亦称一八墙,实际尺寸为178 mm);一砖墙(亦称二四墙,实际尺寸为240 mm);一砖半墙(亦称三七墙,实际尺寸为365 mm);二砖墙(亦称四九墙,实际尺寸为490 mm)。以此类推,还有二砖半墙,三砖墙等。表7.1给出了砖墙厚度名称和与之相应的习惯称呼。

表7.1 墙厚名称与习惯称呼

墙厚名称	习惯称呼	实际尺寸/mm	墙厚名称	习惯称呼	实际尺寸/mm
1/4砖墙		53	一砖半墙	37墙	365
半砖墙	12墙	115	二砖墙	49墙	490
3/4砖墙	18墙	178	二砖半墙	62墙	615
一砖墙	24墙	240			

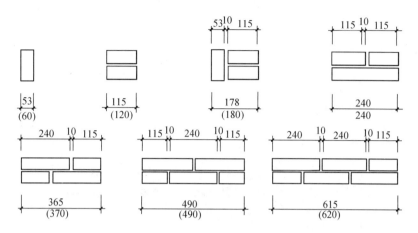

图 7.14 墙厚与标准砖的尺寸关系

为了保证墙体的强度,在墙体砌筑砖时,砖缝必须横平、竖直,错缝搭接,避免通缝,同时灰缝砂浆必须饱满,厚薄均匀。此外,在砌筑砖墙时,有时为了节约材料或为了满足设计尺寸上的需要,将砌筑中的有些砖要侧砌,如 53 mm,303 mm,418 mm 等厚度。

7.2.2.2 砖墙构造

(1)过梁

门窗洞口的上部须设过梁,用它支承上面的砖砌体或兼承楼板的荷载。过梁的种类很多,依其跨度及荷载大小来选择,现把常用的过梁介绍如下。

①砖砌平拱(砖券) 券体高度多为一砖或一砖半,两侧第一块砖的上端应分别向洞口两侧倾斜 50 mm 左右,向券中心处砖块逐渐竖直,形成上宽下窄的扇形灰缝。这种券体的承载能力不大,适用于 1.8 m 以内的开口处(图 7.15)。

②钢筋砖过梁 这种过梁的砖块系平砌,砂浆强度等级不低于 M5.0,施工操作较砖砌平拱简化许多,最大跨度可达 2 m。

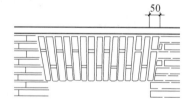

图 7.15 砖砌平拱

过梁的高度一般应不小于洞口净跨度的 1/5,且不少于 5 皮砖。砌筑时,先在模板上铺砂浆一层,厚度不小于 20 mm,放置 $\phi 5 \sim \phi 8$ 的钢筋两根以上,其钢筋间距不大于 120 mm,钢筋弯钩伸入支座内不小于 240 mm(图 7.16)。

③钢筋混凝土过梁 通常采用钢筋混凝土来做门窗洞口上的过梁,因为它的抗弯抗剪强度都比砖过梁的强度高,因此可用于较大跨度洞口上。钢筋混凝土过梁的高与宽最好同砖墙的规格配合,以利于砖块砌筑方便,过梁两端应伸入墙内 240 mm。

施工现场,一般多采用预制的钢筋混凝土过梁,图 7.17 是预制钢筋混凝土过梁的截面形式。

(2)圈梁

圈梁又称腰箍,是沿外墙四周及部分内墙设置的连续闭合的梁。圈梁主要起加强房

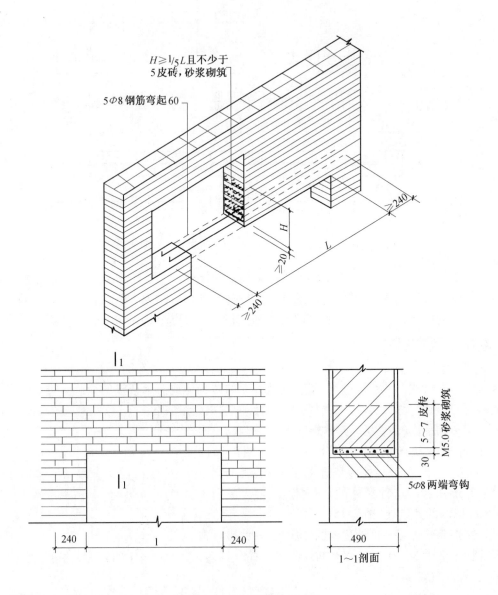

图 7.16　钢筋砖过梁构造示意图

屋整体刚度的作用。设置圈梁可增加墙体的稳定性,减少由于地基不均匀沉降而引起的墙体开裂。尤其在地震区,利用圈梁加固建筑物或构筑物的墙体更为重要。

圈梁的数量要根据建筑物的高度、层数,墙的厚度,以及地基情况等条件来确定。对于较空旷的单层房屋,当墙厚不大于 240 mm,檐口标高不大于 8 m 时,应设圈梁一道;檐口标高大于 8 m 时,应增设一道圈梁。对于三层以下的民用房屋,当墙厚不大于 240 mm 时,宜设圈梁一道,超过四层时,可适当增设圈梁。当建筑物只设置一道圈梁时,可设在顶层处;圈梁较多时,除顶层一道外,可分别设在楼板层、基础和门窗过梁处。若门窗较多时,可将圈梁与过梁合一,圈梁兼作过梁用。

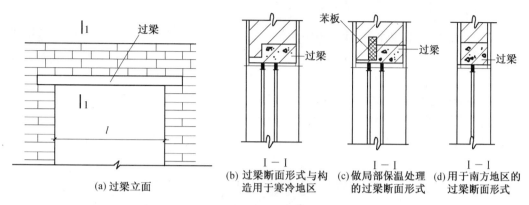

图 7.17 钢筋混凝土预制过梁

外墙及部分内墙上的圈梁必须连续交圈,如果局部门窗洞口使圈梁不能通过时,应在该洞口上设置一道不小于圈梁截面的过梁,它与圈梁的重叠长度不小于这两个梁中距的二倍,且不小于 1 m(图 7.18)。

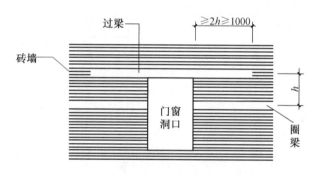

图 7.18 圈梁不连续时的处理

圈梁一般有钢筋砖圈梁和钢筋混凝土圈梁两种,钢筋混凝土制作的圈梁又分为现浇和预制(图 7.19)。钢筋混凝土圈梁的截面高度不应小于 120 mm,宽度常与墙厚相同,当墙厚不小于 240 mm 时,其厚度不宜小于墙厚的 2/3。纵向钢筋不宜小于 4φ8,箍筋常用 φ4 或 φ6,间距不宜大于 300 mm(图 7.19(a))。当采用现浇钢筋混凝土楼板或屋面板时,钢筋混凝土圈梁则和它们浇筑成为一体(图 7.19(b))。钢筋砖圈梁的高度一般为 4~6 皮砖,梁宽与砖墙厚相同,且采用不低于 M5.0 的砂浆砌筑,水平通长钢筋不宜小于 4φ6,钢筋水平间距不宜大于 120 mm,分上下两层设置(图 7.19(c))。

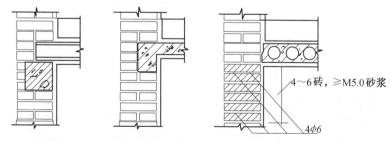

图 7.19 钢筋混凝土圈梁与钢筋砖圈梁

(3)防潮层

由于砖砌体的毛细作用,地基土中水分会沿砖基础上升,致使墙体受潮影响建筑物的使用质量、耐久性、美观,以及人体健康,如图7.20(a)所示。因此,在墙体构造上须采取防潮措施,通常是在墙体的一定位置处设置防潮层,以阻止水分上升。

防潮层的位置与地面垫层的材料性质有关,考虑到室内地层下填土和地面垫层具有毛细作用,为了切断潮气串入室内,当垫层为透水材料时,防潮层应设在地面以上1皮砖的地方(图7.20(b)),当垫层为不透水材料时,防潮层可设在垫层厚度范围以内(图7.20(c))。

无论是哪种类型的防潮层,都必须是连续不断的一道整体防线。

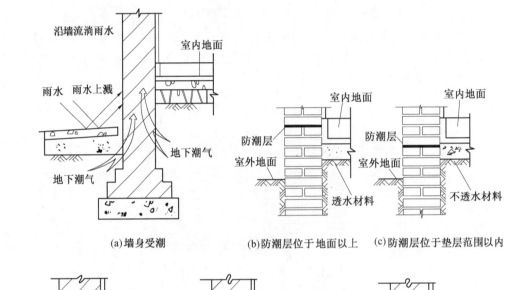

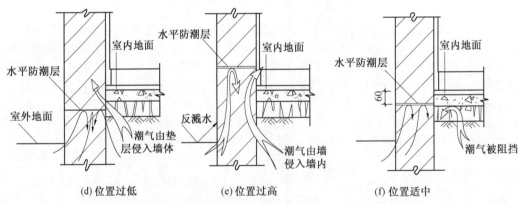

图7.20 墙身受潮、防潮层位置示意

防潮层的做法主要有以下几种。

①油毡防潮层 可在做防潮层处,先抹1∶3水泥砂浆一层,后干铺油毡一层(图7.21(a)),或用热沥青粘贴(称一毡二油),这种做法防潮效果好,墙身即使有些微小不均匀沉降时,也不致撕破油毡而影响防潮效果,但这种防潮层耐久年限不长,油毡易老化,目前逐渐被其他方法代替。

②防水砂浆防潮层 在做防潮层处,用掺3%防水剂(按水泥重量)的1∶2水泥砂浆

代替普通砂浆,称之为防水砂浆,抹 20 mm 厚(图 7.21(b)),或用同样材料砌 3 皮砖,灰缝不必加厚(图 7.21(c))。这种做法造价低廉,不足的是遇到地基不均匀沉降时,防潮层易发生开裂,影响防潮效果。

③配筋细石混凝土防潮层 在做防潮层处,浇筑掺有防水剂的细石混凝土一层,厚 60~120 mm,中间放置三根直径不小于 $\phi 8$ 的纵向钢筋,横向用 $\phi 3$ 钢筋,间距为 300 mm(图 7.21(d))。这种防潮层多用于地基条件较差的房屋建筑物,它不但起了防潮作用,对房屋的整体稳定性也起到了加强作用(圈梁作用)。

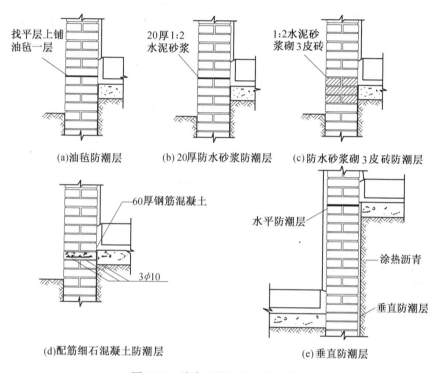

图 7.21 墙身防潮层的材料和做法

如果室内外地面高差较大或室内房间的地面不在同一标高上,则应在与潮湿土壤接触的墙面上也做防潮处理,即对墙体不仅做水平防潮层,还要做垂直防潮层。具体做法是先用水泥砂浆勾缝,再涂以冷底子油一道,最后再涂刷热沥青两道(图 7.21(e))。

(4)变形缝

当建筑物的面积很大,长度很大,或个别部分有不同高度时,常因温度的变化、地基的沉陷或地震等影响,而使建筑物发生不规则裂缝变形,甚至破坏。为了防止这种变形破坏,在设计中,就需要预留垂直的缝将建筑物分开,成为互不相连的单独部分,这种缝称为变形缝。

变形缝按性质分有三种:伸缩缝、沉降缝和防震缝。

①伸缩缝(又称温度缝) 房屋会因气温的变化而产生伸缩变形,在冬夏温差较大的地区,当房屋长度很大时,这种变形是很明显的,常会引起房屋结构的断裂和破坏。为了防止这种情况,就应在房屋长度的适当位置上事先设置好伸缩缝,以便将房屋的各部分限制在伸缩变形的允许范围之内。伸缩缝要求除基础外,把墙身、楼板和屋顶等各部分全都断开。因为基础埋在地面以下,受气温变化的影响不大,所以不须断开。伸缩缝的宽度一

一般为 20～30 mm,图 7.22 为外砖墙伸缩缝构造做法的举例。为防止透风漏雨,缝内常用浸沥青的麻丝嵌填。

② 沉降缝 当房屋相邻部分的高度、荷载和结构形式有很大的差别,而地基又较弱时,房屋有可能产生不均匀沉降,以致某些薄弱的部位发生错缝开裂。为此,应遮适当位置上,如复杂的平面或体形转折处,层高高差处,荷载显著不同的部位和地基的压缩性有显著不同、地基处理的方法不同处设置沉降缝。它与伸缩缝不同之处是除屋顶、楼板、墙身要断开外,基础部分也要断开,使相邻部分的房屋在不均匀沉降时,可以自由沉降,互不牵制。沉降缝的宽度一般为 30～50 mm。

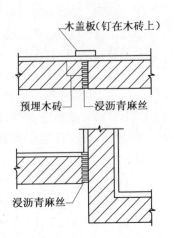

图 7.22 砖墙伸缩缝构造

③ 防震缝 在地震区的多层砖混结构房屋设计中,当设计烈度为 8 度和 9 度时,为防止地震对房屋的破坏,应用防震缝将房屋分成若干形体简单、结构刚度均匀的独立单元。防震缝应沿房屋全高设置,缝的两侧应布置墙或柱,形成双墙、双柱或一墙一柱,防震缝处的基础一般可不间断。防震缝可结合伸缩缝、沉降缝一起考虑,其构造做法大体上一样,只是缝的宽度要留得大些,以免地震发生时互相碰撞,一般防震缝的宽度为 50～70 mm。且缝的宽度随房屋的高度及抗震设防烈度的增高而增加,具体参照钢筋混凝土高层建筑结构设计与施工规程 JGJ 3—91。

(5) 烟道、通风道

砖砌烟道供取暖火炉排烟之用(图 7.23),应砌筑密实,并随砌随用砌筑砂浆将内壁抹平,或用直径大于 120 mm 的陶管衬里,接口处务须严密。若在进烟口装设通风箅,即

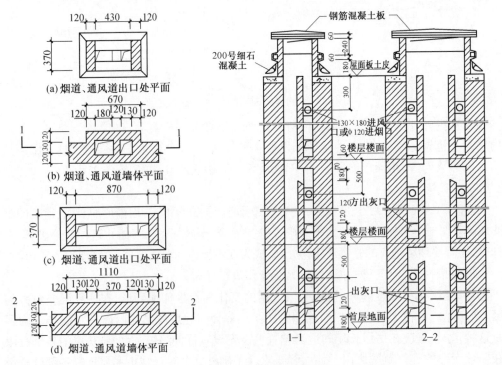

图 7.23 砖砌烟道、通风道

可改作通风道使用,此时可不做出灰口。

但烟道与通风道不得组合为同一系统,以免窜烟。通风道系统也不得兼作排除有害气体之用。

7.2.3 墙面处理

砖墙表面不抹灰的叫做清水墙,抹灰的叫做混水墙。

清水墙多用于外墙面,为了防止潮湿侵入墙体,常用1:2水泥砂浆勾缝。砂浆嵌入墙面约5 mm,称为方槽缝(图7.24(b))。对室内墙面要求不高的房间,如贮藏室、汽车库、锅炉房、工厂等,也可采用清水墙,为了避免墙面积灰,所勾砖缝多与墙面一平,称为平缝(图7.24(a))。

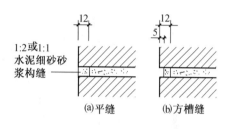

图7.24 砖墙勾缝

对于混水墙的抹灰,我们通常把做在室外的称为"外抹灰",把做在室内的称为"内抹灰"。

外抹灰主要是保护墙身不受风、雨、潮气的侵蚀,提高墙身防潮、防风化、保温及隔热能力,增强墙身的耐久性,也是增加建筑美观的主要措施之一。

内抹灰主要是改善室内清洁卫生条件,提高墙身的保温隔热能力,增强光线反射,增加美观。当它们用在浴室、厕所、厨房等有水湿情况的房间时,主要是保护墙身不受水和潮气的影响。

抹灰都是分层进行的,这样有利于粘结牢固和表面平整,一般分为底层和面层两部分。

抹灰层的总厚度:内墙面一般为15~20 mm,外墙面一般为15~25 mm。

7.2.3.1 底层

底层的作用是使抹灰与墙面结合得牢固,同时还起找平的作用。由于石灰和水泥均与粘土砖有较好的粘结力,又可借助灰缝凹进墙面而加强灰浆的粘结效果,因此,一般室内墙面多采用石灰砂浆作底层;当室内墙面有防水、防潮要求,以及室外墙面有水湿、冻融情况时,应采用水泥砂浆作底层。

7.2.3.2 面层

面层主要起装饰作用,要求表面平整,无裂痕。室内抹灰面层一般多采用纸筋灰、麻刀灰或砂子灰。厨房、厕所、浴室、盥洗室等经常有水湿的房间,为了保护墙面,常做防水护墙抹面,称为墙裙。墙裙的高度一般为1.2~1.5 m,常用防水性能好的水泥砂浆、水磨石或瓷砖等。室外抹灰面层一般多采用水泥砂浆,装饰要求高的可采用水刷石、干粘石、斩假石或贴面砖等。

7.2.4 砖墙与管道的关系

7.2.4.1 沿墙设置的管道

建筑物内的各种管道,主要有两种安装方式,一种是明装,另一种是暗装。在一般房屋中多采用明装方式,这种方式的优点是它不但可使房屋中的构造简单,而且使管道的安装施工和日后检修都比较方便。暗装方式分两种:一种是在靠墙处砌成供安装管道用的垂直孔道,但要开设检修门(图7.25);另一种是在砖墙上开凿管槽,将管子安装在管槽里面以后再抹灰。在承重墙上开凿管槽,对墙体的强度是有损害的。

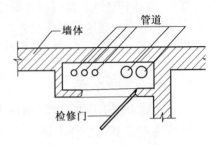

图 7.25　安装管子的垂直孔道

在一砖厚的砖墙上,只允许开凿 30 mm 深的垂直凹槽,而不宜开凿水平管槽或斜向管槽;在结构允许范围内,一砖厚以上的承重砖墙,可开凿任何方向的凹槽(图 7.26)。在砖墙上开凿这类管槽,剔凿困难,日后检修管道也麻烦,而且还必须破坏墙面,增加了修补墙面的工作量,因此这种方法目前已极少采用。

7.2.4.2　水平管道穿过砖墙

当水平管道穿过砖墙时,如管径不大,则开凿洞口后,只加设套管即可,以免采暖管道胀缩时将墙面的抹灰层拉裂;如管径较大,最好预先在建筑施工图上标出其位置、管径及标高,以便砌墙时留出孔洞,并根据需要加设过梁或砖券。管道较大的孔洞不要紧靠门窗洞。

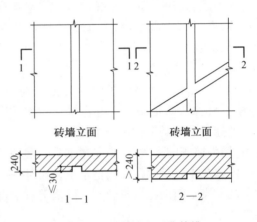

图 7.26　承重墙上开凿管槽

7.2.5　隔墙

非承重的内墙通常称为隔墙,起着分隔房间的作用。对它的要求是,自重轻,以便减少对地面或楼板层的荷载;墙体薄,可以增加房间的有效面积;并且有一定的隔声、耐水(如浴室、厕所)和耐火(如厨房)的能力。

7.2.5.1　砌筑隔墙

砌筑隔墙系指利用普通砖、多孔砖、空心砖,以及各种轻质砌块等砌筑的墙体。

(1)单砖隔墙

这种隔墙是用普通砖顺砌而成的,又称为半砖隔墙。因为墙身较薄,稳定性较差,如果高度超过 3 m,长度超过 5 m 时,就要考虑墙体加固问题。通常是每隔 5~7 皮砖,在纵横墙交接处的砖缝中放置 2 根 $\phi 4$~6 锚拉钢筋。在隔墙上部与楼板相接处,须用立砖斜砌,以便使隔墙与楼板挤紧;或用竹、木楔将余缝塞紧。此外,当隔墙的长度超过 6 m 时,还应在隔墙上每隔 1.2 m 高度处即@1 200,设置 $\phi 4$ 拉结钢筋予以加固。当隔墙上设有门时,门框钉在镶有木砖的混凝土预制块上(图 7.27)。

(2)块材隔墙

这种隔墙是采用比普通粘土砖的体积大、密度轻的块材砌筑的。块材可制成空心砖或实心的加气混凝土砌块。这些块材其尺寸应便于与普通粘土砖配合使用。常见的有粉煤灰硅酸盐砌块,水泥炉渣空心砌块和粘土空心砖等。

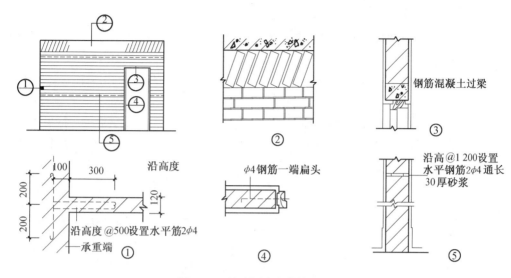

图 7.27　单砖隔墙砌筑构造

用砌块砌筑的隔墙,在它的左右两端常搭配普通粘土砖以满足错缝的要求,上端用木楔顶塞牢固。沿高度方向,每隔 1.2 m 设一横肋。在隔墙与邻墙的丁字交接处,每隔 3 皮砌块设 $2\phi 4$ 钢筋(图 7.28)。

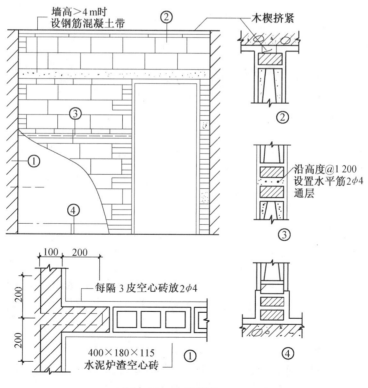

图 7.28　砌块隔墙

7.2.5.2 骨架隔墙

骨架隔墙有木骨架隔墙和轻钢骨架隔墙之分。

(1)木骨架隔墙

木骨架隔墙的优点是质轻、壁薄。缺点是耐火、耐水和隔声性能均较差,而且耗用木材较多。

这种隔墙是由上、下槛,竖筋和斜撑组成骨架,然后在竖筋上钉木板条,抹麻刀灰,称为板条抹灰隔墙。为了防水、防潮和保证水泥砂浆踢脚板的质量,可先在隔墙下部砌2~3皮粘土砖(图7.29)。

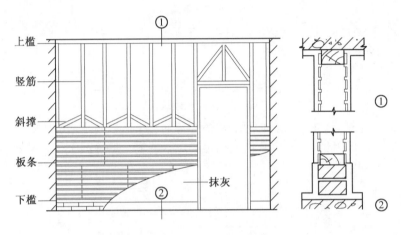

图 7.29 木骨架隔墙

也可用胶合板、纤维板或木丝板等代替木板条和抹灰,只将竖筋的间距调整到与所钉板材的规格适应即可。这种做法避免了湿作业工序。

(2)金属骨架隔墙

以钢筋组成骨架,铺钢板网抹灰(图7.30)。或以薄壁槽钢组成骨架,用螺栓固定石膏板,板材规格为3 000 mm×800 mm×12 mm 或 9 mm(图7.31)。

7.2.5.3 装配隔墙

(1)碳化石灰空心板隔墙

用磨细的生石灰掺3%~4%(质量比)短玻璃纤维,加水搅拌(水灰比1∶2左右),振动挤压成型,利用石灰窑废气进行碳化。板的规格为(2 700~3 000)mm×(500~800)mm×(90~120)mm。

板材立置于楼板上,下端用木楔打紧,板材下端与地面间的空隙以水泥砂浆或细石混凝土填实,板材的左右接缝用水玻璃矿渣粘结剂粘结后,两面均用腻子勾缝,再刷浆或贴墙纸。门窗框用107胶与碳化石灰板粘合(图7.32)。

(2)石膏板隔墙

石膏板隔墙具有自重轻,强度较高,防火隔声性能较好,施工简便,节约水泥、木材等优点。以厚10 mm的有纸石膏板作为竖筋与覆面板,用石膏聚乙烯醇粘结剂粘结成盒型墙板。板的规格为2 600 mm×800 mm×(90~140)mm(分户墙板)及90 mm(分室墙板)两种。

第 7 章 环境工程土建构造

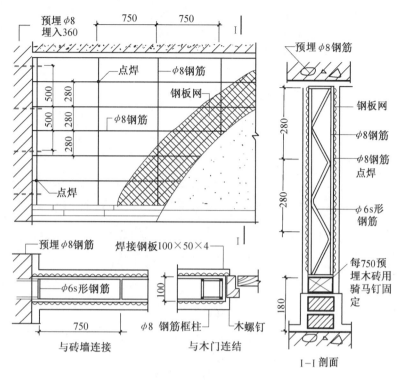

图 7.30 钢筋骨架抹灰隔墙

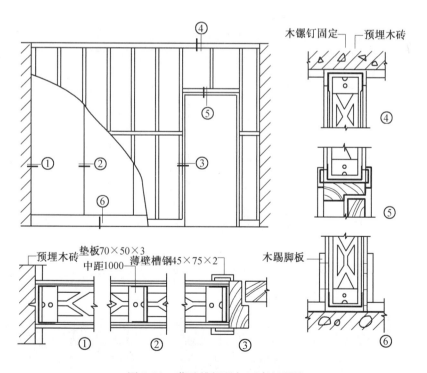

图 7.31 薄壁槽钢骨架石膏板隔墙

板材立置于楼板与顶板(梁)之间,上端及侧边均刷水泥细砂 107 胶粘结剂 3～4 mm,

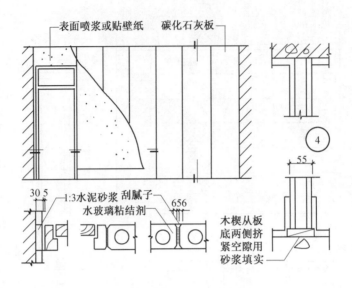

图 7.32　碳化石灰空心板隔墙

下端用木楔打紧,并填以豆石混凝土,待凝固后即可撤楔。板缝用 107 胶调制石膏腻子填实抹平。木门窗框、石棉水泥踢脚板等均以水泥细砂 107 胶粘结剂粘结。石膏板的吸湿性较明显,因此,在刷浆刷油前,宜先刷清油一道(图 7.33)。

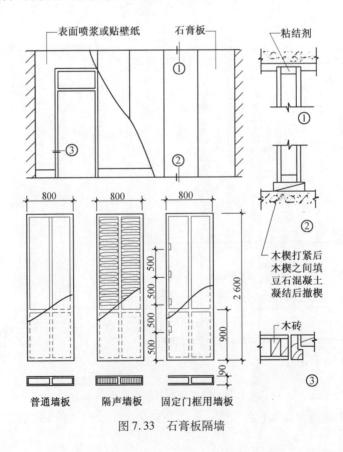

图 7.33　石膏板隔墙

7.3 楼板层和首层地面

楼板层和首层地面都是房屋的水平承重构件。楼板层是由地面、楼板和顶棚三部分组成,而首层地面则由地面、垫层、基层等部分组成。

7.3.1 楼板层

楼板层的主要作用是承受人、家具、设备、施工机具等荷载和它的自重,故应有足够的强度以确保安全使用。人在楼板层上走动等动作所发出的噪声应尽可能不影响到楼下,因此,就要求楼板层具有一定的隔声能力。此外,对它的地面层还要求光平耐磨、不起灰尘,根据房间用途的不同,还应考虑防火、防水等性能。

楼板层的种类,按楼板结构形式来分,常见的有肋形楼板、井格式楼板、无梁楼板。

肋形楼板是最普通的楼板结构。肋形楼板中最大的梁叫主梁,主梁支承在外墙和柱上,外墙和柱间的距离叫主梁跨度,即主梁的长度。主梁上面支承着较小的次梁。主梁之间的距离(即梁的间距)就是次梁的跨度。次梁的间距也就是上面板的跨度,如图7.34(a)所示。

对于近似方形的大厅或门厅,可以将两个方向的梁布置成相等的高度。这时便分不出主梁、次梁,而相互交叉的梁之间构成井格式,这种楼板结构叫井格式楼板。它在外形上比较美观,公共建筑门厅上部的楼板常采用这种形式,如图7.34(b)所示。哈尔滨工业大学电机楼门厅上部的楼板采用的即是井格式楼板。

无梁楼板的结构形式常用于楼板上有很大荷载的建筑。由于楼板的荷载大,板下面的梁也要加大加密,因此,在这种情况下,以一块厚板来代替较复杂的梁板结构更为合适。无梁楼板的板厚约20 cm,为了减小板的跨度,将柱子顶部做成扩大的柱帽,如图7.34(c)所示。

楼板层的种类如果按承重材料来分,有木制楼板层、钢筋混凝土楼板层、钢梁楼板层等。现以用钢筋混凝土楼板层为最多,如图7.34(d)所示。以下重点介绍钢筋混凝土楼板层。

7.3.1.1 钢筋混凝土楼板

楼板属于受弯构件,对它的抗拉强度要求较高,因此,一般采用钢筋混凝土制作。钢筋混凝土楼板具有耐久、耐水、不燃烧的优点,其最大缺点是自重较大,一般为2 400~2 500 kg/m^3。

按施工方法的不同,可分为现浇整体式和预制装配式两种。

(1)现浇整体式钢筋混凝土楼板

这种楼板须现场支模,绑扎钢筋,浇灌混凝土。其优点是楼板尺寸不受定型产品的限制,可做成任何复杂的形状,便于预留孔洞。当楼板的防渗漏或整体性要求较高时,或构件的制作、运输、吊装有困难的地方,可采用这种现浇做法。它的主要缺点是消耗木模板较多,施工期长,且受季节和气象的影响。在养护条件方面,也不如预制构件容易控制。

图7.34(d)所示是一个面积较大的整体式钢筋混凝土楼板布置图。它由板、次梁、主梁所组成。因为是现场浇筑的,所以板、梁连为一个整体。力的传递是从板的荷载先传到

次梁,再传到主梁,最后传到墙、柱、基础、地基上去。

一般主梁跨度为 5~8 m,梁高为跨度的 1/8~1/14,梁宽为梁高的 1/2~1/3。次梁跨度(即主梁的间距)为 4~6 m,梁高为跨度的 1/12~1/18,梁宽为梁高的 1/2~1/3。板的跨度(即次梁的间距)为 1.7~2.7 m,板厚为 60~80 mm。

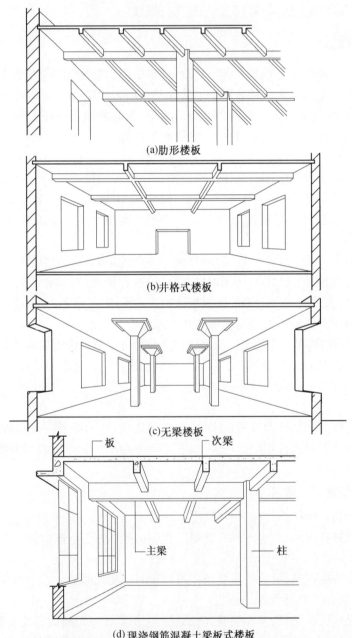

图 7.34 楼板结构形式

如房间较小时,可由内墙承重代替柱子和一部分主梁。若房间更小或呈狭长形时,如厕所、走廊等,可只设板而不设梁。板的荷载直接传到墙上,底面平整,模板也较简单。

(2)预制装配式钢筋混凝土楼板

预制钢筋混凝土楼板是在工厂内以定型的方式进行机械化生产的,因此,无论在质量、数量、成本和施工速度方面都有许多优点。它是大规模建设中楼板构件施工采用的主要方法。当施工场地条件许可时,也可以在现场就地预制,这样可以解决构件运输的费用与损耗,但会受到季节气象的影响。预制构件在整体性方面不如现浇钢筋混凝土好。

预制钢筋混凝土楼板有圆孔板、槽形板、平板等。常用的是圆孔板,因其上下两面都是平的,做地面和顶棚都较方便。

圆孔板的规格各地不同,但大都类似,现举北京市通用的预应力混凝土圆孔板为例,板的厚度为130 mm,宽度分为900 mm(七孔)和1 200 mm(十孔)两种,长度有1 800 mm、2 100 mm、2 400 mm、2 700 mm、3 000 mm、3 300 mm、3 600 mm、3 900 mm 八种规格,截面形式如图7.35 所示。

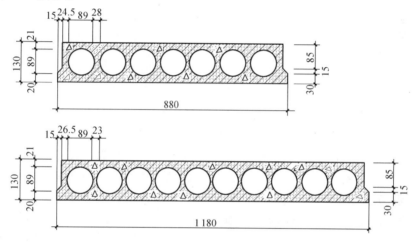

图 7.35 预应力混凝土圆孔板

安装时,板的两端搭在墙(梁)上不宜小于75 mm,先在墙(梁)顶面抹10 mm 厚的强度等级为 M5 的水泥砂浆,便于板与墙(梁)连接牢固。相邻板缝间用强度等级为 C15 或 C20 细石混凝土填塞严密。

管道较多的房间(如厨房、厕所等),在圆孔板上凿洞很容易碰伤肋筋,所以常在这种房间的穿管处采用现浇楼板。

当布置预制板时,若剩余缝隙不足300 mm 或靠墙处有水暖管道通过时,可按图 7.36所示做法解决。

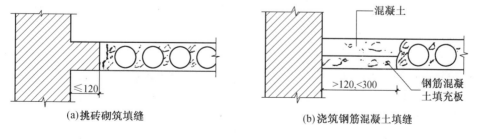

图 7.36 预制板缝隙处理

7.3.1.2 地面

钢筋混凝土楼板上须做地面,它是直接接触使用的部分,所以要求光平、耐磨、不起灰尘。对不同用途的房间,还相应地有不同的要求,如浴室、厕所的地面应耐洗刷、不透水,厨房的地面还应耐火。

当楼板层上下温差较大时(如北方地区的过街楼),则须考虑保温问题。

地面根据其面层材料和做法的不同,可分有水泥地面、水磨石地面、水泥砖地面、缸砖地面、马赛克地面、木地面等。一般建筑多采用水泥地面,因它比较经济适用。

当采用装配式钢筋混凝土楼板时,若其表面不够平整,可在其上先用1∶3水泥砂浆抹找平层一道,厚15 mm左右,再用1∶2.5水泥砂浆抹面层一道,厚10 mm左右,用铁抹子赶光压平。当采用现浇的楼板时,表面较平整,抹水泥砂浆面层一道即可。

在地面与墙交接处,为保护墙面,用水泥砂浆抹踢脚板,高100~150 mm,厚度比墙面抹灰厚5~10 mm左右。

7.3.1.3 顶棚

顶棚起整洁房间和增强反射光线的作用,有两种做法:一种是在楼板下表面直接抹灰,另一种是楼板下吊顶再抹灰。

楼板下直接抹灰可用水泥石灰砂浆(又称混合灰)打底,同样材料或纸筋灰罩面。这种做法,造价经济,便于施工,用者最多。

在楼板(或平屋顶)下面有梁或吊有管道,以及采用预制槽形板的房间中,为了取得一个平整的顶面,可吊顶再抹灰。吊顶之后,不但表面平整,在楼板下兼起隔声作用,在平屋顶下还起隔热作用。

现浇钢筋混凝土梁板式楼板的吊顶做法(图7.37)是先在板或梁内预埋8号镀锌铁丝,用以悬吊主格栅,在其底面以木吊筋与次格栅钉牢,然后再钉板条,抹灰,或铺钉纤维板等。

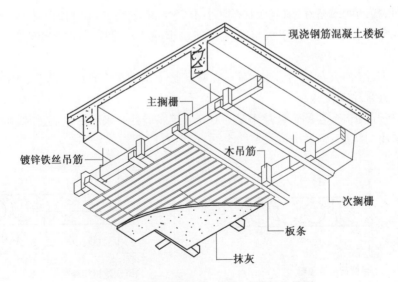

图7.37 现浇钢筋混凝土梁板式楼板的吊顶

预制圆孔板下吊顶的做法是由板缝穿下镀锌铁丝,其他做法同前。

7.3.2　首层地面

首层地面是由地面、垫层和基层组成的。基层即经整平夯实的原房心土或逐层夯实的填土。基层上设置垫层,用以均匀传递地面的荷载。常用的垫层有夯筑1∶3∶6(石灰∶砂∶碎砖)碎砖三合土,厚100～200 mm;或用 M5 水泥砂浆砌砖一层;或浇筑 C7.5～C10 混凝土,厚60～80 mm。面层可抹1∶2.5 水泥砂浆,厚20 mm,做成水泥地面。根据需要也可做成其他各种地面。

当室内地面标高和原房心土的标高相差较大时,如果大量填土高于设置楼板的费用,就可按照楼板的做法进行处理,只是在它的下面不做顶棚而已。

7.3.3　楼板层与管道的关系

以热水采暖为例,管道有垂直的和水平的,垂直的有总立管、热水立管和回水立管,水平的有热水干管、散热器热水支管和散热器回水支管等(图7.38)。下面分别讲述它们与楼板层的关系和构造处理方法。

7.3.3.1　楼板层与垂直管道的关系和构造处理

垂直管道有两种敷设方法:一种是管道不穿过楼板层而敷设在专为安装管子的垂直孔道内(图7.25);另一种是管道穿过楼板层(图7.38)。

管道穿过楼板层的正确处理方法是预留孔洞;另一种是凿洞的方法,但存在如下的缺点:①凿打冲击时对钢筋混凝土不利,易招致构件破坏。②增加修补工作,因为要想在楼板上开一个小洞,而实际上在楼板的

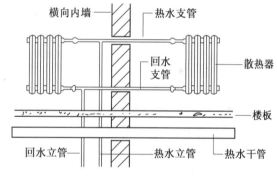

图 7.38　采暖管道穿过墙体及楼板

下表面往往振裂形成一个较大的洞口,须用水泥砂浆修补。③影响管道的安装速度,使工作效率大为降低。

7.3.3.2　楼板或梁与水平管道的关系和构造处理

水平管道的布置,根据结构方案的不同,一般有两种情况,即布置在楼板下和布置在梁下。在某些情况下,当不适于布置在楼板和梁下时,也可以布置在窗台以下。

图7.39 所示是管道在楼板下的布置。楼板的下缘与外墙上的门窗洞上缘之间一般都有一段距离,所以管道对门窗没有遮挡问题。水平管道可以按照规定的坡度(一般规定为0.3%的排水坡度)布设。

图7.40 所示,是管道在梁下布置的三种方法:

①当梁的下缘与外墙上的门窗洞上缘之间有一段距离时,管道对门窗不产生遮挡(图7.40(a))。

②由于梁的下缘与门窗洞上缘的标高接近,将水平管道布设在梁的下面,对门窗产生

遮挡(图7.40(b)),在不影响门窗开启(门窗上部如是不开启的部分或是向室外开启的)的情况下,可以允许这样布置。这种方式的优点是管道施工方便,缺点是遮挡门窗,室内有压抑的感觉。

③水平管道布设在门窗洞口以上,可避免遮挡门窗,但管道须穿过梁(图7.40(c)),采用这种办法时,应事先征得结构设计人的同意,并预先在梁上埋设套管或留孔洞。因此,这种方法会给结构施工和管道安装带来麻烦,故一般

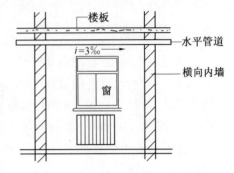

图7.39 管道在楼板与窗之间的布置

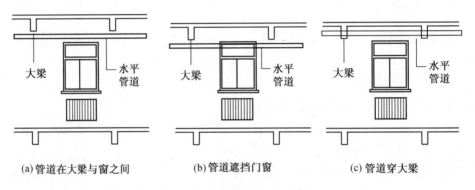

(a)管道在大梁与窗之间 (b)管道遮挡门窗 (c)管道穿大梁

图7.40 管道在梁下的布置

不采用。

图7.41所示,是水平管道在窗台下布置的两种方法,其中图7.41(a)所示的管道靠近窗台,图7.41(b)所示的管道靠近楼板层的地面。采用这两种方法时,必须考虑窗台的高度和散热器的规格与型号。它们的共同缺点是,管道布设在房间的下部,影响室内家具设备的布置和室内整洁,靠近窗台布设水平供热干管的方法,施工较困难(因其与散热器的距离较小,不易安装连接管),还容易烫伤人,故在上述两种方法中,较多采用贴近地面的做法。

上述诸种布置方法各有优缺点,在确定具体方案时,一定要对具体情况作具体的分析,才能作出经济合理的设计方案。

在确定设计方案的工作中,采暖设计人员和建筑设计人员应密切配合,共同分析研究问题,找出好的解决办法(例如,当遇到梁下缘低于门窗洞上缘时,是否可以适当增加层高,是否可将门窗高度降低,是否可将梁的截面高度减小,以便采取既不遮挡门窗又不穿梁的水平管道布置方案。或考虑采用水平管道布置在窗台以下的方案时,是否可以适当增加窗台的高度,是否可选高度较低的散热器,以满足该方案的要求),而不应片面强调谁应该服从谁,或相互脱离和各行其是。

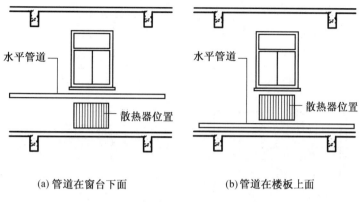

(a) 管道在窗台下面　　　　(b) 管道在楼板上面

图 7.41　管道在窗台下的布置

7.4　楼　　梯

楼梯是楼层间的主要垂直交通设施,它的宽度、坡度和踏步级数都应满足人流通行和搬运家具、设备的要求与方便。设计楼梯时还应考虑便于施工,造价经济,合理利用楼梯空间等问题。

楼梯的位置和数量,取决于建筑物的平面布置、用途、大小及人流的多少。楼梯应设在明显和通行方便的地方,以便在紧急情况下,人们能迅速安全地疏散到室外去。

楼梯的形式,常用的有单跑楼梯、双跑楼梯、三跑楼梯(图7.42)。单跑楼梯多用在楼层不高的建筑,楼梯间呈狭长形。双跑楼梯用的较多,因它的楼梯间尺寸和一般房间的平面尺寸相似,在平面设计时容易配合(图 7.43 是一幢四层建筑双跑楼梯的平面和剖面图)。在层高较大的公共建筑中,如采用双跑楼梯又嫌楼梯间尺寸过长时,可采用三跑楼梯。

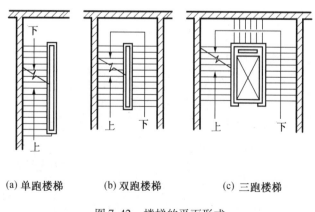

(a) 单跑楼梯　　　(b) 双跑楼梯　　　(c) 三跑楼梯

图 7.42　楼梯的平面形式

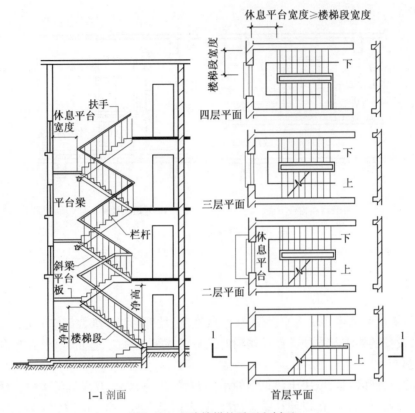

图 7.43 双跑楼梯的平面和剖面

7.4.1 楼梯的一般尺寸

7.4.1.1 楼梯段宽度和休息平台宽度

楼梯段的宽度应满足使用要求,居住建筑一般为 1.1~1.3 m,公共建筑为 1.4~2.0 m,辅助楼梯为 0.8 m 左右。

休息平台宽度应不小于楼梯段宽度,以保证平台处人流不致拥挤堵塞,同时还应考虑到搬运物件时转弯的可能性。

上述的宽度均指净宽度,即有效宽度而言(图 7.43)。

7.4.1.2 楼梯的坡度和踏步尺寸

室内楼梯的坡度宜在 20°~45°之内,从行走的安全与舒适考虑,一般以 26°~35°最为适宜。在人流活动较集中的公共建筑中,坡度应做得缓一些。在人数不多的建筑中,坡度就可做得陡一些,坡度陡的楼梯能节省占地面积,节约造价。

楼梯的坡度取决于踏步高度 h 和踏步宽度 b 的比值,踏步的高度常为 150~180 mm,相应的宽度为 300~250 mm。图 7.44 为楼梯踏步的截面形状。

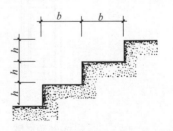

图 7.44 楼梯踏步的截面形状

一般楼梯踏步尺寸可参考表 7.2。

表 7.2　一般楼梯踏步尺寸　　　　　　　　　　　　mm

名　　称	住　宅	学校办公楼	影剧院、会堂	医　院(病人用)	幼　儿　园
踏　步　高(h)	150～175	140～160	120～150	150	120～150
踏　步　宽(b)	300～250	340～280	350～300	300	280～250

7.4.1.3　扶手高度

为了行走安全,楼梯必须设置栏杆。栏杆上部应设依扶用的扶手。扶手的高度——从踏步面宽度的中心至扶手上表面,一般取 900 mm(图 7.45)。

7.4.1.4　首层楼梯休息平台下的净空高度

首层楼梯休息平台下通行人和搬运物件时所需的净空高度应不小于 2 m,若有梁应计算到梁底(图 5.19)。

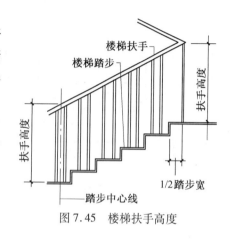

图 7.45　楼梯扶手高度

当这个休息平台下被用做通道时,如图 7.43 所示,为了保证休息平台下具有足够的净空高度,可采取增加第一跑楼梯段的踏步级数,以抬高该平台的高度;或将一部分室外台阶移入室内,以降低休息平台下地面的标高;一般同时采用上述两种办法。

7.4.2　钢筋混凝土楼梯的构造

7.4.2.1　现浇钢筋混凝土楼梯

根据结构形式,一般分为梁式和板式两种。梁式应用较广,当楼梯跨度不大,荷载较轻时,可用板式。

(1)梁式楼梯

梁式楼梯由梯段板、斜梁、平台板和平台梁组成(图 7.46)。梯段板的荷载通过斜梁传到平台梁,再传到砖墙上去。

梯段板沿墙的一面,可搭在墙上,不做斜梁(图 7.46(a))。这种做法比较经济,但因须在墙上预留踏步槽,所以给砌墙工作带来一些麻烦。另一种做法是在沿墙的一面也做斜梁,因此,踏步就不必伸入墙内,从而有利于砌墙工作(图 7.46(b))。

(2)板式楼梯

板式楼梯没有斜梁,荷载由梯段板直接传给平台梁,再传到墙上去(图 7.47(a))。这种做法的梯段板须厚些。另一种做法是将平台梁也取消,而将平台板和梯段板联结起来,使荷载直接由墙承担(图 7.47(b))。由于后者的跨度比前者大,所以梯段板的厚度更须厚些。

7.4.2.2　装配式钢筋混凝土楼梯

装配式钢筋混凝土楼梯的构造形式甚多,预制构件有小型的,也有整块大型的。构造形式的选用,主要依据构件生产、运输和吊装设备等条件而定。现将小型构件和大型构件装配式楼梯,各介绍一种如下。

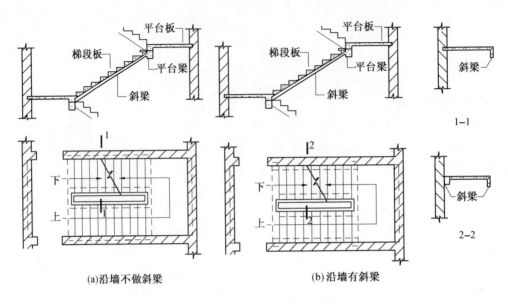

图 7.46 双跑梁式楼梯

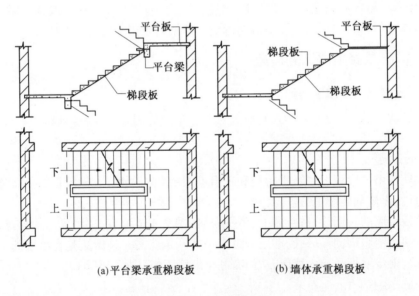

图 7.47 双跑板式楼梯

(1)小型构件装配式楼梯

图 7.48 是小型构件装配式楼梯的一种形式。踏步板用钢筋混凝土做成,板厚为 50 mm,板宽为 330 mm,板的两端均压在墙上 100~200 mm 处。板的安装是随砖墙砌筑的同时进行的。在踏步板之间砌斗砖作为踢板,外抹水泥砂浆。这种形式的踏步板是由砖墙来支承而不用斜梁,构件轻,可不用起重设备,但踏步级的高度受限制,约等于 3 皮砖的厚度。

(2)大型构件装配式楼梯

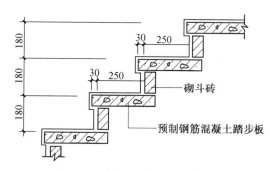

图 7.48　小型构件装配式楼梯

梯段斜梁和踏步板可组成一块整体大板,平台板和平台梁也可组成一块整板,在工地上用起重设备进行吊装,其优点是施工速度快。图 7.49 是应用较广的一种大型装配式楼梯的形式。

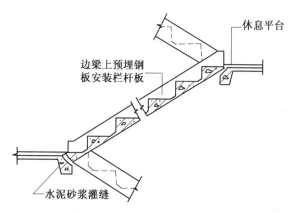

图 7.49　大型构件装配式楼梯

7.4.3　楼梯间与管道的关系

一般采暖系统的水平管道都是沿房屋四周外墙的内缘布置的,须穿过许多房间,其中也包括楼梯间。关于水平管道穿过房间的问题(包括管道与墙和楼板的关系),已在前面有关章节中讲过,这里主要讲管道通过楼梯间的问题。

必须弄清楼梯间内的各个标高,包括入口大门处的地面标高,各层楼梯休息平台的标高,以及楼梯间窗子的位置,才能避免产生管道遮挡门窗的问题。

对于下行式的采暖系统,水平供热干管和回水干管若设在沿外墙的地下管沟内,且管沟穿过楼梯间时,由于门口处的地面标高往往比首层室内其他地方的地面标高低,所以可将管沟相应降低(图 7.50(a)所示是该处的纵剖面示意图),采暖系统管道在此处也应做相应处理。

对于机械循环的热水采暖系统,也可将水平干管布设在地面以上。处理方法是当管道穿过楼梯间时,为避免遮挡门口(其地面标高也低于首层地面),而将管道绕到一二层之间的楼梯休息平台上通过(图 7.50(b))。

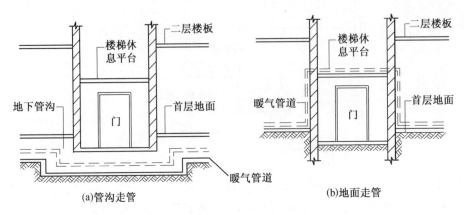

(a) 管沟走管　　　　　　　　　(b) 地面走管

图 7.50　楼梯间地面低于首层地面时的管道处理

7.5 屋　顶

屋顶一般分为承重构件与围护构件两部分。承重构件支承在墙(柱)上,除了承担其自身重量外,还要承担风、雪等荷载,并起稳定墙(柱)的作用。围护构件覆盖在承重构件上面,主要是抵御雨、雪、风、砂对建筑物的侵袭,同时兼起保温隔热的作用。

设计屋顶时,应满足以下几方面的要求:①结构自重轻;②防水性能好,排水通畅,不渗不漏;③具有相应的保温隔热性能;④坚固耐久;⑤造价经济等。

根据外形,屋顶有平、坡、曲面等不同形式(图7.51),这主要决定于承重构件的类型。

以前一般民用建筑的屋顶,常做成用木屋架承重,用瓦防水的坡屋顶。随着钢筋混凝土结构、沥青防水材料的发展,平屋顶日益广泛地应用于民用建筑。平屋顶较之坡屋顶的优点是节省木材,并且屋顶平台可供利用。但平屋顶坡度很小,排水缓慢,防水效果不如坡屋顶那样容易保证质量。目前在我国绝大多数地区,为节约木材而较多地采用平屋顶。

平屋顶属于梁板结构,与楼板相似,一般说来,板取短跨设置。当需设梁以支承楼板时,梁与板的关系是:梁间距较小,则板的厚度薄,反之则厚。虽然板厚与梁距形成材料用量的矛盾,但由于板的面积大,所以其厚度的增减比梁的多少对节约材料有更明显的关系。因此,在确定梁的间距时,往往取较小的板厚为原则。

屋顶的结构形式,须按房间大小与其功能、顶棚层的利用、保温隔热的要求、降雨量的大小等因素来决定。例如,使用人数多且集中的体育馆、展览馆、剧院、会堂等大厅,为使视线无阻和厅内宽敞,常不设中柱。这类大跨度的大厅如仍采用梁板结构,梁的截面随大厅跨度而增大,屋顶自重和材料用量增多,经济上很不合理。这时就应考虑改用钢或钢筋混凝土屋架结构或壳体、悬索、网架等新型结构了。

上述坡屋顶承重构件本身所形成的空间,在围护方面还能起到一定的保温、隔热作用。居住建筑还可利用屋架内的部分空间形成阁楼,提高空间的利用率。此外,坡屋顶在排除雨雪方面也有其一定的优越性。

用沥青油毡防水的平屋顶和用瓦防水的坡屋顶,是多种类型屋顶中的两个典型。对这两种屋顶构造的理解,可以作为学习其他类型屋顶的基础。

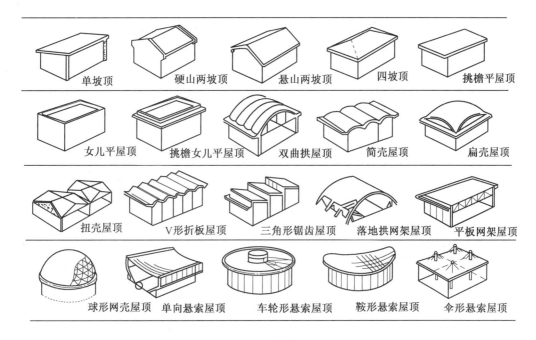

图 7.51　屋顶形式

7.5.1　平屋顶

图 7.52 所示是平屋顶各层构造布置的情况,共有七个层次,防水层和承重层是两个最主要的层次,其次是保温层。根据上述层次的需要,还须设置保护层、找平层和隔气层,此外还有顶棚层。由于平屋顶的承重层和顶棚层与楼板层的相应层次做法相同,这里就不重述了。现把防水、保温与隔热问题分述于后。

7.5.1.1　防水问题

(1)防水层

平屋顶的防水层做法,一般多用二层油毡和三层沥青,叫做二毡三油,俗称五层做法。施工程序是在干燥的找平层上刷(或喷)一层冷底子油(在沥青中加入轻柴油等溶剂

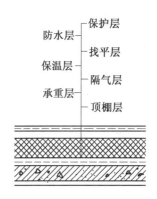

图 7.52　平屋顶构造层次

制成),以加强沥青与水泥砂浆找平层的粘结力。冷底子油干后,浇(或刷)热沥青,随铺油毡,再做第二层沥青和油毡,最后再浇一层稍厚的热沥青,趁热撒铺一层粒径为 3～5 mm 的绿豆砂,把沥青覆盖住,这层绿豆砂叫做保护层。在屋面转折交接处,如屋脊、天沟、女儿墙根部等处,最易损坏漏水,应在这些地方增铺 1～2 层油毡,以加强其防水性能。

在使用沥青时,须根据当地气候条件选择性能适当的沥青,以防止高温时流淌和低温时脆裂,并要求具有足够的粘结力和适当的稠度。当一种型号的沥青不能满足要求时,可用几种不同型号沥青混合调制。也可以在沥青中掺入滑石粉或石棉粉等填料,制成沥青玛琋脂,以改善沥青的性能。

(2) 保护层

屋顶上的沥青,在热、阳光和氧气等长期作用下,逐渐由软变硬、变脆,即所谓沥青的"老化",所以保护沥青以延长防水层的使用年限是很重要的。淡色绿豆砂保护层的作用是可以减少阳光辐射对沥青的影响,降低沥青表面的温度,防止可能出现的沥青流淌,延缓沥青老化速度,防止暴雨对沥青的冲刷。在经常上人的油毡屋顶上,为保护油毡防水层不受磨损,应在防水层上用1∶3水泥砂浆铺水泥砖一层,并以沥青砂子填缝。

(3) 找平层

油毡防水层对它所依附的基层,要求有一定的强度以承受施工荷载及平整的表面以便将油毡粘牢在基层上。不论是设或不设保温层的油毡防水层顶,其基层表面均难做到平整,故须设找平层来找平。一般找平层的做法是抹1∶3水泥砂浆,根据保温材料或承重层表面的平整程度,其厚度为5~30 mm。

7.5.1.2 保温与隔热问题

一般民用建筑平屋顶的承重层多用钢筋混凝土的屋面板。由于钢筋混凝土这种材料的保温隔热性能较差,为了阻挡热量的传导,一般做法是在承重层上面铺设一层导热不良的材料,如炉渣、加气混凝土、膨胀蛭石、膨胀珍珠岩等来作为保温隔热层。在冬季,可使室内的热量不易散失,起到了保温作用;在夏季,可使外面的热量较少地从屋顶传入室内,也起到一定的隔热作用。

当室内外温差较大时,室内空气中的水蒸气将向屋顶内部渗透。由于油毡防水层的阻碍,水蒸气聚集在屋顶内部,特别是聚集在吸湿能力较强的保温材料中。由于冬季室外气温低,接近屋顶外表面的保温层就会出现凝结水,这样就降低了保温层的保温效果。夏季屋顶外表面温度很高,积聚在保温层内的水分又会变成蒸汽,膨胀时可使油毡鼓起,甚至拱破。为了避免出现上述现象,凡是在冬季室内外温差较大的地区,且室内湿度相差较大的房间,应在屋顶承重层与保温层之间设置隔气层。

隔气层的做法是在钢筋混凝土板上涂刷两道热沥青,或做一毡一油或一毡二油,这要根据冬季室外温度的高低和室内湿度情况来定。

如前所述,保温层在夏季虽然可以起到一定的隔热作用,但并非良好措施。根据我国南方的经验和有关部门的测定,认为通风的夹层屋顶对隔热作用更为有效。因为这样能使太阳辐射热随通风消耗在隔离物和在加热它下面的空气上。设计这种屋顶时,除应注意进风口有足够的面积外,还应使进风口朝向当地的夏季主导风向。

通风夹层屋顶的构造方法是在平屋顶上用普通粘土砖或轻混凝土块砌筑120 mm厚,120~140 mm高的矮墙,上置大方砖、35~40 mm厚的混凝土板或石棉水泥波形瓦,使气流有组织地通过间层,空气进出正负压关系明显,气流特别通畅(图7.53(a))。另一种是用砖墩支承盖面材料的四角,间层内空气纵横各向都可流通,不受风向约束,但易形成紊流,反而影响流速,隔热效果较差(图7.53(b))。

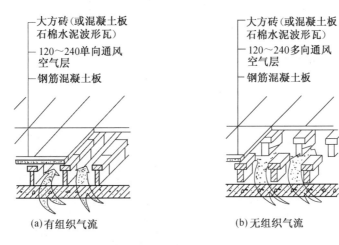

图 7.53 通风夹层平屋顶

7.5.2 坡屋顶

坡屋顶的形式很多,常见的有单坡顶、两坡顶和四坡顶。

坡屋顶主要由防水层和承重层组成,根据不同需要还可设置顶棚层和保温层。

7.5.2.1 承重层

图 7.54 为坡屋顶承重结构示意,屋面上部的荷载通过望板传给檩条,檩条再传给屋架,屋架再传给墙或柱。当横向内墙可以承重时,就不需要再设屋架,而把墙砌到顶,呈山尖形状,由砖墙直接支承檩条,这种做法叫做"硬山架檩"。硬山架檩的做法比较节约木材,故多用于开间不大的民用建筑(如住宅、宿舍、办公用房等)中。

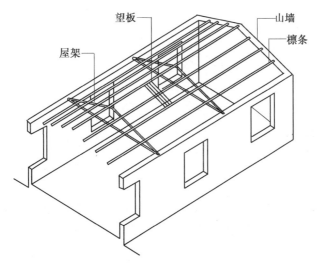

图 7.54 坡屋顶承重结构示意

当房间面积较大,横向内墙间隔较远时,则须设置屋架。图 7.55 所示是三角形木屋架的一种形式,由上弦杆、下弦杆、直腹杆、斜腹杆等组成。上弦杆和斜腹杆承受压力,用木材制作;下弦杆和直腹杆承受拉力,若用抗拉强度大的钢材作受拉杆件,则会更好地体现物尽其用,所以直腹杆可使用钢材,为便于下弦杆节点的处理,虽然它属于受拉杆件,但通常仍用木材制作。各杆件须连接牢固成一整体。

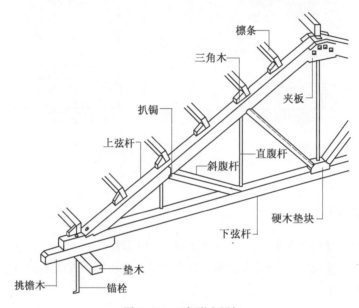

图 7.55 三角形木屋架

屋架也可用钢筋混凝土和型钢做成组合屋架(图 7.56)。

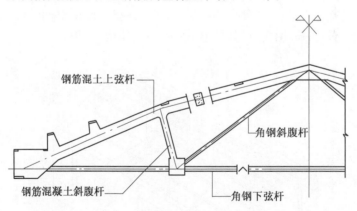

图 7.56 钢筋混凝土和型钢的组合屋架

檩条放在屋架上弦或承重横墙上,可用方木、圆木或钢筋混凝土制作。檩条上铺木望板或橼子。

7.5.2.2 屋面

(1)平瓦屋面

从图 7.57 中可以看到平瓦屋面各层的顺序:平瓦、挂瓦条、顺水条、油毡、望板等。平瓦屋面适用于屋面坡度为 1∶2.5～1∶1 的屋顶。

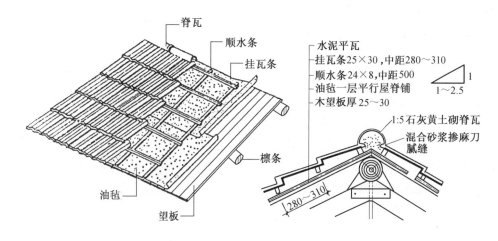

图 7.57 平瓦屋面构造

平瓦屋面的做法是在望板上干铺油毡一层,作为第二道防水层,如果瓦缝中渗下雨水时,可不致渗入屋顶内,而从油毡上顺坡流下。油毡须平行屋脊方向铺设,上下搭接不小于100 mm。油毡上钉顺水条,将油毡压住。顺水条上钉挂瓦条,挂瓦条上挂平瓦。屋脊处要用1∶5石灰黄土砌脊瓦,并用混合砂浆加麻刀勾缝。

为了节约木材,用预应力混凝土做成截面为⊥、⊔、⊔形的挂瓦板,直

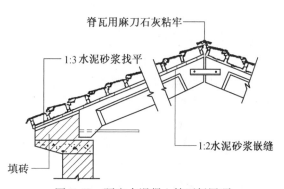

图 7.58 预应力混凝土挂瓦板屋顶

接搁在横墙或屋架上,在它上面挂平瓦。这种挂瓦板起到檩条、望板、防水层、顺水条、挂瓦条等多种构件的作用,如图 7.58 所示。

(2)大型槽瓦屋面

上述做法都须用平瓦作覆面材料。由于瓦缝多,瓦的面积小,无论从施工质量和速度方面都存在着一定的不足。为此,采用掺入防水剂的预应力混凝土制成 3 300 mm ×1 000 mm×25 mm 的大型槽瓦,与盖瓦、脊瓦、钢筋混凝土檩、钢筋混凝土及型钢组合屋架,配合在一起,这就形成了大、薄、轻的新型屋面。只是瓦身渗漏和保温问题尚待研究(图 7.59)。

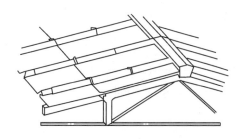

图 7.59 大型槽瓦屋面

(3)小青瓦屋面

江南一带,常在檩子上铺钉椽子,上面直接铺设小青瓦,称为冷摊瓦屋面(图 7.60)。

7.5.2.3 顶棚层

图 7.61 所示是坡屋顶通常采用的顶棚层做法,因为它是吊在上边的承重结构上,所以俗称吊顶。主格栅一般是用吊筋固定在檩条上,也可以吊在屋架下弦杆上,或支承在承重墙上。再将次格栅用吊筋连接在主格栅上。吊顶表面可以做板条抹灰,也可以铺钉纤维板等轻质材料。

7.5.2.4 坡屋顶的保温、隔热与通风

坡屋顶的保温构造做法如下:①在顶棚层的主阁棚间铺 20 mm 厚的木板或板皮,板上铺隔气层,上设轻质、多孔、松散的保温材料如矿棉或石灰木屑等(图 7.62(a));②在望板上抹麦秸泥,盖瓦(图 7.62(b))。保温层的厚度应根据热工计算决定。

坡屋顶的隔热构造也像平屋顶的隔热原理一样,利用通风的夹层屋面能收到较好的效果,如民间沿用已久的双层小青瓦屋面(图 7.63)。为了取代这种古老的材料,可用预应力钢筋混凝土做成 I 形檩条,⊥形椽子,架空铺设双层水泥大瓦(图 7.64(b)),或在T形檩条上铺(350~500)mm×

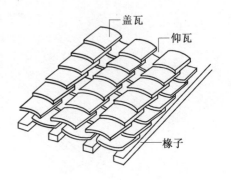

图 7.60 冷摊小青瓦屋面

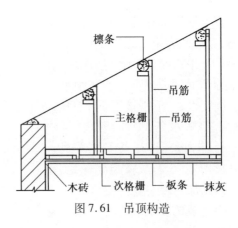

图 7.61 吊顶构造

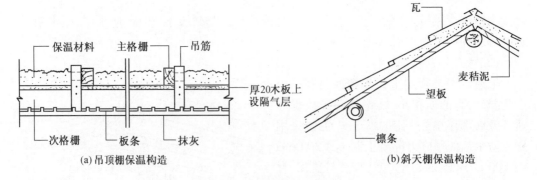

图 7.62 坡屋顶的保温构造

(3 000~5 000)mm 的槽瓦,上盖 C20 细石混凝土双翼瓦(图 7.64(a))。

设顶棚的坡屋顶,须设通风洞,以便阁楼内的空气流通,且有利于炎热地区夏季室内的隔热降温。一般将通风洞设在山墙上或挑檐下的顶棚上(图 7.65(a)、(c)),其具体位置及数量应以便于空气对流为准;有时还可在屋面上开设老虎窗(图 7.65(b)),除可加强通风外,还可为修理屋面及消防人员通行使用。

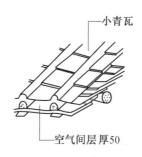

图 7.63　坡屋顶双层小青瓦隔热屋面

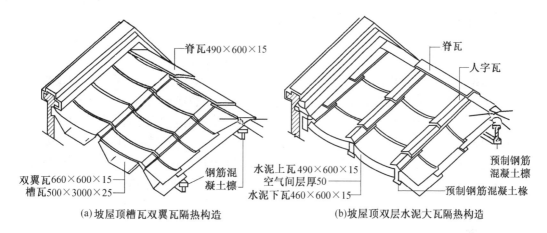

(a) 坡屋顶槽瓦双翼瓦隔热构造　　(b) 坡屋顶双层水泥大瓦隔热构造

图 7.64　坡屋顶双层大瓦隔热屋面

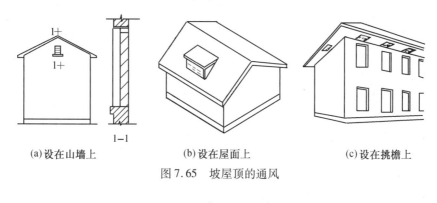

(a) 设在山墙上　　(b) 设在屋面上　　(c) 设在挑檐上

图 7.65　坡屋顶的通风

7.6　门　窗

　　窗应满足采光和通风的要求,门要适应人和器物通行所需的尺度,门的数量和位置要根据使用人数的多少和房间功能而定。它们都应开关灵活,缝隙严密,擦洗和修理要方便。

　　门窗所用的主要材料有木材、钢材、塑料和铝合金,此外还有玻璃。目前塑料门窗已大量应用于民用建筑中,并有很大的发展潜力,它具有良好的密封性、抗腐性,但材料易老化变脆,耐久性问题尚待解决。

窗扇可做成开扇,也可做成固定扇,开扇的数量要根据房屋所在地区的气候条件和室内通风要求而定,一般在不设空调的条件下,开扇的面积不宜小于窗面积的一半。

玻璃扇的层数,一般只做一层即可,为防蚊蝇可加一层纱扇。在严寒地区或标准较高的建筑中,外窗一般都采用双层窗,或者是两层至三层玻璃扇。这样,在冬季采暖季节就能相应地减少热损失,从而节约燃料费。

窗的开关方式多为平开窗和翻窗;门的开关方式以平开为最多,其他如推拉、上翻等形式分别用于门扇较大的仓库或汽车库等处。

我国许多省市都备有常用木门窗图集,供设计人选用,因此,在设计时除特殊要求另行设计外,只须注明图集中的门窗编号即可,不必另画详图。

7.6.1 木窗

7.6.1.1 平开窗

平开窗是一种最常用的形式。图 7.66 所示为平开窗的一例,是带亮子的双扇窗,窗扇和亮子都是沿垂直轴而旋转的。立面图为外立面,所画斜线说明窗扇开启的方向,实线表示向外开(如为虚线则表示向内开)。玻璃扇开向室外的优点是开启后不占室内面积,关闭时可避免雨水沿窗缝流入室内;缺点是开启后窗扇经常受到风吹、雨淋、日晒,容易损坏,对楼房来说,在擦洗和修理时都不方便。窗扇开向室内的优缺点与上述相反。

图 7.67 和图 7.68 所示分别为带纱窗的平开木窗和双层平开木窗的例子。

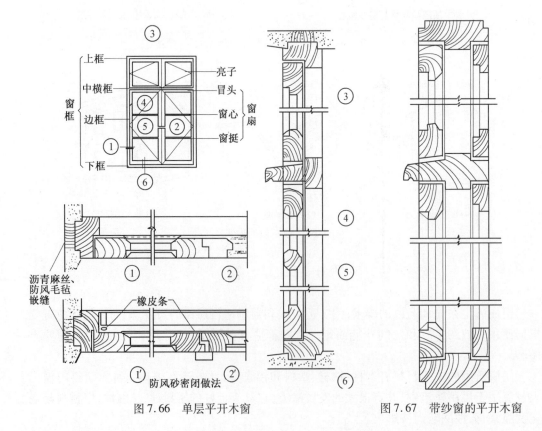

图 7.66 单层平开木窗　　　　图 7.67 带纱窗的平开木窗

第7章 环境工程土建构造

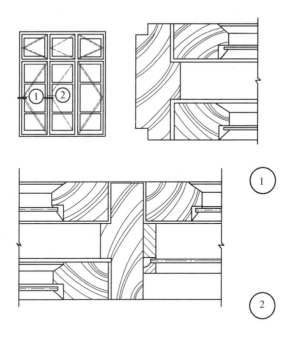

图 7.68 双层平开木窗

平开木窗由窗框和窗扇两部分组成。窗框与墙的接触面应做出灰口,便于抹灰时将灰嵌入(图7.66①)。窗梃、冒头和窗心,临室外的一面裁玻璃口,以便镶玻璃,抹油灰。

在双扇窗的两扇对缝处,为阻挡风雨通过此缝吹入室内,多把它做成高低缝,并应略斜,以便开闭(图7.66②)。

当窗扇向内开启时,应在窗扇下冒头的外侧加设披水板,下做滴水槽,以免雨水沿裁口缝隙流入室内(图7.69)。

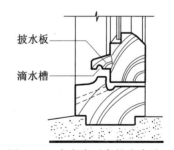

图 7.69 木窗内开扇的防水处理

窗框与墙的连接,常用的做法是在砌窗口时,沿墙预埋浸煤沥青的防腐木砖(120 mm×120 mm×60 mm),中距为750 mm,用圆钉将窗框与木砖钉牢。框与砖墙之间的缝隙用1:2水泥砂浆填塞严密(图7.70)。严寒地区,在框与外墙的连接缝隙中应填塞毛毡以挡风防寒(图7.66①)。

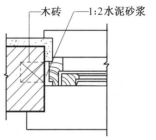

图 7.70 木窗与墙的连接

7.6.1.2 翻窗

翻窗窗扇是沿水平轴旋转的,按旋转轴设置的位置,分为上悬、中悬和下悬三种(图7.71)。这种形式多用于工业建筑,民用建筑常用在亮子和高窗上。

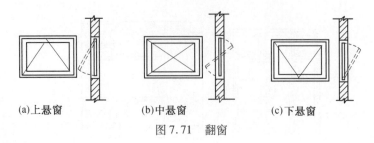

图 7.71 翻窗

7.6.2 钢窗

钢窗的做法,根据钢窗料的不同,有实腹的和空腹的两种。图 7.72 所示为实腹平开钢窗构造,图 7.73 所示为空腹平开钢窗构造。空腹的与实腹的相比,具有自重轻,刚度大,便于运输及安装,节约钢材等优点。但由于壁的厚度较薄,所以不宜用于腐蚀性强的环境。窗框用螺钉与铁脚连接并用水泥砂浆或 C20 细石混凝土嵌入砖墙的预留孔内。

钢窗的优点是坚固耐久,由于构件截面小,因而比同面积的木窗采光面积大。在严寒地区,钢窗的导热系数较大,保温效果不如木窗好。

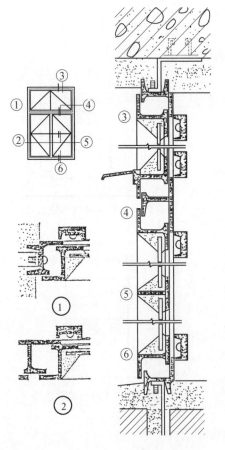

图 7.72 实腹平开钢窗

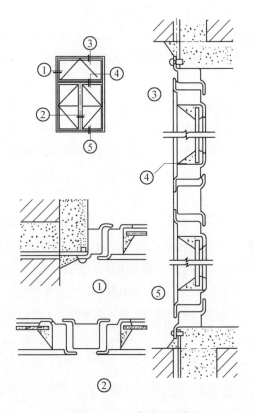

图 7.73 空腹平开钢窗

7.6.3 平开木门

木门是由门框和门扇两部分组成的(图 7.74)。内门框由上框及边框组成,一般均不设下槛,门扇下边缘距地面 5 mm,外门框,有时为了增加其严密、防风雨的性能,可设置下槛,高出地面 15~20 mm,若有亮子,还须加中横框。木门框和墙连接的做法与窗框相同。

常用的木门,根据其构造不同,有以下几种形式。

7.6.3.1 镶板门

门扇由边梃及上、中、下冒头组成骨架,骨架中间镶门心板,也可将部分门心板改镶玻璃。门心板可用窄板拼接或用整块的纤维板(图 7.74)。为防蚊蝇可加设纱门(图 7.75)。

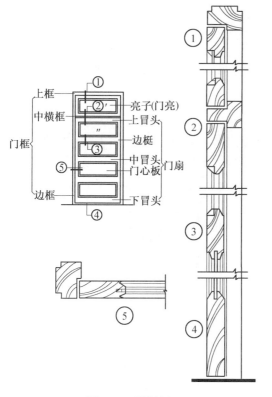

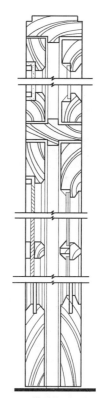

图 7.74 镶板门   图 7.75 带纱门的平开木门

7.6.3.2 胶合板门

胶合板门也叫夹板门,门扇由截面较小的边梃、冒头和肋组成骨架,骨架的两面粘贴胶合板,四个侧边围钉木边条。门扇上部可镶一块玻璃。这种门耐水性差,不宜用作外门(图 7.76)。

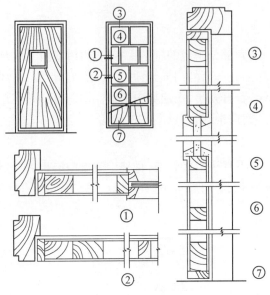

图 7.76 胶合板门

7.6.4 推拉式门

推拉式门的门扇可以采用镶板门或胶合板门。一般通过安装在门扇上部的滑轮开启,整扇门通过滑轮悬吊于上部的铁轨上。地面安装导槽,避免门过度摇晃(图 7.77)。

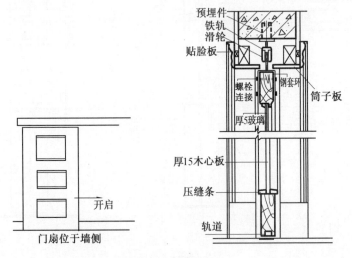

图 7.77 推拉式门

7.7 工艺构筑物

环境工程建筑中,除了需要一些常规的厂房建筑物外,往往还需要一些功能相对单一的构筑物。例如,泵房、水塔、烟囱、贮液池等等。这些构筑物可由各种不同材料和不同结构型式建造而成,需要通过某些特定的构造来满足工艺要求。

7.7.1 泵房

泵房地面以上部分通常采用砖混承重结构,泵房内部一般配有小型吊车,用于泵的安装与检修。房屋的各部分构件的构造与前述相同。有些泵房直接建在埋入地下的钢筋混凝土水池之上。这样,水池的池壁与池底就作为泵房的基础,同时,这部分钢筋混凝土结构应采取必要的防水措施,应根据土压和水压来设计泵房地下部分的墙壁,池底板应按承受地下水浮力进行计算。还有些泵房有地下室,地下室部分可以采用砌体结构,也可以采用钢筋混凝土结构。一般带有地下集水池的泵房,通常采用整体浇筑的钢筋混凝土底板,并与水泵机组的基础浇成一体。无论什么类型的泵房,都要考虑到机组运行时由震动而发生的噪音对周围环境的影响。在管道穿过泵房墙壁处,其构造处理上,尽量采用柔性穿墙套管,以减少震动。此外,由于土体介质能够吸收一部分震动能力,因此,通常把泵房建造成地下式或半地下式的,其抗震效果好一些。

图 7.78 为某工程泵房的内部布置及构造示意图,该泵房的地下室部分为采用沉井法施工建造的圆形钢筋混凝土结构,地上部分为矩形普通砌体承重结构。

7.7.2 水塔

水塔按塔身的构造形式不同,可分为支架式水塔和筒壁式水塔两种。

7.7.2.1 支架式水塔

支架式水塔的塔身由支柱、横梁、水箱组成。支柱的根数由水箱的贮水量、水塔的高度、水平荷载的大小决定。常见的塔身可由四根柱、六根柱或八根柱组成,如图 7.79 所示。柱多采用倾斜式以增加水塔的稳定性,倾斜率常为 1/20 ~ 1/30。支架与横梁用刚性联结组成空间刚架。接点处常加腋,腋角水平宽度一般取 500 mm,高度一般取 200 ~ 300 mm。水平横梁的间距常为 3 ~ 5 m。支架柱一般采用对称配筋,纵向钢筋的搭接位置应在弯矩较小的部位。在纵向钢筋搭接长度范围以内及节点腋角范围以内,箍筋应加密至@100。支柱的纵向钢筋应在下环梁和基础内可靠锚固。

7.7.2.2 筒壁式水塔

筒壁式水塔可采用砖砌体(图 7.80(a))或钢筋混凝土(图 7.80(b)、(c))材料建造。用钢筋混凝土建造筒壁式水塔时,可采用普通模板施工,也可以采用滑模施工。普通模板施工的壁厚不小于 100 mm,滑模施工的壁厚不小于 160 mm。筒壁采用单层配筋,钢筋靠外侧布置。纵向钢筋的最小含钢率可取 0.4%,也不宜小于 $\phi12@200$,在洞口处的配筋应予以加强。纵向钢筋上端应伸入水箱下环梁可靠锚固,下端应伸入基础可靠锚固。环向钢筋的最小含钢率为 0.2%,直径也不小于 6 mm。筒壁混凝土的强度等级不小于 C20,钢筋的保护层厚度不小于 20 mm。

当水塔高度不大且不太重要时,一般采用砖砌体材料建造。砖砌筒壁的最小厚度为 240 mm。砖砌筒壁一般都设置钢筋混凝土或钢筋砖圈梁,圈梁间距常取 4 ~ 6 m。钢筋混凝土圈梁的截面常取 240 mm×240 mm,高度最小不低于 180 mm,纵向钢筋不少于 $4\phi10$,箍筋不小于 $\phi6@250$。如果采用钢筋砖圈梁,一层不少于 $3\phi6$ 的钢筋,两层钢筋之间可以隔一道灰缝,每道钢筋砖圈梁设三层钢筋。洞口处可以采用钢筋混凝土框加强。砖砌筒

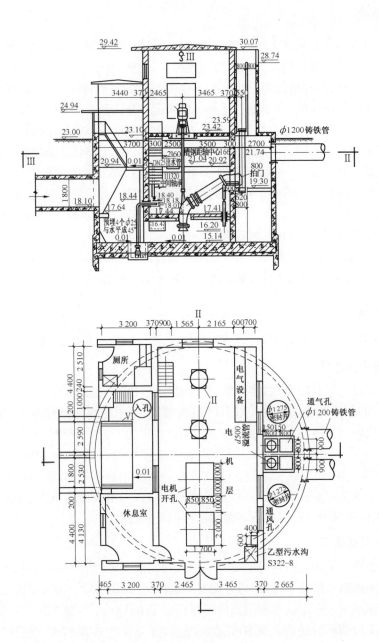

图 7.78 泵房平面图

壁用砖不低于 MU7.5,砂浆不低于 M5。在地震区,为了保证塔身的可靠性,可以在塔身内等间距设几根构造柱,构造柱与圈梁整浇,柱内可配 $4\phi12$ 的纵向钢筋,箍筋可用 $\phi6@250$,混凝土的强度等级与圈梁相同,不低于 C15,施工时应先砌筒壁砌体,后浇构造柱的混凝土。

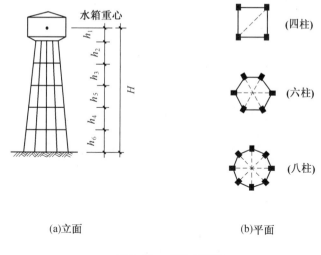

图 7.79　支架式塔身

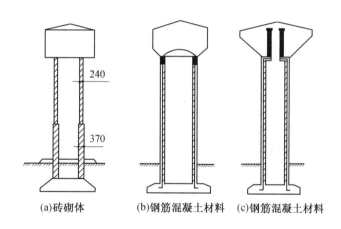

图 7.80　泵房塔身类型

7.7.3　烟囱

烟囱是由基础、筒壁、内衬、隔热层及附属设施(爬梯、避雷设备、信号灯平台等)组成,详见图 7.81。

烟囱基础一般由砖、块石或素混凝土建造,适用于烟气温度不大于 450 ℃,高度在 40 m 左右的砖烟囱。对于高度较大的钢筋混凝土烟囱,则可采用钢筋混凝土板式基础(包括环形及圆形两种)。其中,环形板式基础比圆形板式基础更优越些。一是当底面积相同时,环形的抵抗矩大于圆形;二是环形可避开基础中部的高温区,可减少温度应力,故应优先采用。只有在地下水位较高时,才采用圆形板式基础。

烟囱一般设有烟道。烟道可设置在地上或地下,当条件允许时宜设于地上。当为地下烟道时,宜设贮灰槽,槽底面应较烟道底面低 250～500 mm。有地下烟道的基础,烟气温度较高时,宜采取通风隔热措施,以降低基础温度。无论烟道设于地上还是地下,均应设置沉降缝,以防止烟囱沉降时将烟道拉裂。

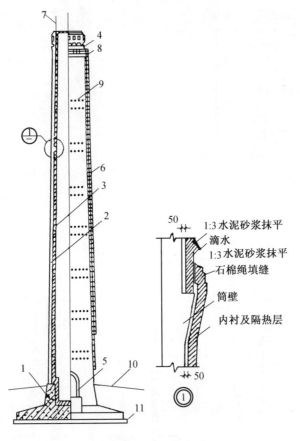

图 7.81 烟囱构造图
1—基础;2—筒壁;3—内衬及隔热层;4—筒首;5—烟道口;6—外爬梯;
7—避雷针;8—信号灯平台;9—通气孔;10—排水坡;11—垫层

烟囱筒壁可用砖、钢筋混凝土或钢做成。一般较矮的烟囱用砖砌筑,高度超过 60 m 的烟囱就采用钢筋混凝土建造。

砖烟囱筒壁从断面形式上分为圆形和方形。其中方形截面仅适用于低矮烟囱。砖烟囱根据配筋的不同分为配环箍、配环筋及同时配环筋和纵筋三种形式。只配环箍或环筋的砖烟囱,仅适用于非地震区。二者的作用相同,均为抵抗筒壁环向温度应力而设置的,一般不同时设置。但环筋比环箍施工简单,砌筋在砌体内,防锈性能好,应优先采用。在地震区一般采用纵环双向配筋。砖烟囱按高度进行分节,每节高度不宜超过 15 m。筒身坡度一般采用 2%~3%。筒壁厚度自上而下逐段加厚,每一节一般加厚 120 mm。最上一节的厚度尺寸为:当筒身顶口内径不大于 3 m 时取 240 mm;当顶口内径大于 3 m 时取 370 mm。筒壁顶部应向外局部加厚,加厚的总厚度一般为 180 mm,并应以阶梯形向外挑出,每阶挑出不宜超过 60 mm。内衬到顶的烟囱,顶部应设钢筋混凝土压顶梁。支承内衬的环形悬臂,应在筒壁分节处以阶梯形向内挑出,每阶挑出长度亦不宜超过 60 mm,第一阶的挑出高度不应小于 240 mm。筒壁上开设的洞口宽度不大于 1.2 m,孔顶宜采用半圆拱。当洞口宽度大于 1.2 m 时,孔洞顶设置钢筋混凝土圈梁。当洞口过大时,应采用砖垛加强。当同一截面上设置两个孔洞时,应对称设置。

钢筋混凝土烟囱筒壁坡度宜采用2%,对高大烟囱亦可采用几种不同的坡度(下部可大于2%,最大坡度可达10%左右)。筒壁厚度可随分节高度自下而上呈阶梯形减薄,但同一节厚度应相同,筒壁分节高度应为移动模板高度的倍数,且不应超过15 m。环形悬臂一般可以不配置钢筋,受力较大和挑出较长的悬臂应按计算配置钢筋。在筒壁同一截面上开有两个洞口时,宜对称配置。孔洞宜设计成圆形,当为矩形孔洞时转角宜设计成弧形,孔洞周围应配加强钢筋。筒壁内的纵向钢筋一般靠筒壁外侧配置,环向钢筋应配置在纵向钢筋的外侧。环向钢筋的混凝土保护层应不小于30 mm。当混凝土为C20时,筒壁外侧纵向钢筋的最小配筋率是0.3%;当混凝土为C25~C40时,纵向钢筋的最小配筋率是0.4%。当混凝土为C20时,环向钢筋最小配筋率是0.15%;当混凝土为C25~C40时,环向钢筋的最小配筋率是0.2%。筒壁的钢筋最小直径为$\phi10$,最大间距纵向外侧为300 mm,内侧为500 mm,环向钢筋内外侧均为$\phi8@250$ mm,且间距不大于壁厚。

7.7.4 贮液池

环境工程中需要设置各种式样的贮液池。例如,污水处理厂有滤池、氧化池、污泥浓缩池、气浮池、调解池等等。这些贮液池可用砖、钢筋混凝土或钢板制作,目前工程上采用最多的是钢筋混凝土贮液池。虽然工艺上要求贮液池的式样繁多,但各种式样的贮液池都是由顶板、底板和池壁等基本构件组成。

7.7.4.1 选材、防渗与防腐

普通钢筋混凝土贮液池所用混凝土的强度等级不能小于C20,预应力混凝土贮液池所用混凝土的强度则不能小于C30。贮存腐蚀性液体的贮液池所用混凝土强度等级还应适当提高。

普通钢筋混凝土贮液池常用钢筋为HPB235级和HRB335级。

为了保证贮液池不发生渗漏,所采用混凝土的抗渗等级应满足有关规范要求。同时应采用适当的截面厚度,以提高结构的抗渗能力。抗渗混凝土应力求密实,所用水泥不低于325号,水泥用量常为$3\sim3.5$ kN/m³,水灰比常为$0.5\sim0.6$。

提高结构的抗渗性能对防腐也是有利的,贮存腐蚀性介质的贮液池内还应根据防腐规范要求做防腐蚀处理。

7.7.4.2 结构尺寸及配筋

贮液池的壁厚一般不小于120 mm,池底板厚度不小于150 mm,垫层不小于70 mm。贮存无腐蚀性介质的贮液池,其保持层厚度不小于20 mm,如果所贮介质有腐蚀性,则视腐蚀性的强弱程度适当增加保护层的厚度。

池壁配筋的层数根据内力图决定。水平钢筋直径一般不小于6 mm,竖向钢筋直径一般不小于8 mm,且竖向钢筋一般位于水平钢筋外侧。水平钢筋和竖向钢筋的间距都不小于70 mm,不大于300 mm,水平钢筋还应伸入相邻池壁(矩形池时),伸入的直线长度不小

于 200 mm,竖向钢筋应折入底板,折入直线长度不小于 1/3～1/4 的边跨长度。

池壁角隅处应设置水平加强钢筋(图 7.82),配筋率不小于 0.3%,伸入邻壁长度不小于 1 000 mm。

池壁顶部可以设置加强圈梁,圈梁常配 4ϕ12 的环筋,箍筋不少于 ϕ6@250(图 7.83)。

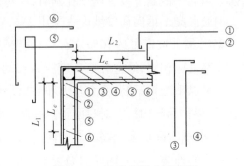

图 7.82 池壁角隅水平配筋

有时在矩形池角和壁底交接处设腋角以加强连结(见图 7.84)。在池角处,腋角高度 $c = 0.8 \sim 1.0a$(a 为壁厚),倾角常取 45°;在壁底交接处,腋角高度 $c = 0.6 \sim 0.8t$(t 为底厚),坡度常取 1∶2～1∶3。

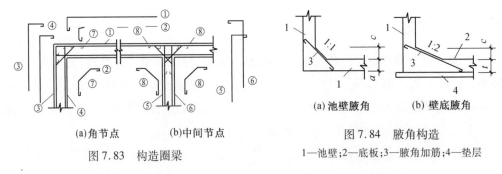

(a)角节点　　(b)中间节点

图 7.83 构造圈梁

图 7.84 腋角构造

1—池壁;2—底板;3—腋角加筋;4—垫层

池壁上、下节点为弹性嵌固时,节点配筋常用图 7.85、7.86 中的形式。

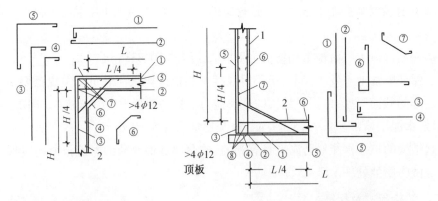

图 7.85 池壁上节点弹性嵌固

1—顶板;2—池壁;L—顶板边跨长度;H—池壁高度

图 7.86 池壁下节点弹性嵌固节点

1—池壁;2—底板

7.7.4.3 施工缝和伸缩缝

钢筋混凝土贮液池的平面尺寸大于伸缩缝间距时,应设伸缩缝,伸缩缝的宽度不小于 20 mm,间距如表 7.3 所示,常用的伸缩缝构造如图 7.87 所示。

表7.3 矩形贮液池伸缩缝最大间距　　　　　　　　　　　　　　　mm

结构类别	岩基		土基	
	露天	地下式或有保温层	露天	地下式或有保温层
现浇钢筋混凝土结构	15	20	20	30
装配整体式钢筋混凝土结构	20	30	30	40

圆形贮液池的周长大于60 m时,可以设后浇带(图7.88)。后浇带的宽度一般为500~1 000 mm,间距可取25 m左右。先浇带的混凝土凝固收缩一段时间后,再浇筑后浇带的混凝土。

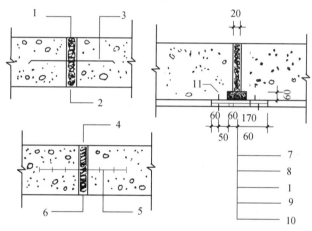

图7.87 伸缩缝构造

1—沥青胶;2—油浸木丝板(沥青麻丝);3—金属止水片;4—水泥砂浆;5—橡胶止水带;6—沥青麻丝;
7—沥青油毡;8—油麻绳(直径30 mm二道);9—五层麻布沥青;10—扁钢340×6;11—镀锌螺栓

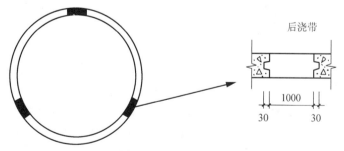

图7.88 后浇带构造

7.7.4.4 穿管和开洞

贮液池池壁或池底往往要有管道穿过,为了防止穿管处发生渗漏现象,穿管处可采用图7.89所示的构造措施。

池壁或顶盖开洞时,构造与一般板相同。对直径或边长小于300 mm的洞口,可把钢筋从洞边弯绕过去;当洞口直径或边长为300~1 000 mm时,应在洞边加设加强钢筋(图

7.90 中 L_0 为钢筋锚固长度),加强钢筋面积不少于被洞口切断钢筋的75%;当洞口直径或边长大于1 000 mm 时,应在洞边布置肋梁。

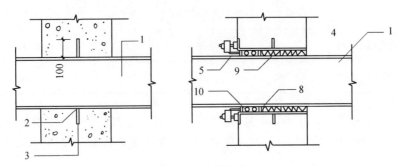

图 7.89 穿管构造

1—钢管;2—焊缝;3—10 mm 厚环形钢板;4—预埋套管;5—短管;6—压紧支撑环;
7—压紧螺栓;8—填料隔板;9—沥青麻丝;10—橡胶圈或沥青麻绳

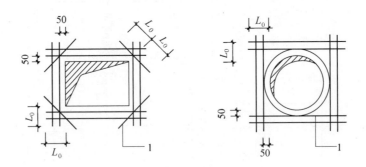

图 7.90 洞边加筋

1—钢筋直径,$d \geq 12$ mm

7.7.4.5 抗震构造

建造于地震区的贮液池,应采取一定的构造措施加强结构的整体性,同时结构自身的刚度和强度也应满足抗震要求。

现浇结构的整体性比较好,对装配式结构主要通过加强节点连结保证结构整体性,例如,装配式顶盖与池壁、支柱的连结可采用预埋铁件焊接,预留钢筋进行节点后浇,设置二次整浇层、后浇带等措施。

贮液池角隅(壁与底、壁与顶、壁与壁交接处)受力复杂,支柱细长。因此,在配筋量和构造上都应适当加强。具体设计时可以参照抗震规范的有关规定和构造要求,例如,最小配筋率、节点处箍筋加密等。

7.7.5 管道沟

管道沟也称地沟,一般是由素混凝土或钢筋混凝土底板、砖或毛石砌筑的沟壁和钢筋混凝土盖板组成。在有些工程中,也采用预制的钢筋混凝土椭圆拱形管道沟。

无论是哪种管道沟,在构造上都要求尽量做到严密不漏水。当有水(如地面水、地下水或管道不严密处漏水)侵入管道沟后,将会破坏管道的保温结构层(当管道外包保温材料时),或管道的外包防潮材料,使管道遭受腐蚀,降低管道的使用寿命。因此,一般情况下,对于封闭地沟,在构造上要求将管道沟底设置于地下水位以上,沟底板有用素混凝土制作的,也有用钢筋混凝土材料做成的。管道沟的侧壁一般用红砖砌筑,根据沟的类型,壁内表面可采用防水砂浆抹面,沟底应做成不小于 0.002 的坡度,以便偶尔渗入地沟中的水可以集中流入检查井的集水坑内,用泵或自流方式排入附近的下水道。

当地下水位高于沟底标高时,为防止水渗入地沟,则必须采取防水措施或局部降低地下水位的措施。地沟中常用的防水措施是在地沟外壁做防水层,具体的做法是采用沥青粘贴数层油毡纸并外涂沥青,或采用外贴防水布。局部降低地沟敷设处地表滞留水的方法,是在地沟底部铺上一层粗糙的砂砾,在距沟底 200~250 mm 的下边,敷设一根或两根直径为 100~150 mm 的排水管,如图 7.91 所示。

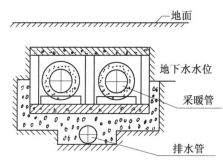

图 7.91 敷设排水管的管沟

地沟盖板之间及盖板与沟壁之间应用水泥砂浆或热沥青封缝,以防地面水渗入。室外地沟盖板上面的覆土层厚度不应少于 300 mm,当技术上需要或经济上合理时,可减少覆土的厚度。

7.7.6 垃圾场

地面堆存垃圾与挖坑填埋垃圾这两种形式,是常用的处理固体废弃物的方法。在这种堆存与填埋工程中,地质环境既是垃圾的载体,又是堆存与填埋工程的重要组成部分,同时,地质环境还是被垃圾主要污染的对象。因此,垃圾场在选址问题上,除了要考虑消纳能力,更重要的是考虑垃圾场的工程地质和水文地质条件。严格防止地面水和地下水受到垃圾渗出液的污染。此外,还要考虑防止空气污染和昆虫繁殖。

由于土壤的自然净化能力远远小于水体、大气的自然净化能力,吸收和可进行离子交换的能力都是有限的,因此,垃圾渗出液是污染水源的主要因素,必须对垃圾堆存和填埋场的场址进行防渗防漏处理,以防二次污染。

我国 90% 以上的固体废弃物在陆上直接处理。许多堆存场未做岩土工程的勘察和处理,不但污染了空气,而且直接为鸟类、昆虫、鼠类及其他载菌动物提供了食物、栖息和滋生的场所。废弃物的渗出液致使河水水质变黑发臭,饮用水源受污染。

垃圾场的防渗、防漏问题,主要是采用衬底隔离方法。衬底的类型有:压实粘土衬垫、沥青水泥土密封层、液胶喷雾薄膜层,以及合成聚合物塑料薄膜等。

衬底要严防裂缝和破裂,所以应做必要的力学分析,避免因大量的地面沉降使衬底失效。

对填埋场的四周必须进行严格的环境监测,定期采取水样和土样进行分析,当发现有污染迹象时,应及时采取有效的措施。

参 考 文 献

[1] 姜安玺主编.环境工程学[M].哈尔滨:黑龙江科学技术出版社,1995.
[2] 赵彤,安学敏编.建筑力学[M].哈尔滨:黑龙江科学技术出版社,1998.
[3] 张智强.化学建材[M].重庆:重庆大学出版社,2000.
[4] 云南工业大学,重庆建筑大学,昆明理工大学合编.建筑材料[M].重庆:重庆大学出版社,1995.
[5] 周士琼主编.建筑材料[M].北京:中国铁道出版社,1999.
[6] 张战营主编.建筑材料[M].上海:华东理工大学出版社,1998.
[7] 陈玉华,王德芳主编.土建制图[M].上海:同济大学出版社,1991.
[8] 袁齐家主编.建筑基本知识与识图[M].长春:吉林科学技术出版社,1985.
[9] 顾善德,徐志宏主编.土建工程制图[M].上海:同济大学出版社,1988.
[10] Daniel A Vallero MASEC. Transformation and Transport of Vinclozolin from Soil to Air [J]. Journal of Environmental Engineering,2002(3).
[11] 于尔捷,张杰主编.给水排水工程快速设计手册[M].北京:中国建筑工业出版社,1996.
[12] 陈耀宗主编.建筑给水排水设计手册[M].北京:中国建筑工业出版社,1992.
[13] GBJ 16-87 建筑设计防火规范.
[14] 中国建筑工业出版社编.现行建筑设计规范大全(修订缩印本)[M].北京:中国建筑工业出版社,2002.
[15] 芈振明等.固体废物的处理与处置[M].北京:高等教育出版社,1993.
[16] 王秀逸,张平生编著.特种结构[M].北京:地震出版社,1997.
[17] 中国建筑工业出版社编.现行建筑结构规范大全(修订缩印本)[M].北京:中国建筑工业出版社,1999.
[18] 张一弘.房屋建筑学[M].沈阳:东北大学出版社,1997.
[19] 杨永祥,赵素芳.建筑概论(给排水专业)[M].北京:中国建筑工业出版社,1990
[20] 丁亚兰主编.国内外废水处理工程设计实例[M].北京:化学工业出版社,2000.
[21] 胡中雄编著.土力学与环境土工学[M].上海:同济大学出版社,1997.
[22] 周新刚编著.混凝土结构的耐久性与损伤防治[M].北京:中国建材工业出版社,1999.
[23] 黎青松,郭祥信.城市生活垃圾填埋场封场技术[J].环境卫生工程,1999,7(2).
[24] 黄懂宁,钟善锦.生活垃圾填埋处置的环境问题[J].环境科学动态,2000(2).
[25] 张小平,包承纲.环境岩土工程中废弃物的处理及利用现状[J].水利水电科技进展,2000(8).
[26] 姜乃昌主编.水泵及水泵站[M].北京:中国建筑工业出版社,1998.
[27] 郝吉明,马广大.大气污染控制工程[M].北京:高等教育出版社,1989.
[28] 周亚栋编著.无机材料物理化学[M].武汉:武汉工业大学出版社,1996.
[29] 袁润章主编.胶凝材料学[M].武汉:武汉工业大学出版社,1996.

[30] 张雄主编.建筑功能材料[M].北京:中国建筑工业出版社,2002.

[31] 张自杰主编.排水工程(第四版)[M].北京:中国建筑工业出版社,2000.

[32] Noel de Nevers. Air Pollution Control Engineering Second edition[M]. Mcgran–Hill, 2000.

[33] Tjalfe G Poulsen, Mette Christophersen, Per Moldrup, and Peter kjeldsen. Modeling Lateral Gas Transport in Soil Adjacent to Old Landfill[J]. Journal of Environmental Engineering, 2001(2).